中国经济展望报告

（2017）

供给侧改革与经济波动

**CHINA
ECONOMIC OUTLOOK**

SUPPLY-SIDE REFORM
AND ECONOMIC FLUCTUATIONS

北京大学经济研究所

主　编／刘　伟

副主编／苏　剑

社会科学文献出版社
SOCIAL SCIENCES ACADEMIC PRESS (CHINA)

摘　要

本书是《中国经济展望报告》系列的第 2 本。本报告的主旨是对中国经济增长和波动中的一些关键问题进行分析和展望。

本报告包括上、下两篇。上篇的主题是短期经济波动分析，由主报告和两个专题报告构成。主报告利用总供求分析框架得出如下结论：2016 年中国宏观经济走出通缩风险，整体运行平稳，但下行压力仍在；2017 年经济整体走势将是需求、供给"双收缩"，经济增速在下滑的同时还存在"滞胀"风险、房地产市场风险、汇率风险等；为实现"调结构，控风险，稳增长"的宏观经济目标，需要供给侧改革与积极财政政策、稳健货币政策相结合。专题报告一"房地产市场"认为，宽松的货币政策直接导致了2016 年房地产市场泡沫，2017 年房价增速将放缓，但不会大幅下跌；房地产市场泡沫产生的深层次原因是人口流入、收入分配差距、宽松货币政策背景下的需求膨胀，与核心城市"资源禀赋"悬殊、土地信用和土地财政收益最大化目标下的房屋供给不足之间的矛盾。专题报告二"美国大选后的世界政治经济走势"认为，特朗普新政将提高美国经济增速，利率将走高，人民币贬值压力增加，但新政也存在困境，效果可能不会很大。

下篇关注供给侧及供给侧改革问题，也由主报告和两个专题报告构成。主报告分析了 21 世纪以来我国所有制结构变化对收入分配的影响，结果表明公有制为主体、多种经济成分共同发展的新经济体制对于促进中国经济发展、改善非农就业和城乡居民收入都有重要意义。专题报告一"能源与环境"认为，"十三五"期间，我国煤电产能严重过剩；能源消费年均增长1.5% ~2%，非化石能源消费比重上升，工业用能需求趋于饱和；非煤能源投资比重将增加；煤炭进口量逐步下降，石油及天然气进口量进一步上升；

煤价可能小幅上调，电价则将下降，石油、天然气价格市场化改革将继续推进。专题报告二"政府债务"认为，"十三五"期间，政府债券市场存在债券发行主体不够完整，债券利率未能充分体现市场机制，债券种类少、规模小、债券市场管理法制建设欠缺等问题；我国私人部门去杠杆不可能通过债转股、不良资产证券化来实现，最终必然是政府兜底，政府债务率将持续上升，2020年将达到最高点57.4%。

Abstract

This book is the second report of the report series "China Economic Outlook". The purpose of this report is to provide an analysis and prospect on the growth and fluctuations of the Chinese economy.

This book is composed of two sections, the first section is concerned of shourt-run fluctuations and the second one concerned of long-run issues.

In the keynote report of the first section, we employ AS – AD model to investigate the short-term macroeconomic fluctuation. Our conclusions are: (1) in 2016, China's economy faces strong downward pressure, but has got rid of the risk of deflation, and basically run smoothly; (2) in 2017, the economy will encounter downward depression from both demand and supply sides. The economy will face slower growth, stagflation, and risks from real estate and exchange rate markets. In order to achieve the macroeconomic goals of "structural adjustment, risk control, and stablizing growth", we suggest that the government should adopt a combination of three policies: supply-side structural reform, fiscal expansion, and prudent monetary policy.

The special report on real estate market suggests that, easy monetary policy has led directly to the real estate (RE) market bubble in 2016. The growth of RE price will slow down in 2017 but with no big slump; the root reasons of the RE market bubble are the conflicts between demand expansion, which is caused by the inflows of population, the gap of income distribution, as well as the background of loose money, and inadequate housing supply in the context of core city "resource endowment" disparity and local governments' maximization goal for land credit and land revenue. The report on world political and economic outlook after the U. S. elections discusses that, President Trump's new policies will improve the U. S. economic growth and interest rate, which means an increase of RMB devaluation pressure; however, the new policies also have some difficulties and therefore their effects may not be as expected.

The second section comprised of a keynote report and two special reports focuses on the China's structural reforms of supply side. The keynote report analyzes the impact of ownership structure on income distribution since the new century. The result shows that the new economic ownership system, which is characterized by the co-existence and simultaneous development of multiple ownership types but dominated by public ownership, is essential to promoting economy development, improving non-agricultural employment, and increasing income of urban and rural residents.

The special report on energy and environment suggests that, during the 13th five-year-plan period, there is serious over-capacity in China's coal industry; the average annual increase rate of energy consumption will be 1.5% – 2%, the proportion of non-fossil energy consumption rises, and industrial energy demand tends to reach saturation; the proportion of non-coal energy investment will go up; coal imports will decline while oil and gas imports will rise further; coal prices may be slightly increased while electricity prices may fall, and market-oriented reform of oil and gas prices will continue.

The special report on government debt presents that, during the 13th five-year-plan period, government bond markets face such problems as incomplete bond issuers, insufficient use of market mechanism in determining debt interest rates, insufficient bond types, small scales, and the lack of legal construction on bond market management; China's private sector deleveraging can't be achieved through debt-to-equity swap or securitization of debts into shares, the loss will finally be paid by the government and thus the Government debt ratio will continue to go up, and is expected to rise to peak value of 57.4% in 2020.

目　录

CONTENTS

Section Two　Structural Reform of the Supply Front

Keynote Report　Income Distribution and Ownership Reform

Special Report One　Energy and Environment

Special Report Two　Government Debt

绪　论

当前中国经济形势的特点是经济增速长期内趋缓，短期内缓中趋稳。同时，中国经济仍存在不少突出的长期性矛盾和问题，如产能过剩和需求结构升级矛盾突出，经济增长内生动力不足，金融风险有所积聚等，解决这些问题的根本方法是全面深化改革，尤其是供给侧结构性改革。在此背景下，本书分为上、下两篇，分别从短期经济波动和长期供给侧改革两方面分析中国经济面临的问题。

一　短期经济波动特征

上篇是短期经济波动分析，是对中国短期经济运行的一个评判，该部分回顾和总结了 2016 年的经济形势，展望了 2017 年的经济形势。该篇提供了一个比较符合中国经济实际的宏观经济评价和预判体系，即供给和需求结合的"二维"短期宏观经济分析框架，由此认识和理解中国的宏观经济运行状况。以这个研究体系为基准，我们在对 2016 年宏观经济运行态势进行总结回顾的基础上，对 2017 年中国宏观经济运行状态进行了展望与预判。同时，也对短期内经济可能出现的主要问题以及会给宏观经济带来较大不确定性的因素进行说明。然后讨论了会对 2017 年的中国经济产生较大影响的两个因素：国内的房地产市场和美国总统换届。

上篇由主报告和两个专题报告构成，第 1 章为主报告，主要是对 2017 年中国宏观经济整体运行状况进行判断。专题报告一包括两章内容，着眼于影响中国宏观经济走势的重要的内部因素之一：房地产市场。专题报告二包括第 4 章、第 5 章和第 6 章，关注影响外部环境变化的重要因素之一：美国大选后的世界经济政治走势。

第 1 章基于总供求分析框架对 2017 年中国宏观经济运行进行了预判与展望，通过对宏观经济指标数据的观察和比较，以及运用宏观经济模型进行实证分析，得出以下结论。

第一，2016 年，中国全年经济运行平稳，宏观经济虽然走出了通缩风险，但下行压力持续存在。宏观经济运行呈现有效需求萎缩、供给"中性"的态势。经济下行压力主要源自需求侧的有效需求收缩，以投资同比增速系统性下滑为标志。此外，宏观调控政策的刺激效应出现边际递减趋势，也不能为持续收缩的有效需求减压。而通胀下行压力减缓则主要来自供给侧的大宗商品价格持续反弹。

第二，展望 2017 年，宏观经济整体走势将面临需求和供给"双收缩"的局面，中国经济增长率仍然处在下行空间，经济走出"通缩"，物价上涨率回升。需求方面，有效需求大概率地继续收缩，以投资增速继续下行探底和贸易顺差收窄为主要表现。供给方面，生产要素成本上升、环境压力上升造成的减排成本的增加将成为供给端生产能力扩张的主要制约因素，预计短期供给扩张空间将收缩。

第三，2017 年，宏观经济潜在风险上升，会对处于下行周期的中国经济产生影响。大宗商品价格大幅上涨在给短期总供给能力带来收缩压力的同时，使经济"滞胀"风险上升。在房地产刚性需求没有明显增加的背景下，房地产市场投机气氛较强，资产泡沫风险增加。同时，美国经济政治的周期性改变将对外汇市场产生一定程度的冲击，金融体系脆弱程度上升，由此显著增加了金融体系的系统性风险。

第四，经济下行压力和经济风险上升并存，宏观调控难度加大。2017 年宏观经济调控目标将是"调结构，控风险，稳增长"。这也预示着将实施需求、供给"双扩张"的调控政策组合。在供给管理和需求管理搭配的调控政策组合中，以供给侧调控为主。供给管理层面将继续推进"供给侧"改革，降低企业生产成本，释放优质投资机会，扩大有效供给。需求管理层面将继续保持稳健的货币政策和积极的财政政策，在保持合理的经济增长速度的同时，防范宏观经济潜在风险。

第2章和第3章分别提供了关于中国房地产市场未来走势和潜在风险评判的专题报告。第2章从房地产政策和资金流动两个视角对本轮房地产价格上涨进行分析，对短期和中长期房地产市场走势进行预判。主要观点为，房地产政策从首付、税收到贷款利率等全面宽松，资本加剧流入房地产市场，使房地产市场销售面积和销售额高位攀升，房价持续上涨。在政策基本中性的前提下，2017年房价的涨速会减缓，但不会出现断崖式的下跌，成交量也会有所下降。

第3章基于全球经济、金融市场分析中国房地产市场"泡沫"，数据分析认为，表面看可能是投机力量导致短期供需关系失衡，更深层次的原因则来自制度层面，其实是人口流入、收入分配差距、宽松货币背景下的需求膨胀，与核心城市"资源禀赋"悬殊、土地信用和土地财政收益最大化目标等影响因素下的房屋供需矛盾和结构化扭曲。

第4章、第5章和第6章选择美国大选后的经济政治走势作为中国外部环境变化的分析背景，分别从如何把脉经济政治形势、大选后的美国经济政策走向，以及在特朗普经济主张下美国的经济前景及其对人民币汇率的影响三个视角进行描述。第4章从国际经济环境出现反转的"反"，中国对国际发展战略影响力增加的"增"和国际竞争与合作的"合"三个方面，在不确定性的世界中描绘和识别不确定性，从中国的视角和立场来看"如何在不确定的世界中趋利避害"，进而把脉世界。

第5章认为，大选后的美国将采取需求管理和供给管理两个方面的综合经济调控政策，在其影响下，美国经济将提振，利率和通胀率将走高，但一系列新的潜在风险敞口也将加大。中国应从贸易、汇率、基础设施和全球化四个方面，通过坚持中美战略对话、加强双边汇率协调、分析双边基础设施建设优势等措施进行合理应对。

第6章阐述了特朗普执政后美国的经济形势和经济前景，并讨论了未来人民币汇率走势，认为美国经济增长动力特征为：消费发力、投资助力、出口添力、政府泄力，未来美国经济将从危机后的复苏向更为缓慢的充分就业水平回归，经济增速和通货膨胀率很难大幅提升，货币政策也会继续保持总体宽松的态势。在此影响下，人民币贬值的压力依然存在。

二 供给侧及供给侧改革

与上篇关注经济波动不同，下篇着眼于供给侧改革，这有助于解决中国经济运行中面临的结构性问题。所有制是影响经济增长以及收入分配的最重要供给侧因素之一，下篇将首先对此进行分析。所有制改革对中国国企改革、土地改革等具有参考意义，也有助于解决经济增速放缓、贫富差距过大等问题。下篇还将探讨能源与环境问题，这对中国调整能源产业结构、提高环境质量和促进经济持续增长三者相协调具有重要意义。随着中国工业化的发展，能源消费大幅上升。但是当前能源行业存在煤炭产能过剩、石油供给不足、可再生能源遇到发展瓶颈等结构性问题，这成为限制中国经济增长的一个重要原因。中国经济取得了巨大成就，同时带来了严重的环境污染，人们对环境问题愈发关注。环境标准的提高，成为影响中国经济增长的另一重要因素。下篇的另外一个专题报告讨论中国的政府债务问题。2008 年金融危机之后，为了稳增长，地方政府积累了大量债务。中国政府债务未来走势如何？政府债券发行存在哪些问题？在去杠杆和稳增长的背景下，研究政府债务问题，可以避免为了去杠杆而导致经济衰退，也可以避免为了稳增长导致金融风险加剧。

下篇由一个主报告和两个专题报告构成。主报告为第 7 章 "21 世纪以来我国所有制构成与收入分配的变化"，研究所有制对经济增长以及收入分配的影响。专题报告一是 "能源与环境"，分析供给侧结构性改革背景下的能源行业前景，以及如何进行产业结构调整。该专题包括第 8 章、第 9 章、第 10 章。专题报告二是 "政府债务"，分析中国政府债务风险。该专题包括第 11 章、第 12 章。

第 7 章首先利用三次全国经济普查数据、国民经济核算数据以及城乡居民收入调查数据等，对中国所有制改革带来的企业法人单位构成、从业人员构成的变化及其特点、新时期国有经济投资的行业特点、国民收入的分配和再分配以及改善居民收入分配和扩大中等收入人群规模等问题进行了研究。然后，该章分析了 21 世纪以来中国所有制结构变化对收入分配的影响。结果表明，公有制为主体、多种经济成分共同发展的新经济体制对于促进中国经济发展、改善非农就业和城乡居民收入都有重要意义。

第 8 章以《京都议定书》和《巴黎协议》为节点，将全球碳减排市场体系进程分为三个发展阶段，分析了各阶段的博弈过程。在每个阶段，发展中国家和发达国家都具有不同的利益诉求和权利义务，也就形成了不同的博弈模型，即前《京都议定书》阶段的"囚徒困境"、《京都议定书》实施期间的"智猪博弈"、《巴黎协议》签订后的"猎鹿博弈"。本章研究有利于发现和协调双方的利益诉求和权利义务，也有助于规范并明确双方的决策动机和决策行为，对构建全球碳减排市场体系具有重要的启示和借鉴意义。

第 9 章认为，"十三五"期间电力需求年均增速快于 4.2% 的可能性很小，2020 年中国人均 GDP 跨进高收入国家行列后，电力需求增速还会进一步放缓。综合满足电力需求、保障最大负荷要求和系统灵活性要求，9.2 亿千瓦装机可以作为中国电力行业煤电装机的峰值目标。2015 年底全国全口径煤电装机 8.8 亿千瓦，而实际在建规模仍高达 2 亿千瓦，煤电控制目标难以实现。最后，本章建议通过最严格的调控政策，淘汰（封存）落后机组，实施灵活性改造等政策组合，行政手段、监管手段与市场手段相结合，严控产能过剩。

第 10 章对"十三五"期间能源消费、能源投资与建设、能源生产、能源贸易、能源市场与绩效等进行了展望。本章认为，"十三五"期间能源消费年均增长 1.5%～2%，而且到 2020 年非化石能源占一次能源消费比重达到 15%；随着中国工业化进程步入后期，产业结构持续升级，工业用能需求将趋于饱和，工业用能峰值在 30 亿吨标准煤以下，未来能源需求的主要增长点是第三产业和居民生活用能；在优化能源消费结构及供应结构与去产能的背景下，能源工业投资将向非煤能源尤其是天然气及非化石能源倾斜；煤炭进口量将逐步减少，石油及天然气进口量进一步增加，能源净进口量将继续增长，能源对外依存度仍将走高；煤价可能小幅上调，电价则将下降，石油、天然气价格市场化改革将继续推进。

第 11 章认为"十三五"期间，政府债券市场可能存在债券发行主体不够完整、债券利率未能充分体现市场机制、债券种类少、规模小、债券市场管理法制建设欠缺等问题。针对这些问题，本章提出了相应政策建议。

第 12 章首先分析了政府债务不可持续的三种类型：实体经济缺乏足够的增长点，对政府刺激性财政政策产生了依赖性，政府的债务会不断上升；实体经济有增长点，但是存在严重的结构性失衡或者体制性问题，如果失衡增长无法通过内部因素调整，最终结果是债务违约；私人部门的高额负债无法出清，而且这些信用都没有投入实体经济，为了拉动经济，政府不得不持续施行积极财政政策，政府债务持续增长。中国政府债务路径可能是第三种。本章认为中国私人部门去杠杆，不可能通过债转股、证券化这些方式来实现，最终必然是政府兜底，政府债务将继续上升。预计到 2020 年，政府债务率可能达到最高点 57.4%，之后会下降。

三　关于本报告的说明和致谢

本报告是北京大学经济研究所发布的第 2 部年度报告。第一部报告是去年发布的，题目是《中国经济金融形势展望报告（2016）——寻求突破的中国经济》（中国人民大学出版社出版），本期总题目改为《中国经济展望报告》。

本期报告的主编为刘伟（中国人民大学校长、北京大学经济研究所所长），副主编为苏剑（北京大学经济学院教授、北京大学外国经济学说研究中心主任、北京大学经济研究所常务副所长）。课题组主要成员包括：邹士年（国家信息中心经济预测部副研究员）、蔡喜洋（中国银行投资银行与资产管理部投资策略分析师）、翟崑（北京大学国际关系学院教授）、宗良（中国银行国际金融研究所首席研究员）、赵硕刚（国家信息中心经济预测部世界经济研究室助理研究员）、蔡志洲（北京大学中国国民经济核算与经济增长研究中心研究员）、吴琦（恒丰银行研究院商业银行研究中心负责人）、袁家海（华北电力大学经济管理院教授）、林卫斌（北京师范大学教授，北京师范大学能源与战略资源研究中心副主任）、温来成（中央财经大学中财—鹏元地方财政投融资研究所执行所长）、杜明艳（大公信用研究院副院长兼技术总监）以及北京大学经济研究所宏观研究团队成员：蔡含篇、胡慧敏、李波、邢曙光。本报告是国家社会科学基金重点项目"我国中长期经济增长与结构变动趋势研究"（09AZD013）的阶段性成果。

上篇　短期经济波动分析

·主报告　2017 年中国经济形势展望·

第1章　2017年中国经济形势展望

北京大学经济研究所宏观研究团队 *

一　2016年经济形势回顾

（一）实体经济

1.经济增长

2016 年，中国经济增速继续放缓，但仍处于中高速增长的轨道上，经济运行总体上保持平稳。根据国家统计局公布的数据，全年 GDP 增速应该可以维持在 6.7% 左右，在政府年初设定的目标区间内。

前三个季度 GDP 同比增速均为 6.7%（见图1），进入下半年工业生产

---

* 北京大学经济研究所宏观研究团队成员：刘伟、苏剑、蔡含篇、胡慧敏、李波、邢曙光。

出现回升迹象，房地产带动服务业增加值同比增长率上升，经济下行压力获得一定程度的缓解。预计第四季度的 GDP 同比增速至少能够达到 6.7%。从三大产业对 GDP 的贡献来看，尽管第二产业增加值的同比增速低于 GDP 的同比增速，但随着工业逐渐走出通缩，第二产业对 GDP 的贡献也有所回升。第三产业仍然是拉动 GDP 增长的主要力量。虽然 2016 年的金融市场状况弱于 2015 年，但房地产销售量上升带动房地产服务业增加值同比增速上涨，部分对冲了 2016 年金融服务业同比增速下滑给 GDP 同比增速带来的负面影响（见图 2）。

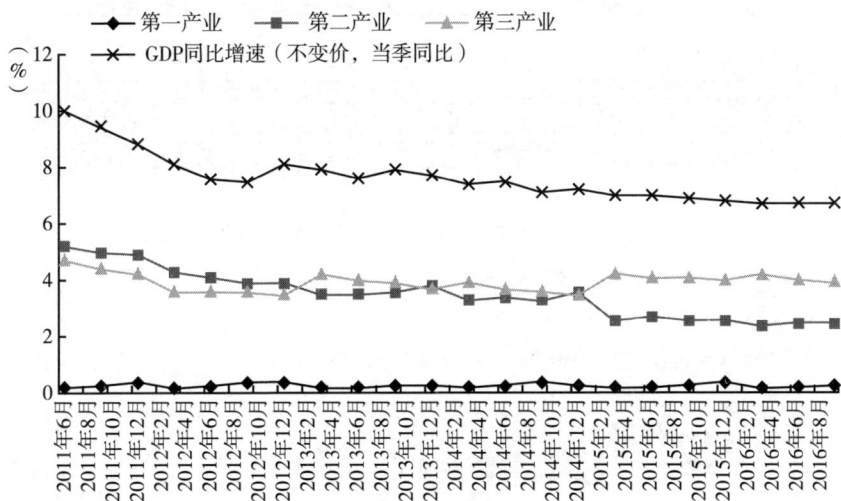

图 1　GDP 同比增速与三大产业对 GDP 累计同比的拉动

资料来源：北京大学经济研究所根据 Wind 数据整理。

工业方面，工业生产内生动力增强，总体稳中略升。2016 年 1～11 月，工业增加值累计同比增长 6.0%，尽管仍然较上年同期低 0.1 个百分点，但已经呈现出较为明显的止跌迹象（见图 3）。自 2016 年初开始，工业品价格上涨，其同比负增长的幅度持续收窄且逐渐转正，摆脱了通缩局面，这在一定程度上带动了企业销售收入的增长。另外，工业生产状况向好可能也反映了供给侧"降成本"对企业生产经营信心的刺激效果。同时，工业企业盈利空间扩大，利润同比增长率显著回升。1～11月规模以上工业企业利润累计同比增长9.4%，比1～10月提高0.8个百分点。

图2 金融业、房地产业和工业对 GDP 累计同比的拉动

资料来源：北京大学经济研究所根据 Wind 数据整理。

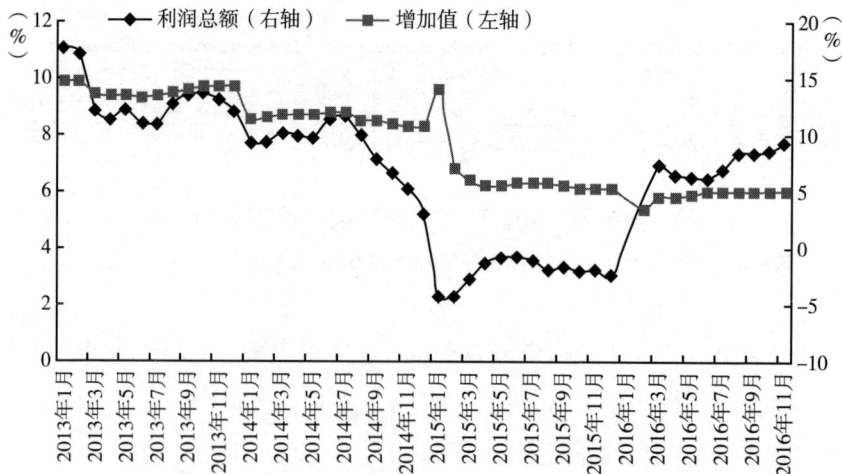

图3 工业企业增加值累计同比增长率和工业企业利润总额累计同比变动趋势

资料来源：北京大学经济研究所根据 Wind 数据整理。

2. 固定资产投资

固定资产投资增速持续放缓，延续系统性下滑态势，尤其是民间投资增速的急剧下滑对固定资产投资的增长产生了制约。2016年，固定资产投资累计同比增速总体上呈现持续放缓的态势（见图4），年内变化表现为高开低走。一季度，受房地产开发投资累计同比增速反弹回升及基建投资的稳增长带动作用影响，全国固定资产投资完成额累计同比增长10.7%，但仍低于2015年同期2.8个百分点。二季度的各个月份全社会固定资产投资完成额累计同比增速不断探底，二季度末降至9.0%。前三季度，全社会固定资产投资完成额累计同比增速为8.2%，较上年同期下滑2.6个百分点。

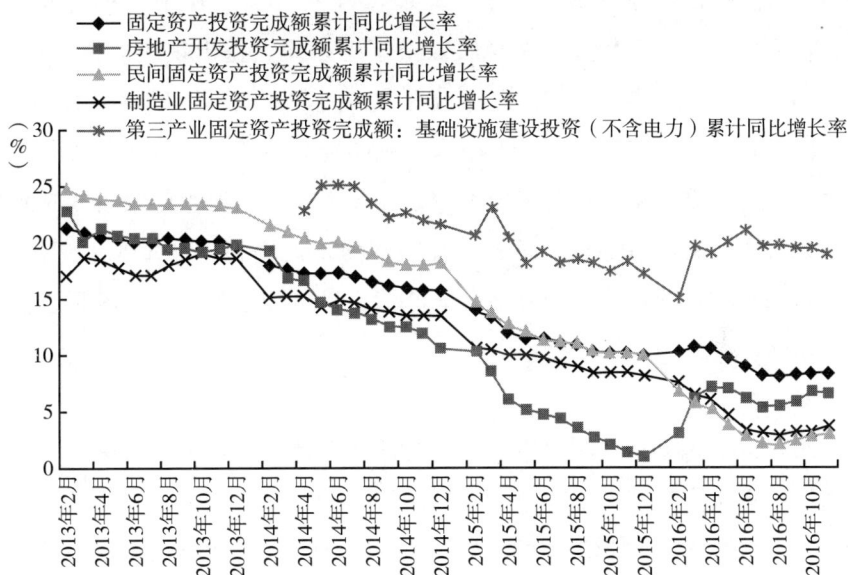

图4 固定资产投资完成额累计同比增长率

资料来源：北京大学经济研究所根据Wind数据整理。

2016年，投资增速下滑的主要原因在于民间投资和制造业投资增速的急剧下滑。其中，民间投资走势呈现两个特点：其一，增速下滑。与上年同期相比，民间投资完成额累计同比增速下滑明显，1～11月同比增速较

2015 年同期下滑 7.5 个百分点；其二，占比收缩。1~11 月民间投资占全社会固定资产投资比重较 2015 年同期下滑 3.1 个百分点，为 61.5%。1~11 月，民间固定资产投资额累计同比增速（3.1%）显著低于全社会固定资产投资额累计同比增速（8.3%）5.2 个百分点。同时，民间投资的主要领域集中于制造业，导致制造业投资累计同比增速在趋势上与民间投资相吻合，1~11 月制造业投资累计完成额同比增速较上年同期下降 4.8 个百分点。

尽管房地产开发投资和基建投资表现是制约固定资产投资增速快速下行的因素，但受政策影响，基建投资拉动效应逐渐减弱。同时，受房地产调控政策收紧的影响，后期房地产带动作用也将逐渐减弱，固定资产投资增速下滑压力依然难获显著缓解。2016 年 1~10 月，房地产销售较快增长，从而使与房地产相关行业税收以及土地出让收益出现较大幅度增长，给地方财政支出提供了支撑。但在减税导致的财政收入增速减缓的总趋势下，地方财政收入仍然承担较大压力，制约财政政策传导效用的发挥，一方面，一至三季度基建投资有较大波动，发力不稳，对整体投资增速的拉动效果有限。另一方面，一至三季度，在房地产销售持续增长的通道中，受限购限贷政策的影响，四季度房地产销售量可能会回调，使其后续开发投资承压。

3. 消费

2016 年，消费增长相对平稳。虽然从社会消费品零售总额来看，名义消费同比增速较 2015 年略显下滑（见图 5），但 GDP 初步核算中的最终消费支出对 GDP 累计同比增速的贡献率和拉动幅度均较 2015 年有所增长（见表 1）。两个方面的因素导致了居民消费增速承压：一方面，由于国内外宏观经济不景气，尤其是去产能、调结构对就业吸纳能力较强的传统产业冲击较大，影响了公众的收入、就业预期，拉低了消费增速；另一方面，从恩格尔系数和人均 GDP 来看，2015 年我国的恩格尔系数为 30.6%，人均 GDP 为 8000 美元，基本上属于相对富裕的状态，对于衣、食及大部分日常消费品的边际消费倾向处于递减阶段。

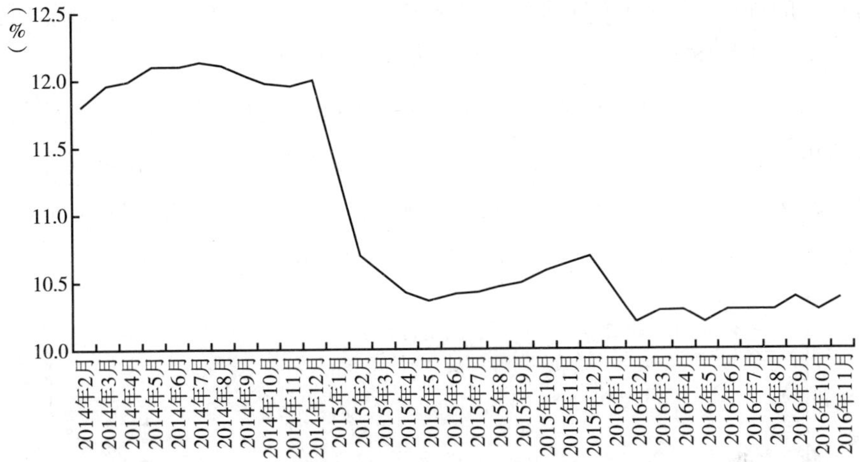

图5　社会消费品零售总额累计同比增速

资料来源：北京大学经济研究所根据 Wind 数据整理。

表1　最终消费支出对 GDP 的贡献及拉动

年月	对 GDP 累计同比增速的贡献率（%）	对 GDP 累计同比增速的拉动（个百分点）
2014 年 6 月	54.4	4.0
2014 年 9 月	48.5	3.6
2014 年 12 月	51.2	3.8
2015 年 6 月	60.0	4.2
2015 年 9 月	58.4	4.0
2015 年 12 月	66.4	4.6
2016 年 6 月	73.4	4.9
2016 年 9 月	71.0	4.8

资料来源：北京大学经济研究所根据 Wind 数据整理。

综合来看，2016 年的消费需求特点表现为以下几个方面。第一，消费结构变化。从社会消费品零售总额的构成和 GDP 核算中最终消费的构成来看，服务类消费增速上涨较快，增速高于实物消费。2016 年前三季度最终消费拉动 GDP 累计同比增速上涨 4.8 个百分点，高于 2015 年同期 0.8 个百分点，而 1~9 月社会消费品零售总额真实同比增长 9.6%，增速低于 2015 年同期 0.9 个百分点。这一点也可以从国家统计局公布的网络消费数据得到进一步的佐证。在 1~9 月的社会消费品零售总额中，网上非实物商品消费占网上消费的比重为 19%，比上年同期高 2 个百分点。

第二，汽车消费、石油及制品的消费对消费增速的平稳起到了主要的支撑作用。受 2015 年 10 月小排量汽车购置税减免以及国际原油价格反弹的影响，2016 年 1~9 月，汽车、石油及制品消费的同比增速分别为 9.1%、−0.5%,分别较 2015 年同期上涨 4.9 个、6.4 个百分点（见图 6）。

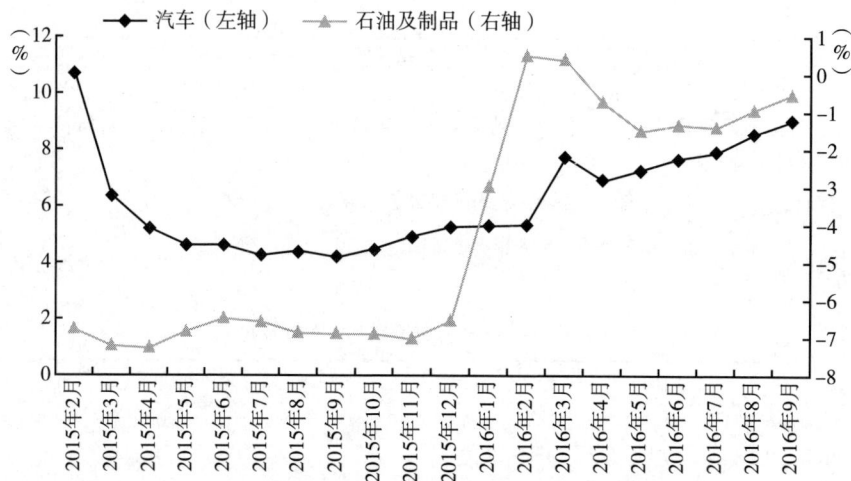

图6　汽车、石油及制品零售额累计同比增长率走势

资料来源：北京大学经济研究所根据 Wind 数据整理。

第三，商品零售额增速下行的压力依然较大。2016 年，在商品零售市场中，其他商品的消费增速均呈现不同程度的下滑。经测算，虽然 1~8 月商品零售额同比增速仅较上年同期下滑 0.1 个百分点，但在剔除汽车和石油及制品后，1~8 月限额以上单位商品零售额同比增长 8.1% 左右，较 2015 年同期下滑 3.2 个百分点；非限额以上单位商品零售额同比增长 13% 左右，较 2015 年同期下滑近 10 个百分点。

第四，4 月以后蔬菜、猪肉价格的大幅下降拉低了餐饮消费的名义增速。1~9 月餐饮消费同比增长 11.0%，较 2015 年同期下滑 0.7 个百分点，拉低社会消费品零售总额近 0.1 个百分点。具体来看，4 月、5 月、6 月表现为蔬菜价格的大幅下滑，6月、7月、8月表现为猪肉价格的明显下滑，蔬菜、猪肉价格的走低拉低了餐饮消费的名义增速。

4. 外贸

与2015年相比，2016年的对外贸易状况没有显著变化，继续维持收缩。在全球贸易增长中枢下移和全球经济复苏存在较大不确定性的背景下，外贸下行压力依然较大。再加上全球金融市场的波动干扰经济主体的预期，外贸弱势未能得到实质性缓解，全年出口额和进口额大体上保持了同比负增长态势，贸易顺差持续收窄。

出口方面，全球有效需求不足的态势延续，外需低迷继续施压中国出口。由于发达经济体的经济复苏不及预期，外部需求持续疲弱。在出口商品受外需收缩等不利因素的影响下，支撑出口上升趋势的基础未能稳固形成，短期内出口压力难以获得缓解。图7显示，从出口额同比增速来看，截至2016年11月，按照美元计算的出口额月同比增速延续了前期的负增长态势，与2015年相比，出口额月同比负增长幅度已略显收窄迹象且系统性下滑的态势基本结束。但从出口数量层面来看，出口数量同比增速仍然处在下行轨道，出口额月同比负增长止跌源自出口价格因素的作用。

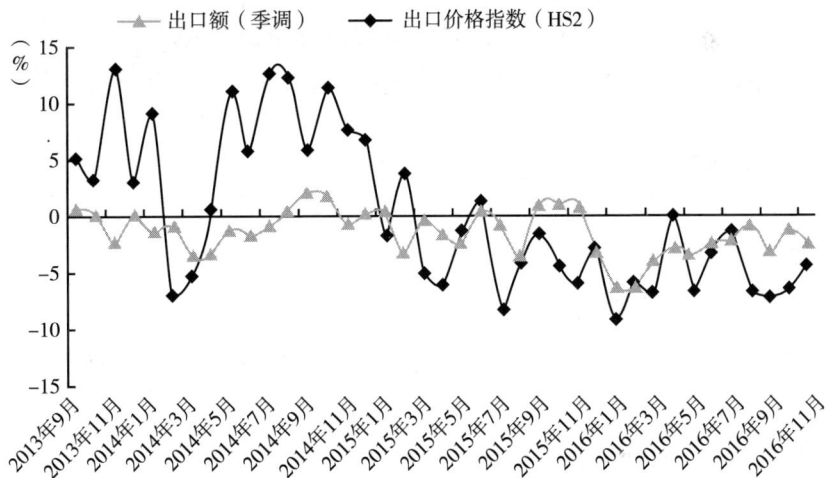

图7　出口额、出口价格月同比增长率变动趋势

资料来源：北京大学经济研究所根据 Wind 数据整理。

进口方面，进口额同比降幅收窄主要源于大宗商品价格反弹，由于内需仍然疲弱，难以缓解进口数量负增长压力，进口数量同比负增长态势延续且仍然处在系统性下滑的轨道上。图8显示，截至2016年11月，按照美元计算的进口额月同比增速走势与进口价格同比增速（HS2分类）走势基本一致，且进口价格月同比增长率始终大于进口额月同比增长率，进口商品的数量同比增速降幅依然较为明显。可见，在国内有效需求疲弱和工业去产能背景下，进口数量同比增速短期内难以实现显著回升。

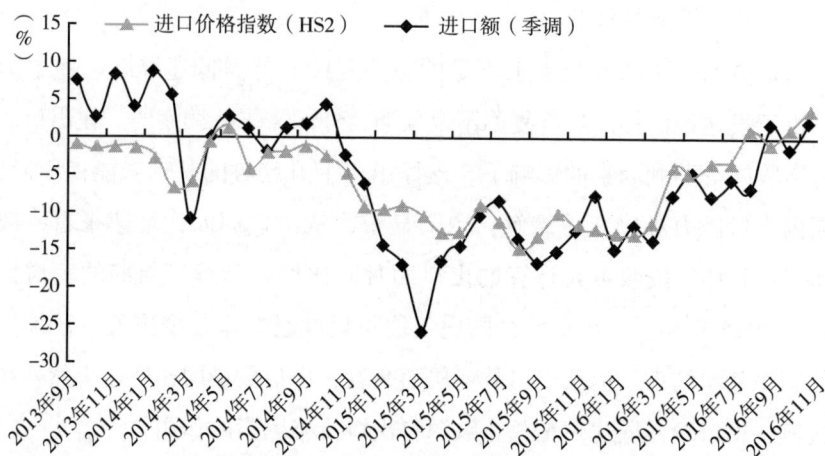

图8 进口额、进口价格月同比增长率变动趋势

资料来源：北京大学经济研究所根据 Wind 数据整理。

5. 物价走势

2016年价格温和上涨，不存在通胀压力（见图9）。1~11月CPI同比增长2.0%，PPI同比增长 -2.0%，分别较2015年同期上涨0.6个、3.2个百分点。2016年价格指数走势特征及成因表现为以下几个方面。

第一，存在低基数效应。2015年CPI、PPI同比增速分别为1.4%、-5.2%，低于2014年0.6个、3.3个百分点（见图10）。一方面，2015年国际原油价格大幅下滑的良性供给冲击拉低通胀率，对2016年的价格增速形成了低基数效应；另一方面，2016年国际原油价格开始显著反弹，拉动物价水平上涨。

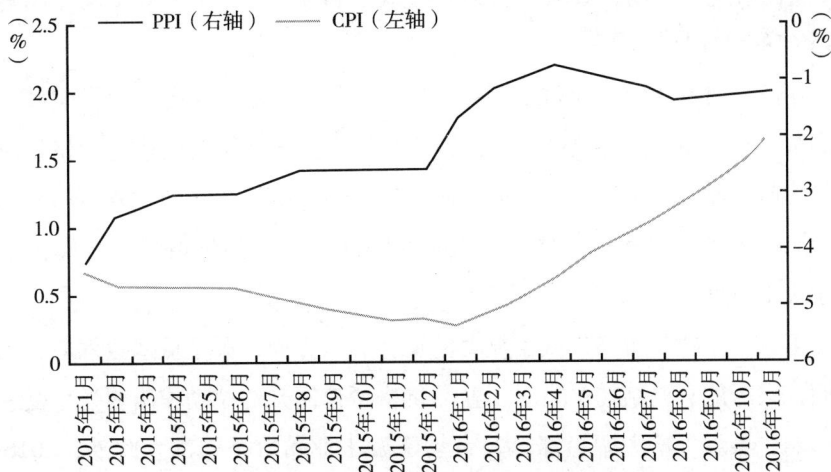

图9　2016 年 CPI、PPI 累计同比增速走势

资料来源：北京大学经济研究所根据 Wind 数据整理。

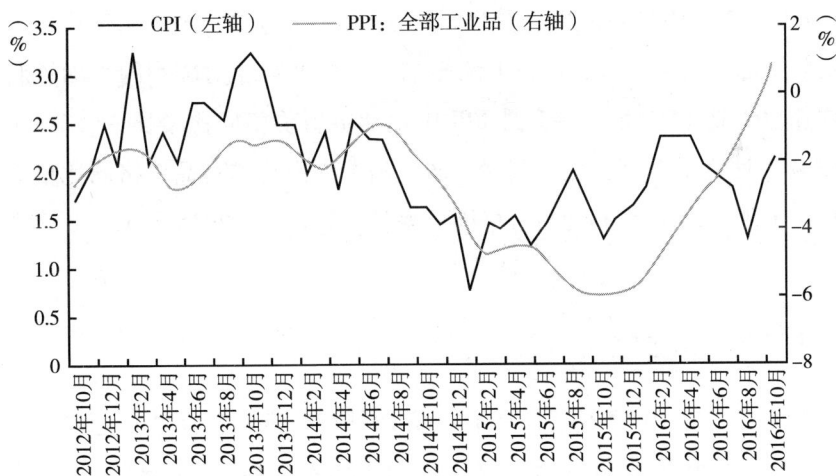

图10　2015 年价格月同比增速下滑的低基数效应

资料来源：北京大学经济研究所根据 Wind 数据整理。

第二，受 1 月份调权重影响。2016 年国家统计局对 CPI 的构成权数做了调整，对 CPI 同比增速产生两方面影响。首先，食品类权数调低，平滑了

CPI 同比增速的变动；其次，权数的变化，降低了 2016 年 CPI 同比增速与 2015 年的可比性。

第三，食品价格的上涨。1～4 月受极端天气和春节错位的影响蔬菜价格高涨，1～4 月蔬菜价格同比增长 22.6%；1～6 月受前期猪肉价格持续走低的影响，猪肉价格开始大幅反弹，1～6 月猪肉价格同比增长 28.2%；2016 年初以来水产品的价格增幅较大，1～8 月水产品价格同比增长 4.3%，高于 2015 年同期 2.7 个百分点。

第四，工业品价格出现了显著的反弹。一方面，源于低基数效应；另一方面，去产能、调结构举措对工业品价格增速回升的拉动作用明显。受去产能影响，煤炭价格大幅上涨，并带动下游工业品价格上涨。此外，2016 年人民币兑美元的贬值对上游工业品价格的上涨起了一定的助推作用。

第五，PPI 同比增速反弹，并开始向 CPI 传导。自 2016 年 1 月开始 PPI 环比和同比增速均开始出现反弹，分别从 3 月、9 月由负转正。对于 PPI 向 CPI 传导的初始，主要看 PPI 中的生活资料价格变化对 CPI 中非食品价格的影响。受生产资料价格上涨影响，价格波动相对较小的生活资料价格增速也出现了上涨，1～7 月 PPI 中生活资料价格同比增长 –0.2%，较 2015 年上涨 0.1 个百分点。同时，居民消费品中的非食品价格同比增速也出现了上涨，1～8 月非食品价格同比增长 1.2%，较 2015 年上涨 0.2 个百分点。

（二）货币金融

2016 年，货币政策中性，央行一方面维持一定的流动性，为结构转型创造良好的货币金融环境；另一方面，为了维持市场有效出清，没有放水刺激经济。M2 同比增速整体平稳，1～7 月逐渐下降，之后回升，但低于政府制定的 13% 的目标。信贷一季度大幅增加，此后逐渐收缩。1～6 月短期利率维持在低位，之后回升。1～10 月长期利率逐步下降，之后大幅上升。股市指数波动幅度不大，债券融资额增加。人民币兑美元整体呈贬值趋势，资本持续外流，外汇储备下降。

1. 货币供给量

政府制定的 2016 年 M2 增速目标是 13%。2016 年 M2 同比增速从年初开始逐步下降，7 月之后又逐步上升，但是低于政府目标（见图 11）。一季度信贷扩张，一季度末 M2 同比增长 13.4%，增速比 2015 年末高 0.1 个百分点。为了控制风险，二季度商业银行对信贷进行了控制，二季度末 M2 同比增长 11.8%，增速比 2015 年末低 1.5 个百分点。2015 年 7 月，救市资金入市拉高了 M2 余额基数，2016 年 7 月 M2 同比增长 10.2%，增速较上月下降 1.6 个百分点。2015 年下半年救市资金逐步退市以及外汇占款减少导致的低基数效应，使 2016 年 7 月之后 M2 同比增速逐步回升。2016 年 M1 – M2 同比增速剪刀差从年初的 4.6% 逐步扩大到 7 月的 15.2%，此后略有下降，但仍处于高位。

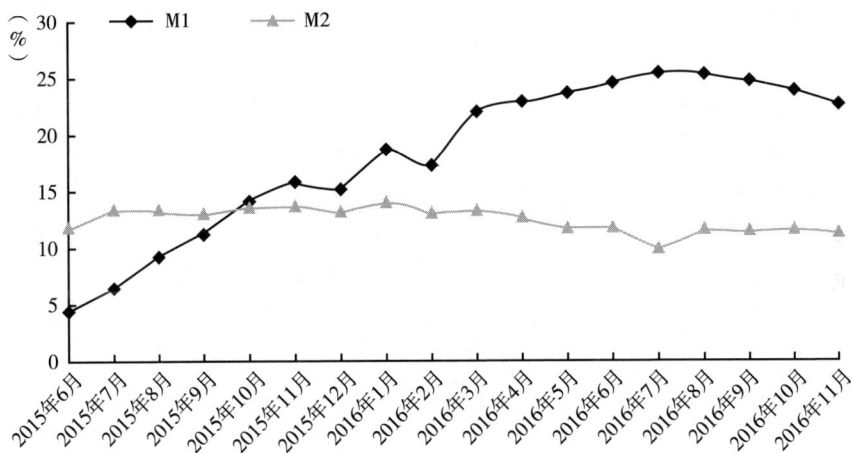

图 11　M1、M2 同比增速走势

资料来源：北京大学经济研究所根据 Wind 数据整理。

为了弥补外汇占款减少导致的基础货币紧缩，央行 3 月 1 日下调金融机构人民币存款准备金率 0.5 个百分点，释放了约 7000 亿元流动性。此后央行没有降准，降准次数低于市场预期，更多的是通过 MLF、逆回购等方式补充流动性。原因有二：其一，美国加息预期一直存在，降准释放的货币宽松信号太强烈，将加大人民币贬值压力；其二，降准意味着回到过去"大水漫灌式"的经济刺激方式，原本即将被淘汰的低端产能获得资金后会复产，这与目前的供给侧结构性改革理念相冲突。

2. 人民币信贷

2016 年央行开始实施宏观审慎评估体系（Macro Prudential Assessment，MPA），信贷整体趋势是一季度大幅扩张，此后收缩（见图 12）。一季度新增人民币贷款 4.61 万亿元，同比多增 9301 亿元，呈大幅扩张态势。一季度信贷激增有两方面原因：其一，受经济下行以及银行票据案影响，信贷以外资产风险增加、收益率下降，银行更倾向于扩张信贷；其二，随着人民币进入贬值周期，企业逐渐将美元债务置换成人民币债务，同时也存在居民通过借入人民币增加美元资产进行套利的现象。商业银行为了控制风险，二季度之后信贷收缩。1～11 月累计新增人民币贷款 11.6 万亿元，同比多增 4838 亿元。

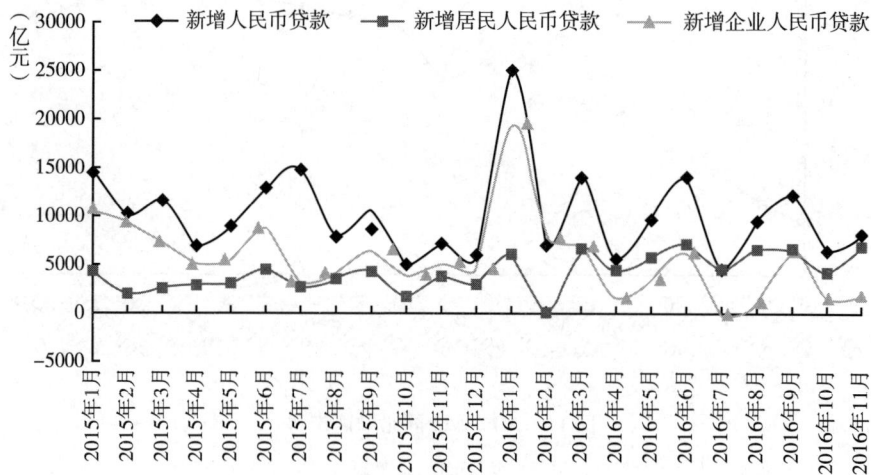

图 12 新增人民币贷款走势

资料来源：北京大学经济研究所根据 Wind 数据整理。

居民信贷方面，除 2 月外，每月居民信贷均维持在 5000 亿元左右。1～11 月新增居民贷款 5.83 万亿元，同比多增 2.28 万亿元，新增居民贷款占全部新增贷款的50%，而2015年该比重为32%。居民信贷占全部新增贷款的比重上升，主要受房地产去库存影响。1～11月中国商品房销售面积及销售额分别为13.6亿平方米和10.3万亿元，较2015年同期增长24.3%和37.5%。

一季度新增企业贷款3.42万亿元，同比多增7100亿元，呈大幅扩张态势。二季度以后企业信贷收缩，1～11月新增企业贷款5.6万亿元，同比少增1.3万亿元。二季度以后企业贷款收缩的主要原因是，缺乏好的投资机会，企业融资需求不大，也可能因为银行担心坏账而惜贷。另外，1～11月发行地方债约5.9万亿元，抵销了一部分企业贷款。

3. 利率

2016年上半年短期利率整体上处于近几年低位。如图13所示，7天SHIBOR处于2.35%附近。2016年上半年由于信贷宽松，流动性充裕，7天SHIBOR整体上维持低位。下半年信贷收紧，7天SHIBOR较上半年小幅上升。另外，有几个时间段7天SHIBOR季节性上升，1月末2月初受春节影响，4月、7月受税收上缴流动性收缩影响，6月、9月受MPA季度考核影响。

2016年1～10月长期利率延续了往年的下降趋势。10年期国债到期收益率从2014年初的4.5%一路下行，2016年初约为2.9%，10月又下降到2.7%左右。受外汇占款减少、信贷收紧、通货膨胀上升等因素影响，10月之后10年期国债到期收益率开始上行，12月末达到3%以上。

4. 资本市场

不同于2015年的剧烈波动，2016年股市指数波动幅度不大，上证综合指数一直在3000点上下浮动。这一方面是因为2015年股指大幅下降后，政府加强监管，制约了市场活跃度，同时经济下行压力大、股指大幅下降使居民财富缩水，市场信心依然不足；另一方面民间缺乏好的投资机会，M1同比增速上升，对股市有一定的支撑作用。2016年中国金融市场进一步发展，股票融资规模增加，尤其是6～10月每月均超过1000亿元。1～11月股票累计融资占社会融资规模比重为7.2%，高于上年同期的4.5%（见图14）。

债券融资规模增加，1～11月累计发行债券17.7万亿元，远远高于上年同期的13.3万亿元。其中，记账式国债2.6万亿元、地方政府债5.9万

图 13 利率走势

资料来源：北京大学经济研究所根据 Wind 数据整理。

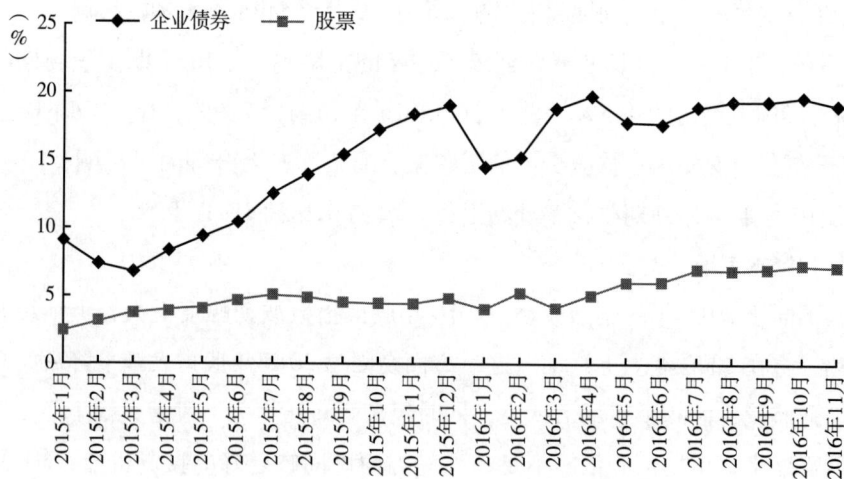

图 14 累计股票、企业债券融资占社会融资规模比重走势

资料来源：北京大学经济研究所根据 Wind 数据整理。

亿元，分别高于上年同期的 1.7 万亿元、3.7 万亿元。1～11 月社会融资规模口径的企业债券累计融资 3.1 万亿元，比上年同期多约 6000 亿元，融资额约占社会融资规模的 19.4%，较上年同期高 1 个百分点。

5. 汇率、外汇储备与资本外流

2016 年，人民币兑美元整体呈贬值趋势，资本持续外流，外汇储备下降（见图 15）。2015 年"8·11"汇改以来，人民币贬值预期一直很强。2015 年 12 月，美联储加息，中国资本外流压力增加。2016 年 1 月居民换汇额度释放，资本大量外流，人民币兑美元贬值 1.3%，外汇储备减少 994.7 亿美元，央行口径外汇占款减少约 6500 亿元。2016 年央行将外汇流动性和跨境资金流动纳入宏观审慎管理范畴，这意味着汇率稳定更加重要。2～4 月，央行加大了汇率维稳力度，人民币汇率整体稳定，资本外流减缓，外汇占款降幅收窄。5～7 月，受英国退欧公投及美联储加息预期增强影响，美元指数走强，人民币兑美元贬值。8 月、9 月，受美联储加息延缓，以及邻近人民币正式纳入 SDR 货币篮子，央行进行汇率维稳，人民币兑美元汇率稳定。10 月以后，美联储加息增加，人民币兑美元贬值。截至 12 月 30 日，人民币兑美元从年初的 6.5172 贬至 6.9495，贬值幅度为 6.64%。外汇储备从年初的 3.33 万亿美元，下降至 11 月末的 3.06 万亿美元，减少 2788 亿美元。

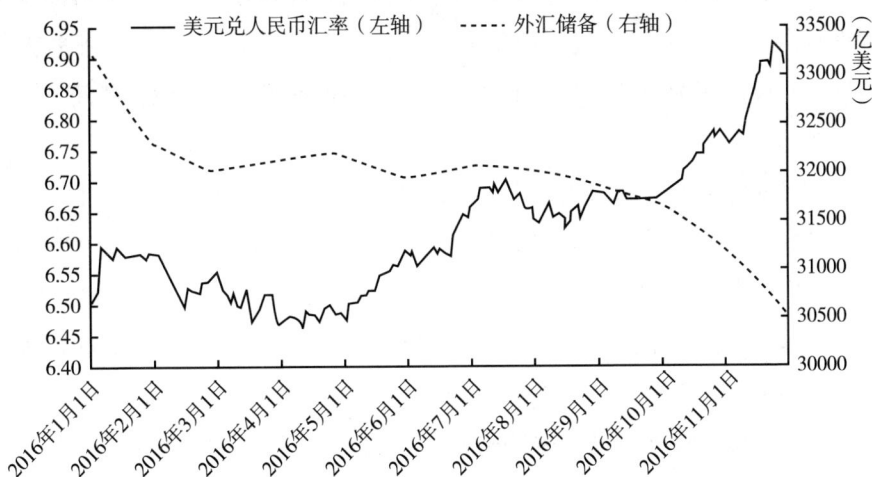

图 15　汇率与外汇储备走势

资料来源：北京大学经济研究所根据 Wind 数据整理。

（三）经济形势分析

1. 需求萎缩

2016 年，三大需求对经济增速的拉动仍然显示出动力不足。投资同比增速延续系统性下滑态势，外贸继续收缩，有效需求萎缩仍然施压中国经济。宏观调控在财政政策和货币政策两个方面持续承压：一方面，财政支出累计同比增速放缓，对基建逆周期调节作用的支持力度减弱；另一方面，货币政策对实体经济刺激效应减弱。在此情况下，调控风险持续上升，赤字财政导致地方债违约风险上升，财政风险加大；投资机会和空间减小致使货币政策边际效应递减，超发流动性滞留在经济系统内，有引发资产泡沫的风险。

（1）民间投资增速下滑严重，固定资产投资增速系统性下滑程度加大

在经济下行压力下，实体经济优质投资机会不足，民间资本投资收益预期不佳。而在房地产市场调整及产能过剩的情况下，民营企业投资空间狭窄，虽然政府欲借助 PPP 项目带动民间投资，但这与民间资本投资的特点相悖，其投资增速经历两次显著下跌。

第一，预期收益差压低企业投资意愿。民间资本对宏观经济运行的敏感程度较高，并且一般呈现较一致的趋势，当前在内外经济增长压力都较大的情况下，民间资本的预期收益不高，自然影响投资意愿，因此，民间投资收缩比较明显。

从民间投资的分布来看，其主要投向是第二产业中的制造业和第三产业，其中，近 50% 投向制造业，制造业投资中民间资本占比约达 85%；约 47% 的民间资本投向第三产业，第三产业投资中民间资本占比约为 50%。在当前国内外需求不足及去产能和去库存的调控政策背景下，企业利润下降，民间资本在制造业领域持续观望。第三产业方面，主要是基于 PPP 项目的基建投资，这部分投资体量较大，但民间资本投资能力不足，在还未进一步解决产权运营及定价分配等后续问题的情况下，民间资本的预期较为负面。

另外，产能过剩压缩投资空间。民间投资持续下滑与去产能过程不无

关系。全社会固定资产投资中的采矿业与制造业投资累计同比增速从2015年末的 -8.8% 和8.1%分别下滑至2016年1~11月的 -20.2% 和3.6%，2016年前三季度，民间资本对采矿业与制造业的投资累计同比增速分别从2015年末的 -9.9% 和9.1%下滑至 -14.6% 和2.5%，但1~11月的数据略有回升。一方面，季节性因素导致居民与企业用能用电需求增加，从而使企业追加投资；另一方面，企业在去产能过程中库存量储备不足，推升了市场价格，进而又需要增加投资以补充库存。这在一定程度上也反映出民间资本对市场价格与需求变化的敏感度高于政府及国企。但由于市场竞争机制不健全，民营企业在采矿及制造业领域的投资与生产还面临政府审批以及融资成本较高等问题，对其投资效率及增速产生抑制作用。

第二，本轮调控刺激的项目与民间资本之间的适应性较差。当前民间投资分布的行业主要集中在批发和零售业、住宿和餐饮业、房地产业、居民服务和其他服务业以及制造业一般竞争性行业。而这些行业一般处于产业链的中下游，资本占用量通常较小，流动性要求高，且收益较高、较快。而本轮调控力推PPP项目，期望通过政府投资带动民间投资，但目前的PPP项目投资领域主要是基建，资本占用量较大，投资周期长，收益也面临制度和产权等的不确定性因素。

（2）面临内外环境双重压力，外贸下行压力较大

在内外不利因素的双重压力下，中国外贸面临较大的下行风险。从外部环境来看，2016年，外部需求依然偏弱，发达经济体的"再工业化"战略制约中国出口竞争力提升。第一，全球经济低增长局面没有获得根本的改变。世界经济内生增长动力缺乏的问题迄今没有得到解决，同时各项宽松刺激政策的效用普遍递减，政策进一步实施的空间受限。在这种双重制约的背景下，全球市场需求普遍萎缩，全球贸易陷入低迷。如图16所示，2016年世界贸易延续了上年增长乏力的形势，上半年，贸易进出口总额的月同比增速维持在 -10% 左右。国际大宗商品价格反弹在一定程度上稳定了进出口的态势。但受到全球有效需求下降、金融市场风险增加等诸多因素的影响，全

球贸易增速仍然低于预期。第二，美国等发达国家通过推进"再工业化"战略以及构建新的全球贸易、投资秩序对我国工业价值链提升形成了压力。随着中国生产要素红利的逐渐消失，传统的加工制造业出口竞争优势被削弱，新兴产业、新兴商业模式以及大型成套设备等资本品的出口竞争优势尚未形成，再加上在金融服务和技术等领域中国与发达国家之间仍然存在差距，高端制造业难以建立比较优势。

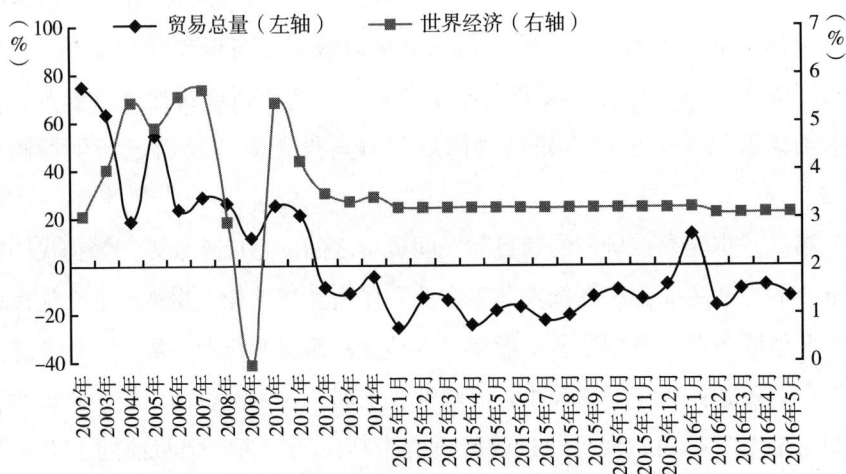

图16　世界贸易总量增长率与世界经济增长率走势

注：2016 年为 IMF 预测值。
资料来源：世界贸易量原始数据来自 IMF：Direction of Trade Statistic（DOST）；
世界经济增长率数据来自 Wind。

　　从内部环境来看，要素成本上升，外贸竞争的传统比较优势逐渐消失，新的比较优势仍未确立。中国经济经历了前些年的持续高增长后，劳动力、土地等要素成本开始上升，环境承载能力逐渐下降，传统的以劳动密集型生产模式为主的加工制造业逐渐失去了比较优势，导致加工贸易萎缩，其占进出口额的比重逐渐下滑。2016 年 1 ~ 11 月，进料加工贸易出口额的累计同比增速维持负增长至 - 10.7%，其占出口贸易总额的比重降至 30% 左右，显著施压出口总额增速。

（3）赤字压力影响财政支出进度，不利于基建投资

2016年财政政策积极取向不改，但受到财政收入增速放缓，以及地方债置换、结构性减税等因素的影响，财政政策传导不畅，基建投资发力不足。1～10月，基建投资增速的波动表明其拉升作用并不稳定，受财政支出进度的影响较大。

首先，财政收入增速放缓。从财政收入累计同比增速来看，虽然2016年个别月份累计同比增速高于上年同期，但整体上呈放缓趋势（见图17）。1～11月财政收入累计同比增速为5.7%，较上年同期下降2.3个百分点。尤其是，营改增及房地产调控对地方财政收入形成压力，制约地方财政支出进度和传导效应发挥。在房地产调控政策收紧的情况下，房地产销售降温，地方财政收入也会有所减少，另外，营改增将原属地方政府支配的营业税转化成中央地方分成的增值税（50：50），将会较大幅度压低地方财政收入增速。

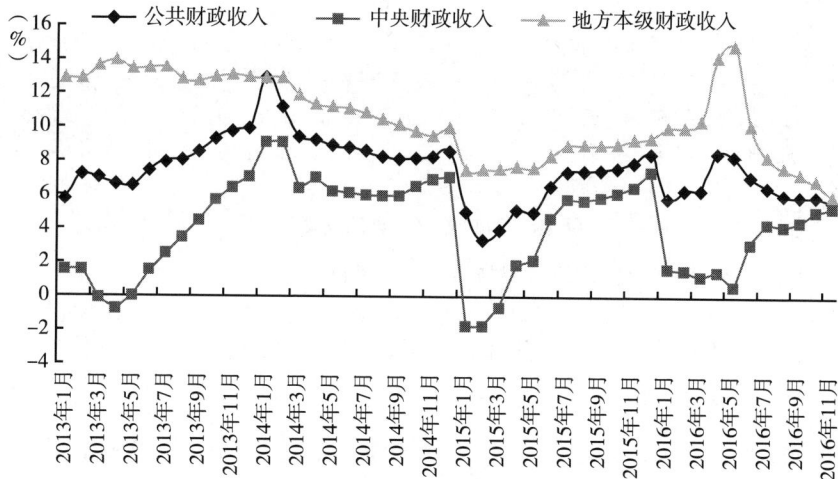

图17 中央和地方财政收入累计同比变动状况

资料来源：北京大学经济研究所根据 Wind 数据整理。

其次，结构性减税对财政收支节奏的干扰（见图18）。与财政税收上缴节奏一致，4月、7月及10月财政支出进度受到影响。另外，2016年结构

性减税对财政收支进度也有较大的影响。其中，4月，营改增实施前的营业税清缴，导致税收集中上缴，同时地方债置换集中增加，地方财政库款滞留国库，影响了财政资金支拨进度。在稳增长的目标下，5月、6月的财政支出节奏加快，7月，受营改增全面推开的影响，政策性减收效应进一步显现，当月财政收入同比增长3.3%，财政支出同比仅增长0.3%，拉低财政支出累计同比增速2.1个百分点，同时上年同期存在高基数效应，财政支出力度对基建投资增速支撑不足。

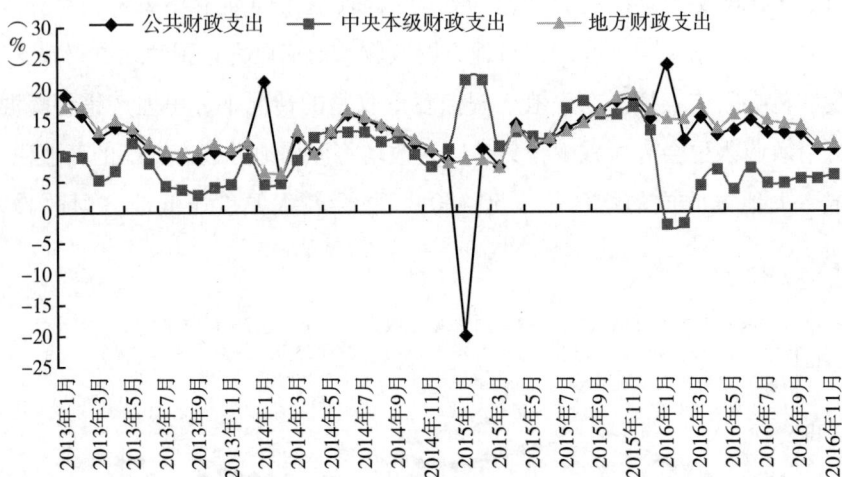

图18　财政支出累计同比增速

资料来源：北京大学经济研究所根据Wind数据整理。

最后，财政赤字压力提前显现。8月、9月财政支出及政府信贷数据（见图19）显示，财政政策支持基建投资有效地拉动了投资增长。但从支出进度来看，财政赤字压力较往年提前一个月显现，1~9月，全国一般公共累计预算支出135956亿元，同比增长12.5%，为年初预算的75.2%，超过序时进度（75%），而2014年、2015年都是在10月才达到或超过75%。由于10月是财政存款集中上缴的月份，财政存款当月值为6821亿元，集中上缴对财政支出进度有一定的制约作用。但财政面临紧缩压力是其主要原因，1~10月，全国一般公共预算支出累计

147775亿元，同比增长10%，已经占预算支出的82.8%，其时序进度较往年同期提前1个月（往年基本上是在11月达到财政预算支出的82%～86%）。同时，结构性减税及收入增速放缓对今后几个月的财政支出形成压力。

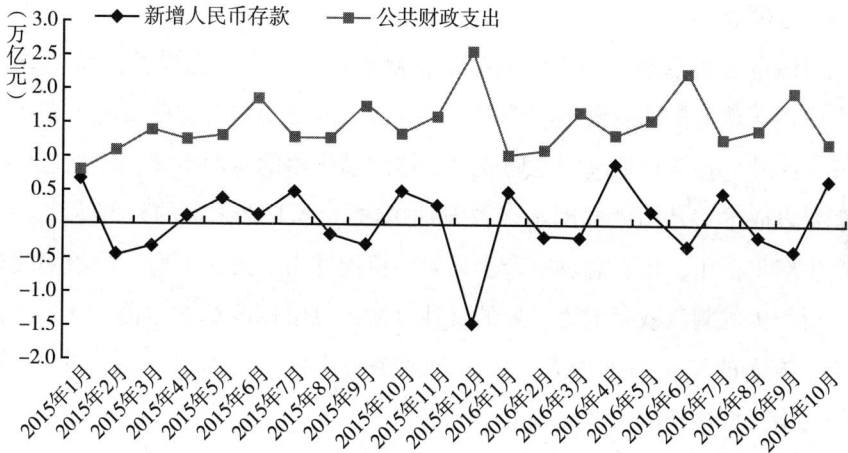

图19　公共财政支出与政府新增人民币存款走势

资料来源：北京大学经济研究所根据Wind数据整理。

（4）货币政策工具失灵

2016年货币政策基本维持中性，仅启用了一次降准，旨在弥补外汇占款减少导致的流动性收缩。货币政策在解决民间缺乏好的投资机会、产能过剩与有效需求不足并存、金融资源错配等结构性问题方面失灵。

首先，在产能过剩情况下，缺乏好的投资机会，企业倾向于将长期存款转为短期存款，择机进入房地产市场、金融市场。如果实施积极货币政策，可能加剧流动性"脱实入虚"，推升资产价格泡沫。其次，工业领域的产能过剩与有效需求不足并存，如果采取宽松货币政策刺激需求，产能过剩产业也将扩大生产，使"去产能"难度加大，这有违供给侧结构性改革理念。最后，当前工业走出通缩、暂时缓解供需矛盾，其发力点是政府推进的产能去化带动工业品价格回升，但可持续性并不稳固，后续需要解决民间资本接替发力的问题，清除企业融资障碍。但是，金融资金配置效率受到体制制约。大量贷款流向"僵尸企业"，而中小企业融资障碍仍未清除，使金融资源不能得到有效利用。"僵尸企业"不仅妨碍市场有效出清，还导致金融资源错配，阻碍货币政策作用的传导。

2. 总供给"中性"

2016年，随着能源类大宗商品价格触底回升，中国总供给面临的能源要素成本下跌的良性刺激逐渐消失。一方面，能源价格反弹使得国内企业生产成本回升，企业预期利润空间收窄，增加总供给的意愿下降。产能过剩和生产要素成本上升的内部因素以及发达国家"再工业化"的外部因素对工业产生双重挤压，也对总供给产生显著的负向冲击。另一方面，供给侧改革措施所产生的刺激效果成为主要的良性刺激，供给侧改革在"降成本""去产能"方面的实施力度加大，刺激微观经济主体的积极性，提高生产率，使得内生经济增长动力有所提升。

（1）能源要素成本变动

2016年以来，受供需结构变化和全球货币宽松等因素的推动，国际大宗商品价格指数大幅反弹。工业原料价格的持续上涨，带动黑色金属、有色金属、化工产品等上游原材料价格普遍上涨。反映全球大宗工业原料价格的CRB指数同比增长率持续回升，截至2016年12月，工业原料CRB指数同比增速从1月的-15.53%上涨至23.1%。从分类来看，12月中国能源类、钢铁类和有色类大宗商品价格指数同比上涨率分别为78.5%、83.9%和35.6%。能源类大宗商品价格上涨通过产业链的传递效应影响下游行业的生产，对经济形成负向成本冲击，抑制供给扩张。

如煤炭方面，煤炭作为诸多工业品的主要生产投入品，其价格的上涨明显拉动了下游行业的价格。通过对工业生产者主要生产行业出厂价格的分析发现，主要行业中煤炭的下游行业出厂价格增速上涨显著。例如，石油加工炼焦和核燃料加工业、黑色金属冶炼和压延加工业、有色金属冶炼和压延加工业、化学原料和化学制品制造业、非金属矿物制品业的10月出厂价格同比增速分别较9月上涨3.6个、3.0个、2.5个、1.8个、1.2个百分点。11月煤炭价格继续上涨，按国家统计局公布的24个省份的重点流通领域生产资料价格来算，11月上中旬煤炭价格环比上涨10.5%，黑色金属价格则环比上涨12.8%。同时，11月化工产品、有色金属的价格也是显著上涨。

如原油方面，供需结构变化导致原油价格上涨，在全球经济放缓的背景下，整体原油需求没有出现明显的上升，供给收缩成为推动油价上行的主要因素。此外，美国经济复苏状况依然存在不确定性，美联储加息概率逐渐减小，美元持续疲弱，这在一定程度上促进了原油等能源类大宗商品价格大幅度反弹。从需求层面看，尽管全球经济增长放缓，但中国作为石油的主要需求国，经济数据处在合理空间，在一定程度上制约了全球原油需求的萎缩。从供给层面看，OPEC国家原油产量的下降，缩减了能源供给。尽管美国页岩油技术进步对促使能源要素成本下降作用明显，在一定程度上给国际原油价格设定了"上限"，但短期内，随着OPEC达成"冻产减产协议"，美国页岩油也在去库存，再加上中东、伊朗局势不确定性较大，原油价格仍然具有继续回升的空间。如图20所示，从2016年初，原油价格触底反弹，截至12月，原油价格已经接近2015年初的水平。2016年1月布伦特原油价格经历了最低点25.99美元/桶之后反弹上涨，截至2016年12月，原油月均价从1月的30.7美元/桶上涨至53.95美元/桶，月同比增速从-35.87%上升至38.7%。

从原油价格反弹的影响来看，如果认为2015年的原油价格下行对供给侧形成冲击的话，那么2016年全年的原油价格回升将负向回补2015年的良性刺激。也就是说，如果剔除两年间的油价波动因素，2015年供给侧良性刺激的幅度等于2016年供给侧负向冲击幅度，2016年原油走势对生产成本下降几乎无明显的正向贡献。我们基于总供给和总需求理论分析框架，以宏观经济计量模型为基础，使用情景分析方法定量测算了2016年国际油价变动对GDP增长率和物价水平上涨率的影响。结果发现，与2015年形成的良性冲击不同，2016年随着原油价格同比负增长持续收窄并逐渐转正，低原油价格对GDP增速的拉升效应和对CPI上涨率的压低效应逐渐减弱。如表2

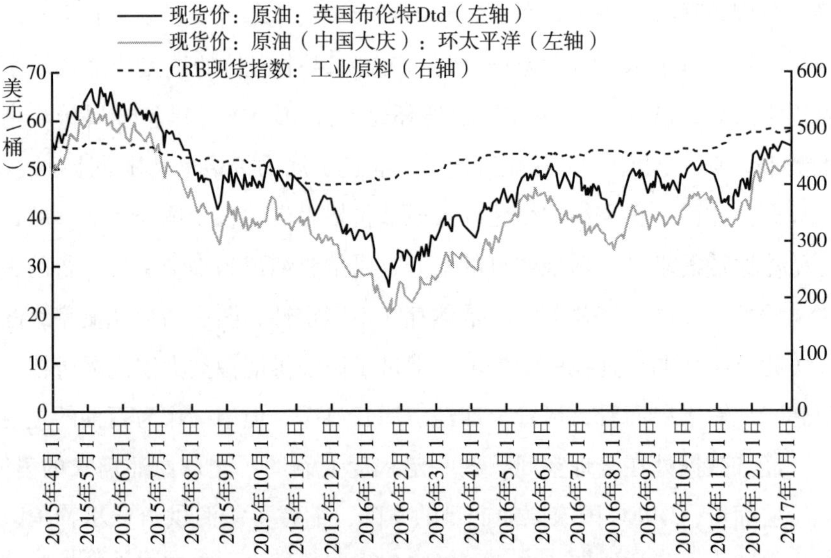

图 20　CRB 大宗商品价格指数与原油价格走势

资料来源：北京大学经济研究所 Wind 数据整理。

所示，2016 年布伦特 Dtd 原油价格同比增长率逐渐收窄，油价同比负增长对 CPI 同比增速的拉升程度也逐渐收窄，油价下跌导致的 CPI 同比增速从一季度的 −0.25 个百分点变为四季度的 0.0212 个百分点。从 GDP 同比增速来看，随着原油价格反弹，原油同比负增长对 GDP 同比增速的促进作用逐渐减小，原油价格同比下跌对 GDP 同比增速的拉升幅度从一季度的 0.07 个百分点下降至 0.037 个百分点。

表 2　国际油价对 CPI 和 GDP 同比增速的贡献

时期	真实油价变动(%)	CPI 同比增速变动 （个百分点）	GDP 同比增速变动 （个百分点）
2016 年第一季度	−45.8	−0.25	0.07
2016 年第二季度	−30.2	−0.32	0.07
2016 年第三季度	−9.67	−0.08	0.05
2016 年第四季度	13.21	0.0212	0.037

资料来源：北京大学经济研究所根据宏观数据回归计算。

（2）继续推行改革

2016年，改革依然是政府强调的重点，改革红利持续释放。改革主要围绕供给侧展开，对降成本与去产能的影响较为显著。供给侧改革分为短期和中长期两大部分，短期供给侧改革是调结构，落地于"三去一降一补"，即去产能、去库存、去杠杆、降成本、补短板五大任务；长期供给侧改革是转方式，落地于产业结构的调整和经济增长方式的转换。供给侧结构性改革的根本目的是提高劳动生产率，激发经济增长潜力，在适度扩大总需求的同时，从生产领域加强优质供给，减少无效供给，提高供给结构与需求结构的适应性和灵活性，使供给体系更好地适应需求结构的变化。

供给侧改革主要关注工业领域"去产能"以及推进"一带一路"战略。在工业领域方面，通过为有色金属工业调结构、促转型、增效益营造良好市场环境，化解有色金属工业长期积累的结构性过剩产能；通过明确市场主导石化产业去产能方案，提速石化产业转型升级，严格控制产能严重过剩行业新增产能；通过发展装配式建筑引导建筑建造方式变革，节约资源能源、减少施工污染，化解过剩产能。在"一带一路"战略方面，建设开放性经济体制，完善东北、西南、长三角和珠三角经济带的对外开放布局，从区域布局方面加快"一带一路"建设，打通对外战略通道，输出落后产能。

利用深化城镇化改革、提升消费品质量标准等供给侧改革措施"去库存"，为新的产能提供空间。进行户籍制度改革，放宽落户通道，推进本地和外地非户籍人口在城市落户，在提高户籍人口城镇化率的同时，放松大中城市的购房、投资、纳税等方面的落户限制，尝试在人口城镇化过程中消化房地产库存。从供给生产标准制定、精品品质培育、质量信息公共服务提供、质量安全风险管理及进出口消费品质量提升等方面推行消费品供给侧结构性改革，提升消费品质量标准。

降低企业杠杆率，降低长期性和系统性风险。通过推动中央企业结构调整与重组，积极推进企业兼并重组，提高资源整合和使用效率。继续推行国有企业混合所有制改革，推进混合所有制企业员工持股，完善现代企业制度和企业硬约束，为降低企业杠杆率长效机制的形成打下基础。

供给侧改革"降成本"措施以直接减轻微观主体的经济负担和改善资源配置环境来降低交易成本为主要特征。第一，通过对微观企业的直接刺激，激发企业的经营活力。直接针对微观企业的改革降低了企业的税收成本，刺激企业的生产活力。对微观企业直接进行刺激的改革措施主要表现在推行国有企业改革、鼓励"双创"、实施结构性减税。一是国有企业改革释放红利，创造投资机会，通过混合所有制改革，放宽行业投资门槛和限制，让社会资本进入竞争性行业的投资领域，扩大民间企业的投资空间。二是支持创新，推进传统产业升级，提升社会全要素生产率。三是减税，通过财税体制改革扩大政府性基金免征范围，并全面推开营业税改增值税试点，在建筑业和主要服务业中实施营改增。继续对低收入者和中小企业减免税，减轻企业负担，增强微观主体的活力。第二，放松管制，改善资源配置环境，让市场在资源配置中起决定性作用，降低社会的交易成本，采用简政放权、打破行业垄断等方式在国家传统垄断行业领域放开竞争，压缩寻租空间，降低隐性交易成本，调动微观主体的潜力。

除了供给侧改革之外，其他方面的改革也在逐渐深化。第一，继续推进财税体制改革，解决财政资金不足问题，加大 PPP 模式推广力度并明确各级政府对 PPP 项目的操作流程，提高政府基建投资的效率。第二，通过释放改革红利促进产业升级。制定农业现代化规划，促进三大产业融合发展，调整和优化农业结构，发展现代农业，以创新促进农业转型升级，设立发展投资基金和规范农地产权，完善第二、第三产业与农村产业融合发展机制；深化制造业信息化改革，促进其与互联网的融合发展，协同推进"中国制造 2025"和"互联网 +"行动，促进制造业转型升级。具体改革措施参见附表 2。

3. 总体判断

2016 年，宏观经济运行呈现有效需求萎缩、供给"中性"的态势。全年宏观经济下行压力主要源自需求侧的收缩，即投资同比增速的系统性下滑以及贸易顺差幅度的缩减反映出的有效需求不足。大宗商品价格持续反弹促使其同比负增长态势持续收窄并逐渐转正，通货膨胀下行压力在获得明显缓解的同时，经济下行压力也逐步增加。

财政政策和货币政策效力下降，不能为持续收缩的有效需求减压。由于地方政府债务和结构性减税产生的赤字压力，积极的财政政策的效力受到约束，基建投资同比增速对固定资产投资的支撑不力在一定程度上佐证了这一点。从货币政策方面看，低利率水平伴随着货币流通速度下行，增加货币供给量对实体经济产生的效果较弱，货币政策的边际效应递减。

宏观经济政策效力下降的直接负面影响表现为投资增速出现系统性下滑，投资低迷致使有效需求疲弱，再加上政策落实本身存在的时滞导致政策预期的效果未能有效发挥，进一步加剧了有效需求的萎缩程度。由于总需求萎缩、总供给短期成本的正向刺激作用衰减，宏观经济虽然走出了通缩风险，但下行压力持续存在。

二 2017年国际经济形势展望

根据国际货币基金组织（IMF）2016年10月发布的《世界经济展望》（*World Economic Outlook*），新兴市场和发展中经济体经济增长提速，预计2017年全球经济增速将会从2016年的3.1%升至3.4%。发达经济体整体经济增速略有上升，但内部依然分化。其中，受前期奥巴马政府经济改革以及特朗普新政影响，美国经济将实现较高增长；受英国脱欧影响，欧洲经济增速略有下降；日本企业投资意愿低，居民消费谨慎，其经济增速继续低位徘徊。预计2017年发达经济体整体GDP增速为1.8%，较2016年高0.2个百分点。以"金砖国家"为代表的新兴市场经济体整体经济增速将有较大幅度上升。其中，依靠积极的财政和货币政策，印度经济继续保持较高增速；受益于大宗商品价格上升，俄罗斯、巴西、南非经济增速也将上升。预计2017年新兴市场和发展中经济体整体GDP增速为4.6%，较2016年高0.4个百分点（见表3）。

表3　世界经济增速预测

单位：%

范围	2015 年	2016 年	2017 年
世界	3.2	3.1	3.4
发达经济体	2.1	1.6	1.8
美国	2.6	1.6	2.2
欧元区	2.0	1.7	1.5
日本	0.5	0.5	0.6
新兴市场与发展中经济体	4.0	4.2	4.6
俄罗斯	−3.7	−0.8	1.1
巴西	−3.8	−3.3	0.5
印度	7.6	7.6	7.6
南非	1.3	0.1	0.8

资料来源：IMF：《世界经济展望》，2016 年 10 月。

（一）发达经济体

1. 美国

2016 年前两个季度，美国库存周期调整，投资下滑，真实 GDP 环比折年率分别为 0.8%、1.4%，远低于 2015 年全年的 2.6%[①]。但是三季度企业补库存、出口飙升，真实 GDP 环比折年率达 3.5%，为近两年最高值。相比 GDP 增速，失业率是美国更关心的指标。失业率从 2009 年 10 月的 10% 一路下降，2016 年维持在 5% 附近的低位，接近充分就业水平。失业率低，经济增速也低，这可能是劳动参与率下降导致的。美国劳动参与率从 2009 年 10 月的 65% 下降到 2016 年 11 月的 62.7%。虽然 1～8 月 CPI 同比增速在 1% 左右波动，但 9 月之后逐步上升，11 月达到 1.7%。剔除波动较大的食品、能源后，核心 CPI 同比增速稳定在 2.2% 附近，属于 2009 年以来最高值，而且高于美联储 2% 的目标值。低失业率和通货膨胀率接近 2% 为美联

[①] 本章 2016 年、2017 年各经济体经济增速预测数据来自国际货币基金组织 2016 年 10 月发布的《世界经济展望》，其他数据由北京大学经济研究所根据 Wind 数据整理。

储加息提供了支撑。美国的量化宽松政策刺激了大量劣质投资，低技能工人实现就业，而技术水平并没有大幅提升，利率自然率依然偏低，美联储加息可能会增加美国经济风险。

2017年，虽然面临英国脱欧等不确定性，但是由于前期奥巴马政府减税、增加就业等政策的作用以及特朗普政府可能通过基础设施建设、减税、放松金融监管等措施拉动经济增长，预计美国经济增速将上升，约为2.2%，较2016年提升0.6个百分点。

2. 欧洲

由于量化宽松（QE）边际效用递减，以及英国脱欧导致业界信心下降，2016年欧洲经济增长不及预期。2016年，欧元区前三季度GDP同比增速分别为1.6%、2.2%、1.6%，平均增速略低于2015年全年的2.0%；欧盟前三季度GDP同比增速均为1.8%，低于2015年全年的2.2%。2016年上半年，欧元区调和消费者物价指数（HICP）同比增速出现负值，通货紧缩风险严重。受英国脱欧公投影响，6月之后欧元贬值，HICP同比增速有所上升，11月为0.6%，仍然偏低。欧盟HICP增速与欧元区相差不大。欧洲失业率虽有所下降，但仍维持高位。欧盟和欧元区失业率分别从2013年7月的10.9%、12.0%逐渐下降到2016年11月的8.3%、9.8%。

2017年，欧洲经济增长存在诸多不确定性。英国将正式启动脱欧程序，退出欧盟后，能否无阻碍、低成本地进入欧盟市场将对英国及欧盟产生深远影响。法国、德国等多个欧洲国家将举行大选，右派可能当选执政，进而采取贸易保护、遣返难民、终止欧洲一体化进程等保守政策。欧洲的低利率刺激了大量劣质投资，银行不良贷款率上升。德意志银行股价大幅下跌，欧洲爆发银行业危机的风险上升。2016年QE没有达到预期效果，2017年欧洲央行是否退出QE还待观察，不过至少在2017年3月之前会维持QE。其他诸如恐怖袭击、难民问题、希腊债务危机等问题也是阻碍经济增长潜在的不利因素。预计2017年欧元区、欧盟经济增速将分别为1.5%、1.7%，低于2016年的1.7%、1.9%。

3. 日本

2013年日本开始实行量化与质化宽松货币政策，2016年1月日本央行进一步采取负利率政策刺激经济。然而，日本经济并未走出长期以来的低迷态势，增速维持较低水平，通货紧缩持续。2016年英国脱欧公投前后，日元作为避险产品持续升值，加大了日本出口压力。2016年前三季度日本平均GDP同比增速为0.6%，与2015年全年增速持平。日元走强，4~9月CPI同比增速连续负增长，且均低于上年同期，11月逐步上升至0.5%，仍距2.0%的目标甚远。日本失业率基本维持在与2015年相近、略高于3%的水平。日本经济萎靡，而失业率却很低，这与其实行终身雇佣制及劳动力减少有关。

虽然日本不断降低税收，甚至实行负利率货币政策，但是企业投资意愿依然很低。工资没有上升，居民消费谨慎。2017年，虽然日本可能继续维持宽松货币政策以及积极的财政政策，同时还会受益于新兴市场经济体经济增长提速，但是鉴于投资、消费双双低迷，预计2017年日本经济增速为0.6%，略高于2016年的0.5%，依然在低位徘徊。

（二）新兴市场经济体

1. 俄罗斯

2016年，石油价格上升，俄罗斯调整外交政策应对欧美制裁，如加强与中国的关系，缓解了经济衰退，2016年前三季度GDP同比增速分别为-1.2%、-0.6%、-0.4%，较2015年全年的-3.7%降幅收窄。石油价格回升，促使卢布逐渐升值，CPI同比增速从1月的9.8%逐渐下降到12月的5.4%，通货膨胀压力减弱。

2017年，虽然地缘政治因素导致的俄罗斯与欧美之间的经济紧张不会缓和，但是俄罗斯外交的调整以及石油价格上升，将有利于缓解经济衰退。预计2017年俄罗斯经济将摆脱衰退，实现正增长，GDP增速为1.1%，高于2016年的-0.8%。

2. 巴西

巴西作为资源型国家，经济严重依赖资源出口。2016年，得益于大宗商品价格上升，巴西经济衰退减缓。2016年前三季度GDP同比增速分别为

-5.42%、-3.79%、-2.98%,相比2015年四季度的-5.89%降幅收窄。广义消费者物价指数(IPCA)同比增速逐渐从2015年末的10.67%下降至11月的6.99%,但是依然很高。

2017年,虽然全球经济前景不明朗,但得益于大宗商品价格回升、新兴市场经济体经济增速上升以及政局趋于稳定,巴西经济将实现正增长。由于巴西经济存在长期的结构性问题,工业实力弱,福利负担重,经济下行压力依然很大。预计2017年巴西GDP增速为0.5%,高于2016年的-3.3%。

3. 印度

在全球经济增长乏力的背景下,印度一方面加大力度进行基础设施建设,大力吸引外资,另一方面不断下调利率,基准利率从2015年初的8%逐渐下调至2015年末的6.75%,2016年继续下调至6.25%。印度经济2016年表现较为突出,实现了较高水平的经济增长。2016年前三季度平均GDP同比增速达到7.43%,略低于2015年的7.6%。CPI同比增速从年初的5.91%下降至11月的2.59%,处于印度央行2%~6%的目标区间内。但是,5~7月三个月CPI同比增速超过6%,高于通货膨胀目标区间的上限。

2017年印度仍会继续实行积极的财政、货币政策,但石油价格的上升将给印度经济带来不良冲击。发达经济体经济增长的不确定性也为印度外需带来压力。预计2017年印度经济增速与2016年持平,约为7.3%。

4. 南非

次贷危机以来,受制于全球经济低迷,南非经济增速持续下降,失业率不断攀升。2015年、2016年南非又遭受严重旱灾,使脆弱的经济雪上加霜,CPI同比增速不断上升。CPI同比增速从2015年3月的3.91%一路上升,2016年2月达到最高点7%。为抑制通货膨胀,南非央行1月将基准利率从6.25%上调至6.75%,3月又上调至7%。此后,CPI同比增速略有下降,但仍维持在6%以上。利率上调抑制了投资、消费,导致经济低迷,2016年一季度GDP同比增长-0.14%,远远低于2015年1.3%的增速。随着大宗商品价格的上升,第二、第三季度GDP同比分别增长0.70%、0.68%,增速上升。

为了应对危机，南非进行了一些改革，比如减少政府债务，提高国企和政府效率，鼓励投资，加强政府与商界的关系。随着大宗商品价格上升、旱灾缓解，预计南非 2017 年经济增长 0.8%，高于 2016 年的 0.1%。

三　2017 年中国总需求的自然形势展望

在现有宏观调控政策的格局和力度下，假定不采取进一步的刺激措施，忽略 2017 年可能出现的突发性冲击，我们认为总需求依然维持收缩的自然走势。具体表现为三大需求的收缩压力持续。

（一）消费

1. 促进因素

（1）网络消费

虽然当前网络消费增速呈现回落态势，但 2017 年网络消费对社会消费品零售总额的增速仍然起到大幅的提拉作用，主要体现在以下两方面。

其一，网络消费增速虽然出现了回落，但保持较高的同比增速，2016 年 1~8 月，社会消费品零售总额中实物商品网上零售总额同比增长 25.5%，拉动社会消费品零售总额上涨 3.0 个百分点。而且随着网络消费体量的增长，其对整个消费市场的影响也在扩大。2015 年实物网上消费占社会消费品零售总额的比重为 10.8%，到了 2016 年年中这一比重则上涨到 11.6%。

其二，线上、线下的竞争拉动线上、线下消费同时增长。2016 年 "双11"、"6·18" 等电商促销活动在增加了网络消费的同时带动了线下消费的增加。另外，当前很多大型超市采取网上订购、送货上门等营销方式，缩短了消费者购物的周期，提高了购物的频率，挖掘了潜在的购买力。在网络消费模式演化的进程中，衍生出种种便捷的营销方式，在相当大的程度上扩大了消费需求。

（2）服务消费

当前的消费需求结构正在发生转变，虽然实物消费增速呈现下滑的态势，但服务消费需求的增速正快速上涨。2016年1~8月，社会消费品零售总额中非实物商品网上零售额同比增长56.4%，增速较2015年上涨14.0个百分点。随着资本的积累、物质生活的丰足以及城镇化率的大幅提高，物质需求的边际消费倾向虽然是递减的，但服务消费增速正处于递增的阶段，是拉高整体消费需求增速的主要因素。

2. 抑制因素

（1）就业

就业形势与就业预期对消费的影响也是非常大的，无论是从城镇失业人数还是从城镇领取失业保险金人数的同比增速看，2012年至今我国城镇人口的就业压力均较大（见图21）。

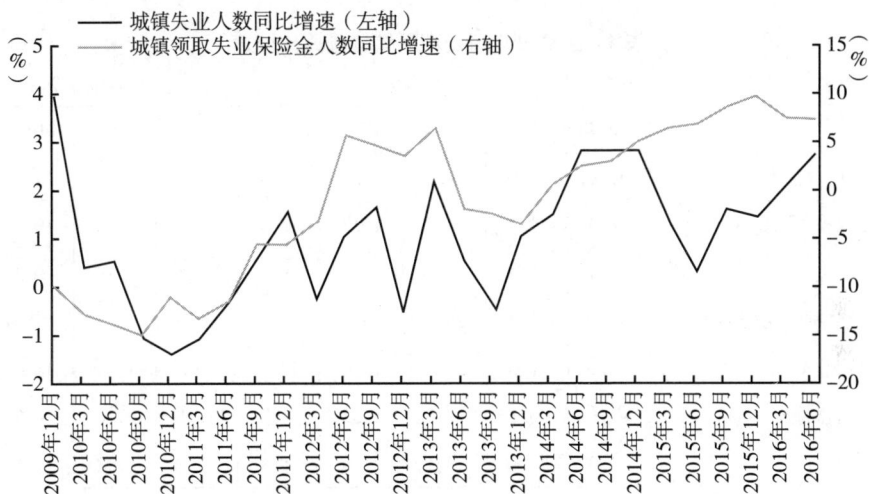

图21 我国城镇失业状况

资料来源：北京大学经济研究所根据Wind数据整理。

再从中国人力资源市场信息监测中心统计的全国主要城市岗位需求状况看，受经济下滑及国企改革、去产能、调结构等因素的影响，2016年大多数城市的岗位空缺人数与求职人数比例较往年有所上升，同时伴随着第二产业岗位需求比重下降的趋势。预计2017年的就业状况也不会有显著的变化。在经济下行压力持续的背景下，公众对就业预期难以保持乐观的态度。受就业形势及就业预期的影响，2017年消费增速可能进一步下滑。

（2）边际消费倾向递减

随着居民生活水平的逐年提高、物质消费品市场的富足，我国的日常用品实物消费已经进入了边际消费倾向递减的阶段，尤其体现在食品、衣着、日用品等小商品消费方面。从表4中的商品零售额同比增速可以看出，食品、衣着、日用品等小商品的消费增速逐年递减，边际消费倾向总体呈现递减的趋势。长期以来各界一直在强调我国的消费需求市场还有很大的提升空间，通过对消费品做进一步分类分析发现，汽车消费和服务类消费还有较大的提升空间，但对于食品、衣着、日用品等日常消费的小商品来说，早已进入边际消费倾向递减的阶段。

表4　主要日常消费商品销售额同比增速

单位：%

名称	2009年	2010年	2011年	2012年	2013年	2014年	2015年	2016年
粮油、食品类	12.6	20.0	24.7	17.9	13.4	11.6	12.6	12.3
饮料类	14.4	19.4	26.6	14.7	16.5	12.1	13.8	10.7
烟酒类	14.1	19.6	23.6	15.9	9.3	9.8	10.9	9.2
服装、鞋帽、纺织品类	17.0	23.8	23.9	16.9	11.9	10.0	10.7	7.0
日用品类	14.0	24.6	24.5	16.6	14.2	10.3	12.7	11.7
通信器材类	-7.0	18.8	27.0	37.2	14.4	22.1	37.0	14.9
其他类	7.3	27.2	23.1	21.6	8.8	13.5	12.7	6.6

资料来源：北京大学经济研究所根据Wind数据整理。

3. 总体判断

综合来看，2017年消费需求呈现结构变化，消费增长平稳。一方面，预计服务类消费增速较快提升，部分对冲食物消费增速的下滑；另一方面，2015年10月发布的小排量汽车购置税费减免政策，释放出来的消费潜力支撑了消费增速的上升，受小排量汽车购置税减免2016年底到期的影响，预计汽车消费减速在2017年或将成为压低消费增速的因素。

（二）投资

1. 促进因素

（1）产业结构发生变化

供给侧结构性改革去产能、调结构持续进行，效果会逐渐显现。工业结构发生改变，2016年10月，高技术产业与装备制造业增加值同比增速加快，较规模以上工业增加值同比分别高4.4个和4.0个百分点，与此相对应，1～10月，高技术产业固定资产投资同比增长16.1%，快于全部投资增速7.8个百分点。并且，受内需结构调整的影响，消费品制造业增加值也持续增长。同时，工业企业库存同比呈下降趋势，这有利于企业资金的周转效率提高，并且有利于投资增加。

（2）企业生产经营成本的降低

2017年随着供给侧改革效果的释放，企业将更多地从中受益。2016年第三季度以来，在PPI由负转正并且持续上涨的情况下，企业投资和生产经营的实体利率下降，企业税费负担进一步降低，将有助于扩大企业的盈利空间，从而修复和刺激其投资意愿。另外，政府管理制度改革，行业管制放松，简政放权，政府服务效率提高，行政审批进度加快，也将进一步降低企业的制度交易成本，提高企业资本的配置和利用效率，促进投资项目的落地实施。

2. 抑制因素

（1）实体经济投资意愿不足

2017年中国宏观经济将延续下行趋势，随着工业去产能过程的持续进行，处于工业产业链中下游的民间资本投资空间受到挤压，并且制造业投资也面临盈利空间收窄压力，企业投资意愿不足。

首先，工业领域产能过剩仍将施压经济增长。虽然2016年落后产能的淘汰工作取得了实质性进展，一些产能过剩行业企业削减关停落后产能，但过剩产能积累严重，传导过程复杂，有复产的可能性，并且新的行业领域产能消化问题还在不断形成和释放。2016年去产能力度加大，虽然供需矛盾有所缓解，但大宗商品价格走高及工业品出厂价格的反弹，对某些工业上游行业的产能形成再投资生产的吸引力，不利于过剩产能出清。鉴于工业领域去产能的过程在短期内仍将持续，预计2017年产能过剩仍然对经济增长有较大压力。

其次，民间资本投资空间被压缩。2016年，民间投资与制造业投资整体呈现下滑态势，民间投资在全国固定资产投资完成额中的占比也受到压缩，民营企业投资空间缩小。而要拓宽民间资本投资空间，就应当消除国有资本对民间资本的挤出效应，特别是深入进行国企改革，通过化解过剩产能和出清"僵尸企业"，为民间资本开辟新的投资领域。然而，国企改革的进展尚较为缓慢，并且民间投资的体制性障碍在短期内也是缓慢缓解，预计2017年民间资本的投资空间出现大幅扩张的概率较小。

最后，制造业企业盈利空间扩大幅度有限、产业结构升级迟缓。工业利润的提升是企业投资的一个重要条件，这取决于创新能力的大小和技术是否进步。产业结构升级仍待推进，虽然中央积极引导产业结构升级，但制造业固定资产投资累计同比增速目前处于历史低位，2016年三季度虽出现反弹倾向，但这在一定程度上是房地产去库存调控对相关制造业产业投资产生的带动作用，不可持续。2016年国庆节前后，房地产调控政策收紧，对相关制造业投资产生了抑制作用。伴随工业领域去产能的持续进行和房地产挤出泡沫的政策，2017年民间投资与制造业投资增速仍将维持低位。

（2）中小企业融资难、融资贵的问题突出

当前，融资难、融资贵等问题是民营企业尤其是中小企业面临的最大障碍。根据《2015年企业负担调查评价报告》的分析结果，66%的企业反映融资成本高，比2014年提高了6个百分点，呈上升趋势，融资状况可能在短期内显著好转。民营企业的主要融资渠道是银行贷款，但国内银行体系在贷款给企业时，一般要求有形资产的担保抵押，中小企业由于缺乏抵押物、财务不透明等原因，而难以获得贷款。

一般来讲，利率是投资的成本，在其他条件不变的情况下，投资与利率之间存在反方向变化关系，利率水平下降，则企业融资成本降低，企业的投资需求将扩大。预计2017年的货币政策仍为中性，受限于汇率稳定的需要，可能不会降息。而2017年经济下行压力仍在，并且中小企业盈利空间扩大的难度较大，这种情况下，在原本就较低的利率水平基础上，进一步下调利率对投资的刺激作用较小。

（3）投资风险上升

长期以来，政府投资主要靠基建发力，而企业投资主要通过债务杠杆撬动，但持续增长的债务规模对投资增长形成了巨大压力。就当前我国的总债务水平来看，非金融企业部门的债务风险较为严重。据中国社会科学院的测算，2015年末，非金融企业部门的债务率达156%，而政府部门的债务率达40%（若计入融资平台债务及或有债务，则约为57%），接近欧盟的政府债务警戒线60%，显示出较大的风险。

但不可忽视的是地方政府债务规模较大，融资渠道也较为复杂，潜在风险相对较大。2015年末，地方政府债务规模为16万亿元，债务率约为89%，接近国际货币基金组织债务率控制标准的临界值。随着2016年第四季度中央出台《地方政府性债务风险应急预案》，明确中央对地方政府债务将不再救助，要求地方政府对本级政府性债务履行偿还责任，并切实防范化解其债务风险。在经济下滑压力下，政府投资的债务融资及发力将受到影响。这表明地方政府债务风险防控不当有可能导致基建等项目的资金筹措困难，甚至使地方政府基建项目破产，不利于拉动基建投资。

另外，金融危机以来企业债务负担呈上升趋势，在债务成本的压力下，企业部门的债务负担较重，投资风险也将加大。当前去除过剩产能与"僵尸企业"出清以及债转股等改革推进措施意在化解企业杠杆压力，但长期以来，金融机构倾向于对国有企业、房地产行业及地方融资平台进行大量投资，在降低企业债务率方面仍存在较大的阻力。同时，在企业经营效益难以得到明显改善的情况下，民间企业部门仍面临较大的融资压力，投资空间仍将受到压制，企业部门投资风险上升。

因此，2017年政府部门投资和企业部门投资都将面临债务风险加大的压力，从而对基建投资和民间企业投资产生抑制作用。

（4）地方财政的收支压力不利于财政政策传导

通常，政府主要通过基建投资来稳定经济增长，但随着结构性减税政策的全面推开及中央与地方财政事权不匹配局面的加剧，地方财政收支压力增大，地方政府支出效率将受到考验。地方政府作为中央调控政策的主要执行者，其执行力度和进度将影响财政政策传导机制。

在公共财政收入增速下降的情况下，地方财政主体税源依然未得到补位，地方财政收入面临的局面更加严峻。营改增压缩了地方政府税收分成比例，同时房地产限购政策也将使与房地产相关的行业税费收入减少，这都将对地方政府的财源产生收紧的负面影响。中央与地方财政事权不匹配的情况也不利于提升地方政府投资的灵活性。

另外，地方政府考核方面的地方债指标已经对地方政府投资形成了制约。虽然政府也着力通过管理创新（地方债务置换、PPP基金平台构建等）疏通地方政府融资渠道，但地方政府仍面临存量债务到期偿还的压力，2017年将到期2.4万亿元，挤占地方政府用于新项目的资金。此外，PPP项目落地的不确定性仍然较大，产权界定问题、改革风险影响了民间投资对未来盈利能力的预期，公私合营项目对社会资本的带动不足。

3. 总体判断

从固定资产投资的影响因素来看，抑制因素表现为实体经济部门投资意愿不足和地方财政收支压力较大。为提高企业投资意愿，仍需从持续改善企业营商环境方面寻求突破，而地方财政收支压力对财政政策传导的负面影响也需要管理创新与制度改革的配合加以化解，可以加快融资渠道转换速度以补充基建投资资金来源，消除公私合营投资项目的不确定性影响。但企业与政府债务风险上升，对民间投资和基建投资都将形成压力。固定资产投资的促进因素主要来自产业结构的调整和企业经营成本的降低，但投资增速仍存在下滑风险。总体来看，2017年固定资产投资累计同比增速将大概率地继续下滑，但幅度可能有所收窄。

（三）进出口

1. 出口

（1）促进因素

首先，多项针对外贸出台的调控政策的刺激效果逐渐显现。其一，减税和融资成本降低激发了微观外贸企业的生产经营积极性。供给侧改革和财政结构性减税，减轻了外贸企业的税收负担，而"中性"货币政策维持了低利率水平，降低了外贸企业的融资成本。其二，外贸企业生产经营的内生动力增加。随着"一带一路"战略的逐渐实施，外贸企业的出口空间得到一定程度的拓宽，落后的产能也获得部分转移，信心将有所回升。

其次，全球经济增速预期提升与人民币贬值。2016年10月发布的《世界经济展望》预测2017年全球经济增速将上升，新兴发展中经济体和发达经济体的经济增速均可能出现不同程度的回升，外部需求持续疲弱的压力可能获得一定程度的减缓，支撑出口增速回升。此外，预计2017年人民币真实有效汇率指数将伴随人民币名义贬值而继续走低，在一定程度上可能提升出口商品的价格优势。

（2）抑制因素

第一，全球经济低增长局面未获得根本性改变，外部需求仍然不足。在本轮经济周期中，全球经济复苏乏力的根本原因在于缺乏技术进步，经济增长内在动力减弱，在各国经济状况未现实质性改变的情况下，各国出台的宽松宏观调控政策的边际效应也在逐渐递减，经济不确定性不断提高。尽管IMF发布的新一期《世界经济展望》调高了对2017年全球经济增长的预期和发达国家经济增长的预期，其中，预期美国2017年经济增长可能为2.2%，但由于全球债务水平持续高位，金融市场波动幅度增大，不排除未来经济增长预期下调的可能性。

第二，生产要素成本上升，外贸行业传统的比较优势继续减弱。目前中国人口年龄结构正面临显著变化，抚养比持续上升，支撑劳动密集型产业增加值提升的人口红利逐渐消失，加工制造业的比较优势下降。同时，由于劳动密集型产业向劳动力成本更低廉的东南亚、非洲等国家转移，中国传统加工制造业出口商品的价格优势持续减弱，出口加工贸易的整体疲弱将给出口额带来明显的下行压力。

第三，作为生产要素的大宗商品其价格上涨将对产业链下游的制造业产生负面影响，并结合劳动力价格上涨进一步导致传统加工制造业比较优势的下降。如金属铜方面，我国是全球最大的铜消费国，但由于本国铜的资源禀赋较差，铜的对外依存度长期保持在75%以上。铜终端消费总量占比最高的电子电力行业一直是支撑制造业出口的主要行业，铜价上涨将致使进口原材料的成本上升，导致传统进料加工贸易企业的生产成本优势下降，促使出口加工贸易额继续下滑，继续对目前已经疲弱的外贸施加下行压力。

2. 进口

（1）促进因素

第一，随着国内"稳增长""调结构"政策效果的显现，国内工业生产弱势局面得以缓解，新兴产业和装备制造业增长较快，进口获得支撑。一方面，工业走出通缩，生产状况好于之前将为主要进口商品数量增长提供支撑；另一方面，产业结构升级扩大了对技术的需求，对高级技术产品进口量的增长产生了持续的促进作用。

第二，国际大宗商品价格的继续反弹，在价格层面支撑进口额同比增速回升。随着2017年全球经济增速预期上升，对大宗商品需求增加，需求层面促进大宗商品价格继续反弹。大宗商品价格同比降幅收窄将会对冲进口金额同比增速的下行幅度。

（2）抑制因素

国内经济处于结构调整过程中，经济下行风险仍在。第一，经济仍然处在去产能的进程中，依旧缺乏增长动力。从反映国内宏观经济景气状况的指标来看，尽管2016年中国制造业PMI呈现显著回升迹象，从下半年开始制造业PMI持续在50%的荣枯线以上，但工业生产状况回升态势的稳固性仍待观察。第二，有效需求将继续萎缩。预计2017年投资增速很难出现显著的回升，消费增长也较为乏力，有效需求难获实质性的上升支持。

3. 总体判断

出口方面，发达国家的再工业化和国内要素成本上升，使传统加工制造业比较优势下降，导致出口总额下行压力仍在，但不会再现2015年显著恶化的现象。预计2017年出口额同比继续负增长。进口方面，国际大宗商品价格继续反弹对缓解进口额下行产生一定的作用，同时供给侧改革和一系列降成本措施促使工业生产继续向好，带动主要商品进口额同比增速增长，2017年进口额同比增速有望转正。随着进口额同比增速的转正，前期出现的"衰退型"贸易顺差的局面将逐渐改变，2017年的贸易顺差可能有所收窄。

四 2017年中国总供给的自然形势展望

（一）促使供给扩张的因素

2017年，供给侧改革红利的释放将成为供给端扩张的最主要促进因素。改革红利的释放将主要表现在四个方面。

第一，减税从微观层面降低生产成本，将继续对企业产生正向激励作用。中小企业的企业所得税减半和免征增值税、营业税等结构性减税政策延续，使这类企业获得税收优惠而继续维持较低的生产成本，进而刺激生产扩张。

第二，针对生产性服务行业实施的结构性减税措施，例如，物流业减税延续至2017年末，将间接减少企业生产与销售环节的成本，刺激企业扩大产能。

第三，城镇化户籍制度改革在促进人口结构红利释放的同时，继续对房地产去库存产生正向作用。

第四，前期鼓励"双创"产生的成果将逐渐渗透至产业结构升级过程中，以经济杠杆的方式推进经济结构的优化，提升全要素生产率，同时"双创"的应用也标志着社会资本进入制造业等领域，民间企业的投资空间得以扩大。2017年可能继续释放红利的具体改革措施见表5。

综上，这些改革红利的释放将从微观层面扩大生产规模，从中观层面促进产业结构优化和升级，进而从宏观层面提升全要素生产率、提升产能，扩大有效供给。

表5　2017年继续释放红利的改革措施

改革措施	具体内容	改革红利继续释放的原因
结构性减税	企业所得税	到2017年底，依法将减半征收企业所得税的小微企业范围，由年应纳税所得额20万元（含20万元）以内扩大到30万元（含30万元）以内
	增值税	将月销售额2万~3万元的小微企业、个体工商户和其他个人免征增值税、营业税的优惠政策执行期限，由2015年底延长至2017年底
	印花税	到2017年底，对金融机构与小型、微型企业签订的借款合同免征印花税
	物流行业减税	延续2016年针对物流行业的降本增效政策。通过简政放权、运输业相关领域改革、降税清费、培育企业创新能力，加大物流配套设施建设力度和提高标准
财政体制改革	中央和地方财政事权和支出责任划分改革	国防、国家安全、外交、公共安全等基本公共服务领域财政分权改革红利释放，可能在教育、医疗卫生、环境保护、交通运输等基本公共服务领域启动财政事权和支出责任划分改革
	政府性基金免征范围扩大	扩大教育费附加、地方教育附加、水利设施建设基金的免征范围，免征政策长期有效
就业－增收	激发重点群体活力，带动城乡居民增收	农村部分，进行土地确权，加强流转；城镇部分，加大对财产性收入的保障力度
城镇化改革	继续实施《推动1亿非户籍人口在城市落户方案》	加大对农业转移人口市民化的财政支持力度，推动本地和外地非户籍人口在城市落户，以实现到2020年全国户籍人口城镇化率提高到45%，各地区户籍人口城镇化率与常住人口城镇化率差距比2013年缩小两个百分点以上的目标
科技方面改革	深化制造业与互联网融合	为了实现到2018年底，制造业重点行业骨干企业互联网"双创"平台普及率达到80%的目标，继续推进"中国制造2025"和"互联网＋"行动

（二）抑制供给扩大的因素

（1）能源类大宗商品价格反弹

受供需结构变化和全球货币宽松等因素的影响，国际大宗商品价格指数仍然存在继续上升的可能。工业原料价格的持续上涨，带动黑色金属、有色金属、化工产品等上游原材料价格普遍上涨，如原油方面，2017 年国际原油价格可能仍然有上升的空间。从供给层面看，预计 2017 年原油供给在一定程度上会下降。一方面，预计美国页岩油去库存仍在继续，页岩油产量显著提升的概率不大；另一方面，石油输出国组织（OPEC）意外达成"减产协议"，未来石油减产的可能性很大。从需求层面看，全球预期经济增长率上升，IMF 预计 2017 年全球经济增速将会从 2016 年的 3.1% 升至 3.4%，发达国家和发展中国家的经济增速均会有不同程度的上升，其中，美国经济增长可能更为强劲，俄罗斯、巴西、南非经济增速也将上升，中国经济增速也在合理区间，将促使原油需求上升。总体来看，2017 年原油供给收缩和需求上涨将支撑国际原油价格继续反弹，使其处在上升的轨道上。

2017 年，原油价格反弹将导致总供给收缩。我们就原油价格反弹对 GDP 增速和物价水平上涨率的影响分别进行了定量预测，结果发现，国际油价上涨促使国内通货膨胀率上升、GDP 增长率下降。如果 2017 年国际原油在 2016 年 12 月的价格水平基础上上涨约 10%（布伦特原油价格约为 60 美元/桶），在其他条件不变的情况下，将促使 GDP 增长率下降约 0.044 个百分点，通货膨胀率上涨约 0.3 个百分点。

（2）劳动力成本上升

长期以来，廉价而充沛的劳动力供给是中国最大的成本优势，充裕的劳动力投入弥补了资本积累的不足，支撑了经济的高速增长。然而，随着中国人口结构发生深层次的变化，人口老龄化程度加深，农村剩余劳动力供给下降，中国生产要素成本优势发生改变，而且这种趋势在短期内不可能发生逆转。

2017 年，人口红利将继续削减，这不仅给中国中长期的经济潜在增长率带来下行压力，由此产生的劳动力供给的下降也会通过影响劳动力市场供需状况引致生产成本上升。劳动力供给下降将导致工资上涨，但工资上涨是否会对生产成本产生负面影响，需要结合劳动生产率做出判断，即使用单位劳动力成本指标反映劳动力成本的变化。单位劳动力成本是劳动力工资与劳动生产率之比，用来判断劳动力成本的上涨是否建立在劳动生产率的基础之上。

短期内，如果工资上涨，企业不可能通过调整其市场结构和技术结构提高劳动生产率从而对冲劳动力成本上升，加之劳动人口老龄化导致人力资本积累能力下降，也会使劳动生产率下滑，在这种情况下，单位劳动力成本必然上升，增加企业生产成本，抑制企业扩大产能。如图22所示，自2013年开始，中国的劳动力平均实际工资增长率触底反弹，单位实际工资增长率预期走势相似，也处在反弹上升的轨道上。预计2017年单位实际劳动力成本增长率上升态势逆转的可能性不大，不断上升的劳动力成本继续对生产成本造成负向影响，在供给端给经济增长施压。

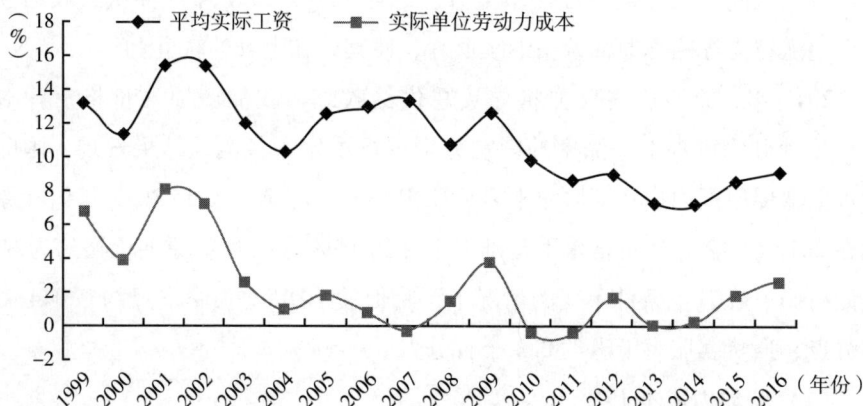

图22　平均实际工资增长率与实际单位劳动力成本增长率走势

资料来源：北京大学经济研究所根据 Wind 数据整理。

（3）环境治理成本增加

环境治理力度的加大、环保标准的提升，短期内将使企业治污成本上升。环境标准提升将从三个途径抬高企业生产成本：一是承担更高的排污费；二是刺激其使用成本更高的优质能源；三是增加减排技术资金投入以提升能源使用效率。2016年11月4日《巴黎协议》正式生效，中国提出二氧化碳排放在2030年达到峰值并争取提前达峰、单位 GDP 二氧化碳排放比2005年下降60%~65%等行动目标。预计环境保护部将继续发布排污新标准来顺应《巴黎协议》的要求，这不仅使企业面临因碳排放超过其配额而被处罚的风险，而且随着排放要求的不断严厉和治理难度的加大，边际治理成本呈现递增趋势，企业生产成本也将显著上升，尤其是火电、钢铁、煤炭、造纸等主要污染行业将受到显著影响。企业环境治理成本的增加压缩了企业利润空间，可能迫使企业缩减产能，短期内将抑制供给扩张。

五　宏观经济潜在风险分析

（一）实体经济

1.“滞胀”风险上升

2016年以来，受供需结构变化和全球货币宽松等因素的影响，国际大宗商品价格指数显著反弹。反映全球大宗工业原料价格 CRB 指数自 2016 年开始一路上行，同比增长率持续回升，截至 2016 年 12 月，CRB 指数同比增速从 1 月的 −12.01% 上涨至 11.96%。作为工业产业链中上游行业的重要生产要素，能源和有色金属参与经济的投入产出过程，并通过产业链的传导作用影响下游行业的生产，能源和有色金属类大宗商品价格的反弹在短期内将对我国经济形成负向成本冲击，致使宏观经济可能产生经济下行与通货膨胀率上行压力并存的“滞胀”风险。

2017 年，大宗商品价格上涨形成的短期成本冲击对产出收缩和通货膨胀预期回升的影响值得关注。在主要经济体出台的量化宽松货币政策的推动下，根据货币数量方程，如果宽松的货币政策没有促进真实产出的增长，那么将引起价格水平的上升。大宗商品价格的走高使得未来生产要素价格普遍上涨的可能性增加，导致前期无通胀的预期被打破，通货膨胀率上行压力加大。由于技术水平在短期内很难提升，通胀率上升将导致有效需求缩减，也将对经济形成下行压力。

2. 投资潜在风险

（1）民间投资增速下行风险

综观 2016 年的经济运行情况，在稳定增长方面，基建投资累计同比增速增长起到了一定作用，显示出财政政策更加积极。但不能被忽视的问题是，民间投资累计同比增速下滑幅度较大，制造业投资累计同比增速也处于低位。仔细研判2016年下半年陆续出台的调控政策，其大都与财政政策和管理制度相关，意在利用财政政策的传导作用稳定经济增长。为对冲经济下滑的风险，2017年积极的财政政策仍将发挥作用，除了在基建投资领域发挥作用以外，在推动社会资本参与PPP项目方面也将产生影响。由于财政收入增速放缓，以及营改增使地方政府财政收入份额减少，地方政府债务置换和地方债发行将发挥更大的作用，同时政府投资会带动社会资本进入PPP项目领域。然而，政府债务方面仍然存在风险。财政部在地方政府债务管理方面，已经明确总体的思路，即不对地方融资平台公司的债务实施托底政策，地方政府仅作为出资人承担有限责任。PPP项目的投资落地率还不高，制约其加速落地的因素主要是投资收益预期的不确定性，特别是项目投资受益权未明确、运营管理等问题并没有在法律和机制上给予解决，政策变动的风险不利于提高民间资本投资于PPP项目的意愿和信心。

（2）房地产政策紧缩风险

"去库存＋挤泡沫"的政策思路使房地产开发投资承压。从房地产市场表现来看，受房地产去库存政策的刺激，房地产销售量持续增长，自2016年初以来房地产开发投资累计同比增速出现较大幅度的反弹。2016年房地产市场的调控政策是以去库存为主线的，但我们的统计口径上并没有库存面积这一指标，仅有一个可以类比的概念，即待售面积，而在去库存调控期间，政府用于衡量房地产库存的指标也是待售面积及其同比变化趋势。从统计数据来看，待售面积在2016年2月达到峰值73931万平方米，随后逐月下降。而待售面积同比增速在2016年持续下降，11月降至－1.3%，但这基本上延续了2014年10月以来的下降趋势（见图23），很难说去库存起到了实质性的作用。

本轮房地产去库存主要对一线城市和部分二线城市有较明显的调控作用，由于中国房地产市场的区域分化加剧，在库存压力较大的三、四线城市作用较小。这表明调控目标与手段之间的匹配度不足，虽然三、四线城市出

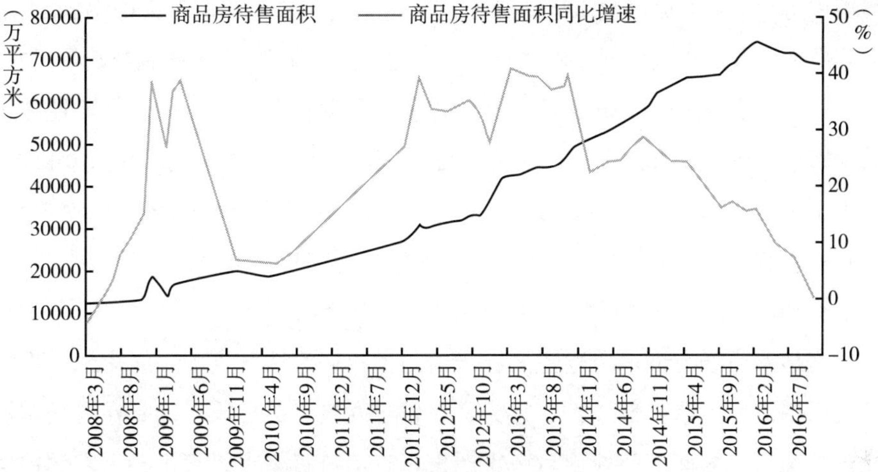

图23 商品房待售面积变动趋势

资料来源：北京大学经济研究所根据 Wind 数据整理。

台购房落户、首付款比例降低、房地产交易税费减免等措施，但由于人口流出及产业发展布局的欠缺，其购房需求仍然不足，库存压力仍需化解。而一线城市与部分二线城市由于土地供给不足，在实体经济投资回报率下降的情况下，投资（机）性需求也进入房地产市场，房地产销售量持续增长，更加推动了这些城市房价与地价的上涨，因此房地产开发投资累计同比增速在2016 年出现了持续反弹。而 2016 年三季度末房地产调控政策也进行了调整，重新限购限贷，房地产市场调控由去库存的单一目标变为"挤泡沫 + 去库存"的双重目标。从目前的情况来看，四季度以来的限购限贷政策对房地产开发投资累计同比增速形成抑制作用，被上年同期的低基数效应和房地产开发投资的周期传导的迟滞所抵消。针对房地产市场分化的特点，房地产开发投资方面的调控政策切换为两个不同的路线：一、二线城市以控制房价上涨为主要目标，进行地价拍卖最高溢价限制及企业拿地资金审查，从而防止地价过高引起后期房价上涨；三、四线城市以去库存为主要目标，通过农村人口的城镇化及土地流转制度创新使其购房需求增加，在化解房地产库存的同时，刺激城镇化建设的投资需求。但其整体思路仍存在问题，一、二线城市房价上涨的原因是土地供给不足，这一点并未在调控政策中得到重视，而开展新型城镇化建设促进农民进城买房也是延续了 2016 年的调控政策思路，依靠这进一步刺激中小城镇基建投资需求进展也较慢。观察房地产调控政策收紧以来的执行效果，还未见其对房地产投资和相关产业投资产生显著影响，但由于房地产库存压力仍然较大，后期房地产开发投资增速将大概率趋缓，与其相关的建筑、家装等产业的生产与投资也面临收缩压力。

3. 房地产市场泡沫风险

房地产市场方面的风险主要在于房地产价格泡沫。当前一线房地产市场投机氛围浓厚，诸如假离婚、接力贷、以子女名义买房等，都是在寻找调控政策的漏洞，为此，政府出台政策严格审查信贷资格予以打击，力求调控房价，挤出投资投机性需求。受人口老龄化和城镇化空间缩小的影响，房地产刚性需求较弱，市场投机气氛较浓，资产泡沫风险增加。

由于房地产总量过剩，房地产去库存仍将持续，总体上房地产开发投资增速将呈现趋缓的态势。目前调控措施的收紧已经使房地产销售量呈现短期回调。同时，基于 2016 年房地产销售的高基数效应，2017 年的销售量也应是大概率回调。但在 2016 年房价上涨的过程中，一线城市和部分二线城市房价大幅上涨的主要原因之一是土地供给不足，而这些城市又有较强劲的购房需求，推高了房价和地价。本轮调控措施对土地价格进行了最高限制、要求加快供地节奏，并且对各地捂盘惜售的情况也加大了查处力度。不管是土地供给不足引致的房地产价格和土地价格的上涨，还是各地房企捂盘惜售营造房地产价格上涨的恐慌情绪，都与当下土地制度和地方政府财政有密切联系。由于房地产调控的措施和手段依然停留于行政层面，而不是解决土地制度问题和使地方政府摆脱对土地财政的依赖，房地产调控政策存在较大不确定性，如果房地产价格上涨的预期逆转，房地产市场泡沫破灭，可能会对银行体系产生冲击。

（二）货币金融领域的潜在风险

2017 年货币金融领域潜在的风险有：美联储加息预期导致的人民币汇

率风险、经济下行导致的银行不良贷款风险、规避 MPA 考核导致的银行表外业务风险、法律意识欠缺和风控环节薄弱导致的互联网金融风险等。

1. 汇率风险

"8·11" 汇改以来，人民币兑美元经历了四次比较大的贬值周期（见图 24）。2015 年 8 月 11 日央行决定完善人民币兑美元汇率中间价报价机制，由于市场上存在中国货币宽松以及美国加息预期，短短几天人民币兑美元便从 6.2097 贬至 6.4124，贬值幅度达 3.3%①。为了避免过度贬值，引起市场恐慌，央行随后对外汇市场进行了干预，2015 年 8 月下旬以及 9 月、10 月两个月人民币汇率一直保持稳定。受 12 月美联储加息影响，人民币兑美元汇率经历了长时间、大幅度贬值。人民币兑美元由 2015 年 10 月 30 日的 6.3175 贬至 2016 年 1 月 7 日的 6.5939，贬值幅度高达 4.4%。

2016 年 4~7 月，受英国退欧公投影响，美元作为避险货币走强，人民币兑美元又开始贬值。人民币兑美元由 2016 年 4 月 12 日的 6.4592 贬至 7 月 18 日的 6.6987，贬值幅度达 3.7%。2016 年 10 月人民币正式纳入国际货币基金组织特别提款权（SDR）货币篮子，央行进行汇率维稳，7 月下旬至 9 月底，人民币兑美元汇率稳定。2016 年美国失业率处于 5% 或之下，核心通货膨胀率超过 2%，10 月以后美联储加息预期又加强，人民币兑美元由 9 月 30 日的 6.6690 贬至 12 月 30 日的 6.9495，贬值幅度为 4.2%。从前几次人民币贬值来看，美联储加息预期或美元作为避险货币走强是人民币兑美元贬值的主导因素。2017 年人民币兑美元贬值压力依然很大。2016 年 10 月国际货币基金组织发布的《世界经济展望》预计 2017 年美国 GDP 增速为 2.2%，高于 2016 年的 1.6%。特朗普政府可能通过基础设施建设、减税、贸易保护、放松金融监管等措施拉动经济增长、促进就业，这将导致失业率进一步下降，通货膨胀率继续上升，2017 年美联储可能加息三次左右，人民币贬值压力将增大。2017 年英国将启动脱欧程序，美元作为避险货币将走强。国内方面，"防风险" 将是 2017 年的一项重要工作。房地产市场等

① 本节数据除特别说明外均来自 Wind。

将受到严格控制，企业和个人将增加国外资产配置比例，这会导致资本外流，进一步加大人民币贬值压力。

汇率贬值导致的风险主要有几个方面。（1）外汇储备缩水。外汇储备从 2015 年 8 月初的 3.65 万亿美元下降到 2016 年 11 月末的 3.05 亿美元，减少 6000 亿美元。2017 年，一旦形成人民币贬值预期，资本外流将加剧，这将进一步加大人民币贬值压力，外汇储备也将大幅缩水。（2）恶化企业资产负债表。人民币大幅贬值一方面将增加企业外债负担，另一方面将导致企业进口能力减弱，不利于中国产业升级。（3）不利于吸引外资。外商直接投资（FDI）每年年末都会将利润换成外币汇出，如果人民币大幅贬值，FDI 利润将受损，进而不利于再吸引外资。（4）妨碍人民币国际化。人民币已加入国际货币基金组织特别提款权（SDR）货币篮子，人民币国际化进入新的阶段，以后的目标是扩大人民币使用范围。根据环球同业银行金融电信协会（SWIFT）2016 年 9 月发布的人民币报告，已有 101 个国家使用人民币作为其贸易货币之一。如果人民币持续贬值，将不适合作为贸易货币，这将阻碍人民币进一步国际化。

虽然 2017 年人民币兑美元存在很强的贬值预期，仍不能排除升值风险，原因有以下几个方面。

（1）人民币需求仍然很大。虽然中国经济增速放缓，但是仍高于世界平均值 3~4 个百分点，投资收益率比较高。2016 年 1~11 月中国累计使用 FDI 1138 亿美元左右，与往年同期相差不大，生产性资本并没有外流。另外，2016 年 1~11 月中国累计贸易顺差仍高达 4720 亿美元。

（2）特朗普强迫人民币升值。美国大选前，特朗普主张将中国列入"汇率操纵国"。虽然中国央行干预汇率是为了抑制人民币过度贬值，有利于提升美国产品竞争力，但仍不排除特朗普政府认为人民币汇率被严重低估，强迫人民币升值。

（3）美联储加息频率可能低于预期。首先，美国长期的低利率刺激了大量劣质投资，生产技术水平并没有进步多少，利率自然率依然偏低。12 月加息之后，美国经济可能难以承受高利率，进而使美联储停止进一步加息。其次，特朗普政府制定的限制移民政策也不利于美国经济增长，同样制约了美联储进一步加息。最后，特朗普政府认为强势美元不利于美国出口，而且会增加美国债务负担。支持共和党的企业同样不喜欢高利率。虽然说美联储名义上是中立的，但是美联储主席及理事就职都需得到总统提名以及参议院批准。在总统是共和党以及参议院共和党占多数的情况下，任何人想得到或者连任美联储相关职位，其政策难免向共和党靠拢。

在市场普遍预期人民币贬值的情况下，很多企业和个人增加了外币增产配置比例，人民币升值将给其带来巨大损失。2017 年中国出口依然疲弱，人民币升值还会增加出口压力。人民币兑美元走势如图 24 所示。

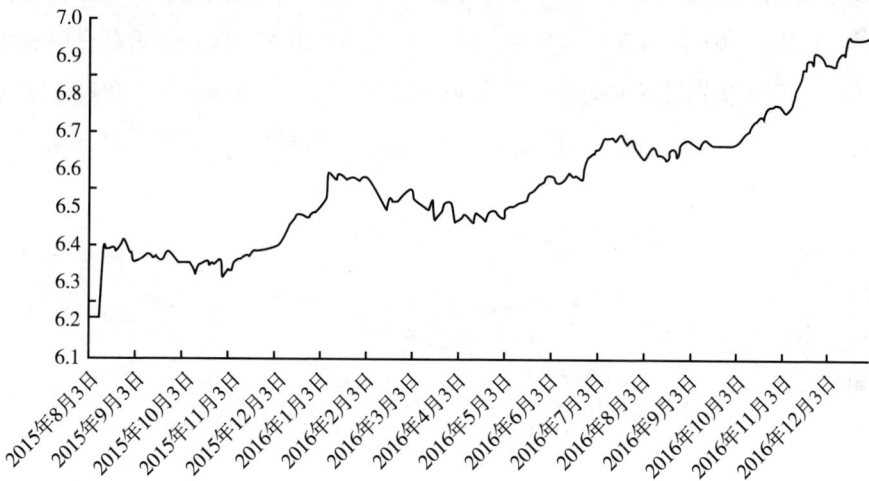

图24　人民币兑美元走势

资料来源：北京大学经济研究所根据 Wind 数据整理。

2. 银行不良贷款风险

随着近几年经济的下行，企业投资回报率下降，商业银行不良贷款率逐步增加。根据银监会网站数据，商业银行不良贷款率从 2013 年一季度末的 0.96% 逐渐上升到 2015 年末的 1.67%（见图 25）。2016 年一季度末商业银行不良贷款余额为 13921 亿元，不良贷款率为 1.75%，较 2015 年末进一步上升。三季度末商业银行不良贷款余额增至 14939 亿元，不良贷款率为

1.76％。2016 年三季度末，商业银行贷款损失准备为 2.62 万亿元，拨备覆盖率为 175.52％；资本充足率、一级资本充足率、核心一级资本充足率分别为 13.31％、11.30％、10.83％；累计净利润为 13290 亿元，资产利润率、资本利润率分别为 1.08％、14.58％。

虽然我国商业银行拨备覆盖率、资本充足率、利润率都比较高，不良贷款在可控范围内，但是 2017 年仍有以下三个因素使银行不良贷款风险增加：（1）2017 年经济下行压力依然很大，低投资回报率将制约企业的还贷能力。（2）鉴于国有企业、地方融资平台具有"预算软约束"，银行向它们投放了大量贷款。但是财政部已明确表示，2015 年 1 月 1 日以后地方国有企业、融资平台公司所借债务不属于政府债务，地方政府不承担偿还责任。这意味着没有政府的担保，银行潜在不良贷款率可能增加。（3）2016 年信贷政策配合房地产去库存，居民按揭贷款占全部贷款的 40％以上，远高于往年。如果政府收紧房地产政策，一旦房价下跌，居民财富将大幅缩水，按揭贷款违约率也将激增。

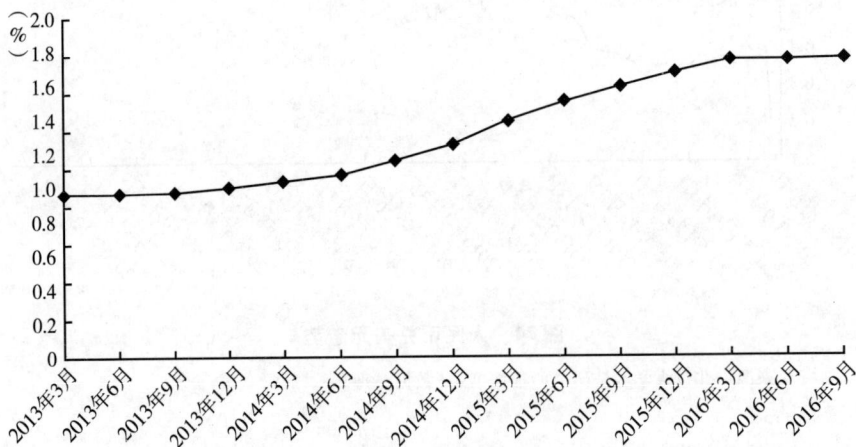

图 25　商业银行不良贷款率走势

资料来源：北京大学经济研究所根据银监会网站数据整理。

3. 银行表外业务风险

银行表外业务主要是委托贷款、信托贷款及未贴现的银行承兑汇票。

2013 年表外业务融资量占社会融资规模比重接近 30%，达到顶峰，2014 年、2015 年比重下降。但是 2016 年一些表外业务又有所上升，前三季度新增委托贷款、信托贷款分别为 1.5 万亿元、4800 亿元，远远高于上年同期的 1 万亿元、565 亿元。银行表外业务风险在于以下方面。（1）2016 年开始实行的 MPA 管理不含表外业务，金融机构为了规避对 MPA 信贷规模、不良贷款率、资本充足率等指标的考核，将原本表内业务转移到表外。如果不将表外业务纳入 MPA 考核，表外业务规模可能会进一步增加。（2）忽视表外业务风险不利于房地产市场风险控制。目前房地产市场风险很大，虽然信贷受到限制，但是银行仍然可以通过表外业务为房地产市场提供资金。

4. 互联网金融风险

互联网金融成本低、效率高，发展迅速，在传统金融机构对中小微企业贷款有诸多限制的情况下，互联网金融为中小微企业融资提供了便利。但是近两年发生了诸多互联网金融平台违约、卷款潜逃、非法集资等现象，比如 e 租宝、泛亚、大大等案件。互联网金融风险的根源主要在于两方面。一方面，法律欠缺。我国是大陆法系，法律制定常常落后于现实。互联网金融是新生事物，相关法律法规比较欠缺，其法律地位也不明确。这导致一些互联网金融平台游走于法律灰色地带，为投资者带来严重损失。另一方面，风险控制薄弱。互联网金融没有接入央行征信系统，也不具有银行那样严格的风险控制机制。为了吸引投资者，互联网金融平台往往许以高额收益，为了持续下去，只好从事高风险、高收益投资，从而导致风险积累。

六　2017年中国宏观经济自然走势与政策展望

（一）2017年中国经济的自然走势展望

1. 实体经济自然走势

（1）供给、需求"双收缩"

从基于总供给和总需求框架的宏观层面来看，2017 年总供给缺乏短期扩张动力，有效需求继续收缩的概率增加，宏观经济可能出现"双收缩"的态势。

第一，总供给收缩。

总供给可能出现一定程度的收缩。尽管供给侧改革红利继续释放将对总供给产生正向刺激，但很可能被要素成本和环境压力造成的负向冲击对冲，再加上供给侧改革目标和任务的明确，政策效果存在时滞，预计短期总供给扩张的能力将下降，甚至出现萎缩。

由于支撑中国经济长期高速增长的生产要素红利逐渐消失，以及产业结构升级、国有企业改革迟缓等结构和制度红利释放受阻，中国经济潜在增长率继续下行不可避免，在长期结构性因素给经济增速施压的同时，短期内能源、劳动力价格上涨形成的生产成本上升将压缩供给端扩大产能的空间，同时环境标准提升造成的减排成本投入增加将压缩供给端扩张幅度。尽管2017年减税、简政放权等供给管理政策效果的逐渐显现以及供给侧改革红利的释放将成为支撑总供给的关键因素，但调结构、去产能仍将继续。新兴产业增加值增速较快上升，但由于体量过小，仍难以对冲传统工业下滑带来的负面影响。此外，国有企业改革、供给侧结构性减税等具体的政策细则依旧未能明确，由此产生的改革和政策方向的不明确性将导致供给扩张受限。

第二，有效需求萎缩。

有效需求的进一步萎缩导致短期经济下行压力延续。从消费需求来看，消费平稳增长但也存在下行风险。尽管政府消费受限、居民消费边际效应递减、收入和就业预期下降等使消费增长继续承压，但诸如服务业消费和网络消费增加带来的消费结构变化将对消费产生一定的支撑，预计消费增速将维持平稳。从投资需求来看，去产能过程持续且缺乏优质投资机会，使投资增速继续下行探底。一方面，去产能、去库存，传统高耗能产业受到限制；另一方面，有关新兴产业的实质性配套制度实施方向尚未明确（如产权归属问题）。传统产业衰退，新兴产业未能及时填补，投资机会不足和经济下行压力同时存在，民间资本获利空间收窄，投资增速系统性下滑的趋势仍将延续。从外部需求看，全球贸易量下滑、发达国家再工业化和传统比较优势的消失等内外不利因素致使外贸疲弱的压力难缓解，导致贸易顺差可能收窄。总体来看，2017年三大需求并无明显的扩张迹象，收缩态势或将维持。

（2）经济增速将继续探底，物价增速上升

展望2017年中国经济，在总供给和总需求"双收缩"的共同作用下，经济增速将继续下行。但对于物价来说，却存在两种可能：情形一，总供给收缩程度大于总需求萎缩程度，物价上涨率上升；情形二，总供给收缩程度小于总需求萎缩程度，物价增速放缓。如图26显示了2017年中国经济自然走势，假定开始时经济在E_1点达到均衡。然后，能源类等大宗产品生产价格上涨带动生产要素成本上升，导致短期总供给曲线受到负向冲击，如果总需求状况没有发生变化，经济将于E_3点达到均衡，此时产出也会减少到Y_3，物价水平会上升至P_3。随着产出的下降，就业也会收缩，失业率可能上升，此时将形成"滞胀"局面，即产出下降和失业增加伴随着通货膨胀。但是，2017年需求端也会面临萎缩，在这种状况下，总需求曲线左移，总需求和总供给收缩的效果叠加，会导致产出缺口进一步扩大到Y_2点，因此2017年将面临低增长的局面。但通货膨胀率的变化不明确，如果供给端收缩的幅度大于需求端，那么情形一将会大概率发生，中国经济将出现比较困难的局面，以"滞胀"特征为主导。

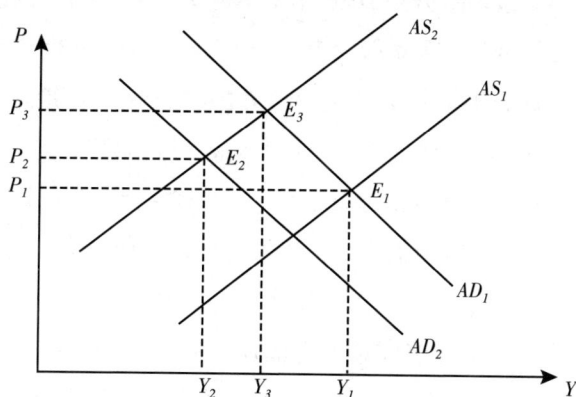

图26　总供给和总需求曲线

2. 货币金融自然走势

2017 年，美国存在加息可能性，人民币将继续贬值；在经济下行压力依然较大的背景下，信贷难以扩张；货币供应量增速也不会上涨。

由于我国经济下行压力的延续以及美联储加息可能性的存在，2017 年人民币汇率将继续贬值，但"恶性"贬值的基础不存在。美国失业率维持在 5% 附近，核心通货膨胀率超过 2% 的目标值，2017 年美联储仍存在加息可能性，英国也将正式启动"脱欧"程序，同时国内房地产调控政策收紧，居民进行海外资产配置会增加外币需求。但是，国际货币基金组织 2016 年 10 月发布的《世界经济展望》预计 2017 年全球经济增速为 3.4%，我国经济增速仍高于世界平均水平 3 个百分点以上，投资回报率依然较高。近几年我国利用外商直接投资（FDI）仍在不断增加也说明了生产性资本并未逃离。另外，虽然我国的出口弱势难以改观，但是贸易顺差仍将维持较大规模。这些均意味着人民币的需求依然很大，人民币不会"恶性"贬值。

2017 年人民币信贷可能不会扩张，原因有三方面。其一，2016 年产能过剩依然严重，2017 年去产能仍将持续。在这种情况下，好的投资机会不多，企业投资积极性不高，也就不愿贷款。其二，近几年经济下行压力很大，投资收益率降低，企业贷款违约概率上升。银行不良贷款率从 2013 年一季度末的 0.96% 逐渐上升到 2016 年三季度末的 1.76%。以前由于国有企业、地方融资平台存在"预算软约束"，银行倾向于向它们贷款。但是财政部已明确表示，2015 年 1 月 1 日以后地方国有企业、融资平台所借债务不属于政府债务。银行出于保证资产质量考虑，将更加惜贷。其三，受商品房热销影响，2016 年 1~10 月新增贷款中居民贷款占 50%，高于上年同期 18 个百分点。房地产投机氛围浓厚，各地纷纷出台限购措施，央行也表态将控制信贷。预计 2017 年新增人民币贷款将少于 2016 年。

2017 年货币供给量增速较难上升的原因有两方面。一方面，外汇占款减少限制基础货币投放。外汇占款一直是影响我国货币供应量增速的重要因素。美联储 2017 年仍可能加息，人民币汇率贬值压力增大。资本将持续外流，外汇占款也将大幅减少，从而制约基础货币投放。另一方面，货币乘数难以明显扩张。由于信贷难以扩张，货币信用创造将受到限制。在基础货币以及信用扩张双双受限的情况下，预计2017年M2增速低于2016年。

（二）2017年中国宏观经济政策展望

1.宏观调控方面面临的问题

我国经济下行压力大，而宏观调控的货币政策、财政政策均存在一些问题。货币政策主要体现在边际效用减小，信贷政策导致房地产市场风险加剧，以及新的汇率形成机制存在缺陷，汇率风险增加。作为稳增长政策的一个重要部分，财政政策在支持基建投资方面发挥了一定作用，抵消了部分下行压力，但是仍面临财政收入增速放缓、传导机制不畅等问题。

（1）货币政策边际效用递减

货币政策边际效用递减的原因有多方面。货币政策很难解决结构性问题，如果采取积极的货币政策解决有效需求不足问题，将会刺激产能过剩产业扩大生产。2016年美联储一直存在加息预期，人民币贬值压力很大，为了稳定人民币汇率，央行难以使用宽松的货币政策调控经济。另外，缺乏好的投资机会也限制了货币政策效应的传导。2016年投资同比增速大幅下滑，M1同比增速却一直上升，3～11月连续9个月超过20%。M1－M2同比增速剪刀差从年初的4.6%逐步扩大到7月的15.2%，此后一直维持高位。影响M1－M2同比增速剪刀差的原因固然有很多，但其中一个重要原因是缺乏好的投资机会，企业没有投资意愿。这一方面导致中长期贷款收缩，M2增速受限；另一方面使企业将存款活化，伺机进入资本市场。

（2）经济金融风险增加

第一，房地产市场风险加剧。

2016年房地产市场火爆，多地房价大幅上涨。虽说房价与信贷互为因果，但不能否认的是，此次房价上涨和信贷政策配合房地产去库存密切相关，比如下调首付比例，加大贷款利息折扣，放宽信贷资格等。而且，如果房地产开发商没有银行提前给予的贷款约定，也不会贸然高价拿地。2016年1～11月中国商品房销售面积及销售额分别为13.6亿平方米和

10.3 万亿元，较 2015 年同期分别增长 24.3% 和 37.5%。同时，1 ~ 11 月新增居民贷款 5.83 万亿元，占全部新增贷款的 50%，而 2015 年该比重为 32%。中国经济在一定程度上已被房地产"绑架"，并由此给经济带来较大的系统性风险。

第二，新的汇率形成机制不完善。

2015 年 8 月 11 日，央行强调人民币兑美元汇率中间价报价要参考上日收盘汇率，以反映市场供求变化。2015 年 12 月 11 日，中国外汇交易中心发布 CFETS 人民币汇率指数。2016 年，央行开始实行新的人民币兑美元汇率中间价形成机制，即"（上一日人民币兑美元收盘价 – 上一日人民币兑美元中间价）+ 一篮子货币汇率变化"。其中，"上一日人民币兑美元收盘价 – 上一日人民币兑美元中间价"受外汇市场供求影响；"一篮子货币汇率变化"是指为了维持人民币汇率指数稳定，人民币兑美元需要的调整幅度。该机制试图兼顾外汇市场供求以及人民币汇率指数稳定，但是问题在于人们关注的是人民币兑美元汇率，比较忽视人民币汇率指数，人民币对一篮子货币保持稳定不会影响人民币兑美元的贬值预期。另外，如果外汇市场上人民币兑美元贬值，但是对其他货币大幅升值，按照新的汇率形成机制，为了维持人民币汇率指数稳定，人民币兑美元也应贬值。在维持外汇市场供求和一篮子货币稳定双重作用下，人民币兑美元的贬值压力将会强化。最终，截至 12 月 30 日，人民币兑美元从年初的 6.5172 贬至 6.9495，贬值幅度为 6.63%。1 ~ 11 月外汇储备减少 2788 亿美元。

（3）财政收入增速放缓，财政政策效应传导不畅

第一，结构性减税施压地方财政收入增速。

结构性减税全面铺开，营改增对地方财政收入增速影响明显，导致地方政府支出受到很大限制，影响财政政策发挥作用。虽然房地产市场受前期去库存政策刺激，使地方财政收入得到补充，加之营改增全面实行前后税收集中清缴，促使收入增速显著回弹上升，但随着改革导入期的过渡以及房地产调控政策的收紧，地方财政收入面临营改增带来的收入份额减少，以及房地产销售回落导致的税收减少，其收入增速放缓的压力将显著增大。

第二，财政政策传导机制不畅。

尽管政府通过一系列制度改革来提高资源配置的效率，比如加快项目审批进度，完善转移支付结构等，修复财政政策传导机制；同时，在基建发力受阻的情况下，提出加快地方债置换存款的支拨速度，对基建项目的落地起到一定的支撑作用。但在财税制度、地方政府融资模式等一系列制度转型的背景下，由于财政竞争弱化及地方官员考核制度对财政政策传导依然有阻滞作用，政府财政支撑作用弱化，基建投资拉动作用仍发挥不稳。

2. 宏观经济政策目标

预计2017年宏观调控的主要目标将是"调结构，控风险，稳增长"。

首先，2017年将是供给侧结构性改革的深化之年。"三去一降一补"仍是供给侧结构性改革的首要任务，但是侧重点有所改变。在去产能方面，继续化解钢铁、煤炭行业过剩产能，并防止已经化解的过剩产能"死灰复燃"。去产能的重点还将扩大到其他行业。在去库存方面，将重点解决三、四线城市房地产库存过大问题。在去杠杆方面，将重点降低企业杠杆。在降成本方面，将在减税、降费、降低要素成本上加大力度，此外还将降低各类交易成本。在补短板方面，除了补硬短板和发展短板，还要补软短板和制度短板。

其次，控风险将更加重要。这些风险主要包括经济"滞胀"风险、房地产市场风险、汇率风险、企业债务风险及地方政府债务风险等。能源和有色金属类大宗商品价格的反弹在短期内将对我国经济形成负向成本冲击，致使宏观经济可能产生经济下行与通货膨胀率上行压力并存的"滞胀"风险。2016年房地产进行"去库存"活动，多地放松购房限制，并出台一系列优惠措施，导致房价大幅上涨，居民信贷占全部信贷的比重在50%左右，房地产市场风险加剧。2017年美国经济增速将上升，美联储存在加息可能性，人民币兑美元贬值压力很大。中国经济增速下降，企业投资回报率降低，这导致企业债务风险增加，银行不良贷款率上升。营改增以及经济下行导致地方政府税收减少，地方政府债务风险上升。鉴于宏观经济风险增加，货币政策在继续保持稳健的同时将加大对经济中潜在风险的控制力度。出于防止总需求过度下滑和保持流动性充裕的考虑，M2增速目标为12.0%，低于2016年的13%。2017年可能利用"债转股"、不良资产债券化帮助企业去杠杆，同时降低银行不良贷款风险。针对地方政府债务风险，地方债置换可能继续实施，同时推动房地产税制改革，扩大地方政府税收来源。

最后，"稳增长"、保障就业的宏观调控目标将会继续被放到重要位置。2010年以来，我国经济进入"新常态"，GDP增速从2010年的10.4%下降至2016年前三季度的6.7%。我国还是发展中国家，目前人均收入只有约8000美元。2020年要实现全面建成小康社会，以及国内生产总值和城乡居民人均收入比2010年翻一番的宏伟目标。要实现这个目标，"十三五"时期，GDP每年平均增速需保持在6.5%以上。稳增长就是保就业。就业关系到民生、社会稳定。2017年经济增速可能进一步下滑，失业增加可能引发一定的社会问题。预计2017年的GDP目标增速将保持在6.5%以上，新增就业量目标维持在1000万的水平。去产能、大宗商品价格可能进一步上升等将导致通货膨胀风险增加，但是需求收缩决定了通货膨胀率不具有大幅上涨的基础，预计政策目标是将CPI同比上涨率控制在3%以下。为了实现经济增长目标，财政政策将继续发力，但是受制于政府债务风险，财政赤字率可能维持在3%的水平。

3. 宏观调控政策选择之控风险

2017年，"控风险"可能是宏观经济政策主要目标的一个很重要的方面，尤其是货币政策将更关注对经济风险的防控，为"供给侧"改革提供一定的空间。防范经济金融风险，需要财政政策、货币政策和供给侧改革等多方面的协调。这些政策有：以改革控"滞胀"风险；为了防止投资增速过度下降，延续积极的财政政策，同时扩大民营企业投资空间，流动性也将保持合理水平；防范房地产市场风险，长期内应该增加土地供应、摆脱土地财政，短期内可以收缩居民信贷、有针对性地提高房地产交易税率；在人民币贬值预期难以去除的情况下，将减少汇率干预，扩大汇率波动幅度；通过"债转股"和不良资产证券化来化解银行不良贷款风险及企业债务风险；将表外业务纳入广义信贷来控制表外业务风险；防范互联网金融风险，一方面要完善法律法规，加强监管，另一方面要引导互联网金融和普惠金融相结合。"控风险"还应防止用力过度，加剧市场波动。

（1）以改革控"滞胀"风险

"滞胀"风险的出现将会给宏观调控带来较大的困难。传统的财政政策和货币政策在治理"滞胀"方面存在一定缺陷。在这种情况下，可以采取稳健的货币政策、营造中性适度的货币环境，谨防流动性过剩进一步抬高要素价格。注重预期管理，引导公众对改革红利的持续释放树立信心。从需求层面看，利用改革红利刺激投资和消费意愿，以摆脱宏观调控的困境，阻止经济增长率下行，一方面，通过改革刺激和创造优质的投资机会，让社会资本进入竞争性行业的投资领域，扩大民间企业的投资空间，阻止固定资产投资增速系统性下滑。另一方面，通过改革刺激产品创新，促进消费结构升级，激发高质量的消费需求，进而拉动有效需求。从供给层面看，通过"供给侧"改革给企业减负，继续简政放权、降低交易成本，同时加大减税力度以对冲生产成本上涨压力。对发展中国家来说，2%~3%的通货膨胀率并不算高。2017年可能存在"滞胀"风险，但是通货膨胀率高于3%的可能性不大，央行可能会加强与公众的沟通，降低通货膨胀预期，不会通过收紧货币政策来降低通货膨胀率。

（2）防止投资增速过度下滑

为对冲投资增速下滑的风险，2017年积极的财政政策仍将发挥作用，除了在基建投资领域发挥作用以外，也应当在推动社会资本参与PPP项目方面加大力度。但由于财政收入增速放缓的影响，以及营改增使地方政府财政收入份额减少，地方政府债务置换和发行将发挥更大的作用，同时通过政府投资带动社会资本进入PPP项目投资领域。

调动民营企业投资积极性和投资意愿的关键是扩大民营企业的投资空间。近期出台的促进实体经济投资的政策，主要是针对企业税费、物流、投入要素以及制度性成本等发力降低企业的融资和经营成本。但民间企业面临的投资空间受限的局面仍需加快破解，在供给侧结构性改革中，化解过剩产能和清理"僵尸企业"是切实为民间资本拓宽投资空间的重要措施，而这也是国企改革的两大任务。2017年应进一步开放市场，通过加快国企改革步伐给民间资本腾挪投资空间，同时通过产权制度改革等为民间投资提供稳定的收益预期。

（3）正确对待房地产价格

一线城市和部分二线城市房价大幅上涨的主要原因之一是土地供给不足，而这些城市又有较强劲的购房需求，推高了房价、地价。另外，地方政府依赖土地财政也是房价上涨的原因。分税制改革后，地方政府财政事权矛盾日益尖锐。土地出让金和房地产税收可以为地方政府带来高额收入，这导致地方政府无视房地产行业承担的住房功能，与房地产开发商一起，保持房地产市场的"繁荣"。但目前房地产调控的措施仍停留在行政层面，从根本上克服房地产市场出现的矛盾，需要解决土地供应不足问题和使地方政府摆脱对土地财政的依赖。短期内，在购房需求方面，可以通过限购限贷，有针对性地提高房地产交易税率加大购房的成本等措施，挤出投资投机性需求。

（4）扩大人民币汇率波动幅度

为了避免增加人民币汇率贬值压力，2017年货币政策难以宽松。目前的汇率中间价形成机制只是一个过渡，2017年央行可能不再严格遵守当前的汇率规则，而是扩大人民币汇率波动幅度，同时不会对汇率进行过多的干涉。首先，我国外汇储备虽还有约3万亿美元，但是能够快速变现用于干预汇率的额度可能并不大。另外，干预汇率的成本很高。2015年8月至2016年11月，外汇储备已下降6000亿美元。还有，在中国经济下行、美联储加息背景下，汇率贬值预期很难消除，汇率干预的效果不大。根据2015年、2016年的经验，一旦央行放松干预，人民币随即就会大幅贬值。2017年人民币贬值压力很大，但不排除升值的可能。在人民币汇率波动方向不确定情况下，企业和个人应根据需要结售汇，避免为了套利、套汇而频繁结售汇。企业应积极利用远期、期权等衍生品工具规避汇率风险。

（5）利用"债转股"和不良资产证券化处理银行不良贷款、企业债务风险

我国商业银行已有一套很成熟的流程来防止不良贷款增加，包括在放贷阶段加强风险控制，处理潜在不良贷款，以及处理确认的不良贷款等。2017年可能推行"债转股"和不良资产证券化两种不良贷款处理方法，一方面可以降低银行不良贷款风险，另一方面可以减轻企业债务。2016年10月10日，国务院发布了《关于市场化银行债权转股权的指导意见》，允许有序开展市场化、法治化的银行债权转股权工作。"债转股"可以在短期内快速减少银行不良资产，但长期内是否有效取决于"债转股"企业的经营。相比"债转股"，不良资产证券化处理不良贷款更彻底。不良资产证券化可以迅速永久地剥离不良贷款，将不良贷款转给其他专业机构处理，而且可以使银行获得现金而不是股权。对于企业债务风险，还可通过MLF、逆回购等方式"锁短放长"，稳定短期利率，引导长期利率下降。此外，还可以利用减税等方式降低企业成本。

（6）表外理财纳入MPA考核

银行表外理财还未纳入MPA的广义信贷范围，但央行正在模拟纳入的情景。央行2017年可能将表外理财纳入广义信贷范围，引导银行加强对表外业务风险的管理。将表外理财纳入广义信贷后，还要监测对金融市场的影响。比如表外理财很大一部分投向了债券市场，表外理财规模将缩水，债券购买量也将减少，可能增加债券市场风险。还需要注意的是，在经济下行、实体经济融资需求不大、房地产调控收紧的情况下，信贷扩张受限，银行出于盈利考虑可能不会大幅收缩表外理财额度。

（7）引导互联网金融发展方向

为了控制互联网金融风险，促进互联网金融健康发展，政府正在对互联网金融行业进行整顿，发布了一系列文件。2015年7月18日，央行等十部委联合发布了《关于促进互联网金融健康发展的指导意见》，这标志着互联网金融管制的开始。随后不同部门又发布了《P2P网络借贷风险专项整治工作实施方案》《股权众筹风险专项整治工作实施方案》《互联网保险风险专

项整治工作实施方案》《网络借贷信息中介机构业务活动管理暂行办法》《互联网金融风险专项整治工作实施方案》等文件。经过整顿，不合规的互联网金融平台将被淘汰，互联网金融经营环境也将改善。

除了对互联网金融加强监管外，更重要的是引导互联网金融的发展方向。2016 年 1 月，国务院发布《推进普惠金融发展规划（2016～2020年)》，强调了普惠金融的重要性，规划了其发展方向。普惠金融由于成本高、收益低，传统金融机构不愿投入资源。可以利用互联网金融的便利性、交易成本低等优势，引导互联网金融和普惠金融相结合，弥补传统金融机构的弱点，解决中小微企业、农民、城镇低收入人群、贫困人群等特殊群体的融资问题。

（8）宏观经济政策防止用力过猛

宏观经济政策用力应适度，防止市场剧烈波动。出现"滞胀"风险的一部分原因是去产能导致上游原材料价格上涨。去库存应以市场为主导，避免用行政手段强制执行，导致原材料供给骤减。对于发展中国家来讲，只要通货膨胀率不高于 3%，就应避免通过货币紧缩政策来抑制通货膨胀。投资增速可能进一步下降，财政政策将保持积极。但是积极的财政政策应适度，一方面应考虑政府债务风险，另一方面应避免过度刺激经济，引发产能过剩。2016 年房价大幅上涨的一个原因是房地产去库存过猛。房地产市场和中国经济紧密相连。控制房地产市场风险，也应防止用力过猛导致投资增速大幅下滑、房价大幅下跌，引发经济危机。在美联储加息、中国经济下行情况下，人民币贬值预期难以消除，不应利用外汇储备强制稳定人民币汇率，而应使汇率更加市场化。人民币汇率市场化也不该冒进，应坚持主动性、可控性、渐进性原则。"债转股"和不良资产证券化有利于消除银行不良贷款风险，也有利于减轻企业债务。推行"债转股"和不良资产证券化应该坚持自愿原则，以市场为导向。互联网金融具有效率高、成本低等优点，控制互联网金融风险不应一味压制其发展，而应引导互联网金融和普惠金融相结合，解决弱势群体融资问题。

以上风控措施如表 6 所示。

表6　风险及相应风控措施

风险	风控措施		
	货币政策	财政政策	供给侧改革
"滞胀"风险	稳健的货币政策	为企业减税	利用改革措施刺激投资和消费意愿,给企业减负
投资风险	维持充裕的流动性	加大基础设施投资,为企业减税;发行地方债,促进PPP项目加速落地	降低企业的融资和经营成本;通过国企改革、产权制度改革给民间资本腾挪投资空间
企业债务风险	引导长期利率下降	为企业减税	"债转股"、不良资产证券化
房地产市场风险	减少居民信贷	提高房地产交易税率	土地制度、税收制度改革,减弱政府对土地财政的依赖,增加土地供应
汇率风险	非宽松的货币政策、扩大人民币汇率波动幅度	—	—
银行不良贷款风险	—	—	"债转股"、不良资产证券化
表外理财风险	表外理财纳入MPA考核	—	—
互联网金融风险	—	—	完善法律,加强监管,引导互联网金融和普惠金融相结合

4. 宏观调控政策选择之稳增长

由于2017年宏观经济或将出现供给和需求"双收缩"的紧缩状态,供给管理和需求管理政策将实施"双扩张"以实现"稳增长"目标。第一,通过供给侧改革促进经济结构优化,释放经济增长潜力,同时进行供给侧结构性减税对短期总供给进行正向刺激。一方面,通过制度改革与政府管理创新,进一步放开市场竞争,提高资源配置效率,鼓励创新,提高全要素生产率;另一方面,利用减税政策降低企业经营成本,减轻企业债务风险,优化民间资本营商环境。第二,需求扩张的政策组合是积极的财政政策和稳健的货币政策。一方面,财政政策力度将继续加大。财政政策在刺激有效需求增长的同时,也为供给侧结构性改革提供支持;财政赤字率将继续提高,房地产税制改革也可能较快落地,为地方政府提供稳定可靠的税收来源;为了保障财政政策的执行力和传导效力，还将改善财政管理机制，加强财政投资对社会资本的带动作用。另一方面，稳健的货币政策旨在为供给侧结构性改革营造适宜的货币金融环境，央行将采用定向工具引导资金流向实体。

（1）需求管理政策

货币政策整体上将保持中性，财政政策则将更加积极。稳健的货币政策为结构性改革营造适宜的货币金融环境，央行将继续完善利率管理机制，在流动性稳定情况下，引导资金进入实体；房贷政策会因城实施，区分保障性住房贷款和投资性住房贷款；收紧房贷也会掌握力度，避免引起市场恐慌；鉴于人民币兑美元贬值压力很大，目前的人民币汇率形成机制不利于稳定人民币兑美元汇率，央行将扩大人民币汇率波动幅度。财政政策力度将继续加大，阶段性提高财政赤字率；加快房地产税制改革，在房价稳定的情况下，开征房地产保有税，为地方政府确立可靠税源，改变地方政府对土地财政的依赖，注重财政政策传导机制中地方政府作用的发挥；加强财政管理，疏通政府库款的支拨环节，加强财政投资对社会资本的带动，加快优化财政支出结构，提高资金的利用效率，增强财政政策传导效用。

第一，稳健的货币政策。

引导资金进入实体。2017年，为了对冲外汇占款减少导致的流动性减少，可能有一次"降准"。为了防范出现资产价格泡沫，可能不会"降息"。央行将会通过MLF、逆回购等方式对利率进行管理，使利率处于合理水平。在流动性稳定情况下，央行还会通过定向工具引导资金进入实体。使资金流向实体，除了在货币供给方面进行引导外，更重要的是增加民间投资机会，扩大融资需求。中小企业存在融资难、融资贵问题。地方政府、大型国有企业存在"预算软约束"，比较受银行青睐。而中小企业由于存在缺乏抵押资产、财务透明度不高等劣势难以获得贷款，尤其是长期贷款。这是商业银行的市场行为，央行不会强制其增加对中小企业的贷款，但可能会和银监会等部门合作，通过区别性再贷款利率引导中小企业贷款利率下行，扩大资产抵押范围，通过鼓励设置新型金融机构等方式加大对中小企业的融资支持。

有区分地适度收紧房贷。2017 年房贷政策将从两方面着手。一方面，房贷政策会有区分。我国是发展中国家，居民住房需求仍然很高。商业银行会加大对保障性住房贷款的支持，而对投资性住房贷款更谨慎。目前三、四线城市房地产去库存压力仍然很大，需要信贷方面的支持，信贷将因城施策。另一方面，收紧房贷会控制节奏，避免房贷收紧过快过猛引起恐慌，导致房地产泡沫破裂的自我实现。根据《中国家庭金融资产配置风险报告》的数据，2016 年房产占中国家庭总资产的比重接近七成。房地产泡沫破裂，居民财富将大幅缩水，不利于经济、社会稳定。同时，商业银行不良贷款也将大幅增加，引发金融危机。另外，央行还会和证监会、银监会等部门合作，加强监管，一方面避免流动性从房市流入股市，另一方面防止资金流向国外，增加人民币贬值压力。

扩大汇率波动幅度。2017 年美国还可能加息，英国将启动"脱欧"程序，同时国内房地产调控收紧，居民海外资产配置也将增加外币需求，人民币兑美元贬值压力很大。当前新的汇率形成机制，虽有利于人民币汇率指数稳定，但并不利于稳定人民币兑美元的贬值预期。在美联储加息、中国经济下行背景下，央行干预汇率代价大而且效果不明显，可能会扩大人民币波动幅度，让人民币汇率形成机制更加市场化。

第二，积极的财政政策。

扩大财政赤字。G20 峰会上各国达成协议，加大财政政策支持力度，中国也将提高财政赤字率，同时发行特别国债，用于加大基建投资力度，特别是着力提升地方政府参与投资意愿，2016 年中央及地方 PPP 项目基金平台及项目储备经历了一个渐渐明晰的过程，但项目落地效果不如预期。预计2017 年财政政策会在清楚界定地方事权的基础上，继续执行地方债务置换计划，减轻地方债务负担，同时推进 PPP 项目的落地，以扩大政府支出对社会资本的引导和带动作用。

保障地方财政收入来源。长期以来地方政府财政支出责任与收入之间缺口较大，2016 年 8 月 16 日，国务院印发《关于推进中央与地方财政事权和支出责任划分改革的指导意见》，推进中央与地方财政事权和支出责任划分的改革。依照财权与事权相匹配的原则，地方政府面临的压力可以用财政权力下放和税源保证得以解决。但2016年的营改增全面展开后，地方财政收入减少压力更加严峻，同时在房地产调控政策收紧后，房地产相关财税收入会大幅下降。保障地方财政收入来源的主要方式是赋予其稳定可靠的税源，房地产税制改革将提上日程，在房地产市场泡沫尚可控制之时及早实施房地产保有税制。

通过改善财政管理机制，增强财政政策传导效用。在财政政策传导方面，从政府自身来讲，政府库款支拨渠道仍需要疏通，以促进基础建设项目的落地。从改善民间资本投资意愿来讲，将着重提高政府服务效能、提升民间投资盈利预期。在配合国企改革、放开竞争性领域同时，加强政府财政投资对社会资本的带动作用。由于当前产权制度不明晰，民间投资风险较大，未来盈利预期较差，所以将通过产权制度改革稳定个人和企业的投资收益预期，提高民间资本的投资意愿。同时，在政府财政管理方面，还会在PPP项目中提高政府的信用，降低违约风险，减少对民间社会资本收益的冲击。另外，在刺激需求方面，政府财政政策在加快扶贫基金、专项基金的支付和利用的同时，还将优化支出结构，创新公共服务的提供方式，通过政府购买服务的方式利用社会资本，完善保障民生的软性基建设施。

（2）供给管理政策

2016年宏观管理政策通过供给侧结构性改革，实施"三去一降一补"化解供需矛盾。但去产能、去库存在一定程度上延续以往的办法，经济结构优化进展缓慢。鉴于2017年中国经济将出现供给需求均收缩的自然走势，预计宏观调控政策将在扩大总需求的同时，加强供给侧的结构性调控。一方面，减税降低企业经营成本，通过"债转股"减轻企业债务风险，同时鼓励竞争与创新、优化民间资本营商环境。另一方面，通过政府社会政策托底推动过剩产能有序化解。另外，还将进一步放开市场竞争、鼓励创新，激励与发展新动力、新业态。

第一，降低企业经营成本，优化营商环境。

通过成本控制及债务风险化解，为企业营造适宜的营商环境。降低企业成本注重降低企业的制度性交易成本、税费负担、财务费用、社保费用等，同时降低企业的债务风险。利用税费调节及税制改革方面减轻企业经营成本压力。第一，适时实施减费、减税政策，减轻企业的税费负担，使其能够有效抵御经济新常态下成本上涨的风险，同时对创业者进行税费减免促进创业。第二，在税费负担降低的同时，进一步推动政府职能的转变，减少政府的过度介入，积极推进全国统一的市场体系的建立。第三，推进税制改革，减轻服务业税收负担，促进服务业加快发展。在减轻企业税负的同时，进一步清理、规范涉企行政事业性收费，优化企业生产经营环境，创造更多的就业机会。第三，应注重解决金融供给结构与融资需求不匹配问题，促进资本市场直接融资功能的深化，提高金融服务效率，降低企业融资成本，加强金融对实体经济的支持。第四，合理安排"债转股"减轻企业债务风险。"债转股"应依靠市场，在企业经营正常化之后，金融机构持股的退出也要依据市场规则进行。

第二，社会政策托底，化解过剩产能。

当前的产能过剩一方面体现为有效供给不足，另一方面体现为无效供给过剩。出清过剩产能的方法有很多种，企业破产、兼并重组以及控制增量较为常见。通过推进市场化的兼并重组，坚决淘汰"僵尸企业"，让优势企业发挥主导作用，对生产力进行重新整合，促进产业升级，提升整个产业的供给效率。但在化解过剩产能的过程中，人员安置和过渡需要社会及政府发挥托底作用，涉及企业职工转岗、安置、再就业及基本生活保障等问题，需要财政拨付专项基金支持，同时在创业、技术培训及未来发展规划方面应有过渡期方案。

第三，改革与创新，促进新动力成长。

当前国内消费升级需求潜力巨大，而供给能力未得到提升。一方面，现行法律制度对劣质供给的监管和处罚力度较弱，不利于行业企业技术水平和产品品质的提升；另一方面，当前税制使国外进口产品的税收成本较高，实质上并不能保护国内市场的竞争力，反而使新产品的技术研发搁置。同时，国有企业相对民营企业一直保持强势地位，民营企业在产业竞争中受到融资成本高、难度大的制约，以及处于国有企业的工业链条下游，产能化解过程中盈利空间受到挤压，生产活跃度下降。这些都是制约政府"双创"发力的原因，因此需要在制度改革与政府管理创新方面下功夫，提高资源配置效率和全要素生产率。

通过完善与改进制度，促进生产要素市场化，使市场在资金、能源、劳动力等生产要素的配置过程中发挥决定性作用，并且通过政府之手矫正市场失灵，出台使负外部性内部化的政策，使社会总供给与总需求趋向一致。同时，通过全方位的创新，包括制度、理论、技术、模式等创新，提高生产率，推动产业转型升级，如推进"中国制造2025""互联网＋"行动等。另外，在环境约束日益严重的情况下，将环境指标纳入企业成本管理系统，同时将环境质量改善放入地方政府长效管理体制中，通过政府与企业目标的一致化，倒逼产业转型升级。

在政府管理制度方面，进一步简政放权、消除投资限制和竞争壁垒，以开放的市场环境促进竞争和创新。可能采取的措施有：第一，破解制度瓶颈，盘活要素存量，激发创新、创业、创造的潜力和动力，支持企业技术改造和设备更新，促进产品的优化升级，培育发展新产业，加快技术、产品、业态等创新；第二，补齐软硬基础设施短板，在收入分配、企业生产能力、软硬件基础设施等方面加大投资，调动微观主体积极性、主动性、创造性，提高劳动者对新的市场环境的适应能力，为经济增长注入新的动力；第三，注重高水平的双向开放，转变对外贸易发展方式，通过产品升级，以优秀的产品撬动外部需求，改变出口需求减弱的现状。

5. 防风险与稳增长的宏观调控政策协调

防风险和稳增长的宏观调控政策可能会存在冲突，实施时要注意协调。为了抑制资产价格泡沫，货币政策需要收紧，但是稳增长又需要一定的流动性。此时货币政策整体上可以保持稳健，一方面保持一定的流动性，防止总需求过度下滑；另一方面避免放水，进一步刺激资产价格泡沫。货币政策还可以利用 MLF、逆回购等工具"锁短放长"，在紧缩短期流动性的同时，引导长期利率下降，降低企业成本，这不仅可以降低资产价格泡沫、企业债务风险，还可以促进企业投资，达到稳增长的目的。受制于防风险因素，货币政策效用降低，此时为了稳增长需要实施积极的财政政策。积极的财政政策同样也需要与防风险相协调。在企业投资意愿不足情况下，为了稳增长需要扩大基建投资，此时需要注意防范政府债务风险。如果出现极端的经济金融风险，应以控风险为主，可以采用多种措施，暂时不考虑稳增长。相反，如果经济增速下滑较快，应以稳增长为主，暂时不考虑控风险。

从根本上实现防风险和稳增长的目的需要进行供给侧改革，此时宏观经济政策并不矛盾。比如房地产市场出现风险的根本原因是土地供应不足以及政府对土地财政的依赖。可以通过土地制度、税制改革化解房地产市场风险同时又不影响稳增长。通过供给侧改革，可以降低企业成本，为民间投资创造机会，此时稳增长和控风险也不矛盾。另外，防风险和稳增长还可以相互促进。稳定的资本市场有利于资金流向实体，促进经济增长；促进经济增长也有助于防范汇率风险、企业债务风险等。

（三）2017年中国整体经济形势展望

展望2017年，宏观经济整体走势将面临需求和供给"双收缩"的局面，经济增长率仍然处在下行空间，经济走出"通缩"阴影，物价水平上涨率回升。从总需求方面看，三大需求并无明显的扩张迹象，收缩态势或将延续。消费结构变化支撑消费平稳增长，但居民消费受边际效应递减与经济下行风险延续的影响从而承压，消费增长率也存在下滑的风险。由于去产能和缺乏优质投资机会，民间资本获利空间收窄，投资增速继续下行。全球贸易量下滑、发达国家再工业化和我国传统比较优势的消失等内外不利因素致使贸易顺差可能收窄。从总供给方面看，短期内能源、劳动力价格上涨形成的生产成本上升将压缩供给端扩大产能的空间，同时环境标准提升造成的减排成本投入增加将挤压供给端扩张幅度。尽管供给侧改革红利继续释放将对总供给产生正向刺激，但很可能被要素成本上升和环境压力造成的负向冲击对冲，预计短期总供给扩张的能力将下降，甚至可能出现一定程度的萎缩。

2017年，宏观经济潜在风险敞口可能会扩大，给处于下行通道的中国经济施压。要素成本在短期内大幅上涨将对总供给造成收缩压力，经济"滞胀"风险上升。同时，在房地产刚性需求没有明显增加的背景下，房地产市场投机气氛较浓，资产泡沫加大，再加上房地产调控政策效果不确定性增加，房地产价格面临泡沫破裂的风险，由此也加大了银行体系发生系统性风险的概率，导致宏观经济整体的金融风险上升。此外，美联储加息预期导致人民币贬值风险增加，金融监管力度加大导致金融体系脆弱程度上升等风险因素也将困扰宏观经济运行。

在经济新常态背景下，经济下行压力和经济风险上升并存，宏观调控难度加大。2017 年宏观经济调控目标将是"调结构，控风险，稳增长"。"调结构"仍然是经济新常态下宏观调控的首要目标，这也预示着在供给管理和需求管理搭配的调控政策组合中，以供给侧调控为主。"控风险"也将成为宏观调控政策的重要关注点，"稳增长"、保障就业的宏观调控目标也将会继续被放到重要位置。宏观调控中将综合运用需求管理和供给管理，实施需求、供给双扩张的政策组合，货币政策整体上将保持稳健，财政政策则将更加积极。稳健的货币政策为结构性改革营造适宜的货币金融环境，央行将继续完善利率管理机制，在流动性稳定情况下，引导资金进入实体，同时谨防流动性过剩进一步抬高要素价格，控制金融风险。财政政策力度将继续加大，阶段性提高财政赤字率，加快房地产税制改革，继续发挥财政政策传导机制中地方政府的作用。供给管理层面将继续推进供给侧改革，降低企业生产成本，创造优质投资机会，扩大有效供给，预防生产要素价格上涨可能引起的"通胀"风险，缓解经济下行压力。

结合 2017 年宏观经济的自然走势和"双扩张"的宏观调控政策，我们的基本预判是：2017 年，经济增长速度将低于 2016 年 0.1~0.2 个百分点，GDP 增长率可能为 6.6%，CPI 上涨率约为 2.3%。实体经济部分的工业、三大需求的同比增长率仍将继续低位徘徊，反弹回升的概率不大，预计工业增加值、固定资产投资、社会消费品零售总额、出口额和进口额的全年增长率分别为 5.9%、8.5%、9.8%、−2.7% 和 −1.3%；PPI 同比上涨率正增长，工业走出"通缩"困境，预计 PPI 全年上涨率约为 3.4%。货币供给量保持稳定增长，预计 M2 同比增长率约为 10.8%，银行体系内充裕的可贷资金支持信贷增速平稳，新增人民币贷款约为 12 万亿元。

附表 1　宏观经济指标预测

	2016 年四季度	2017 年一季度	2017 年二季度	2017 年三季度	2017 年四季度	2016 年预测	2017 年预测
经济增长							
GDP 当季同比增长（%）	6.7	6.6	6.6	6.5	6.6	6.7	6.6
工业增加值同比增长（%）	6.1	6.0	5.9	6.0	5.9	6.0	5.9
固定资产投资累计同比增长（%）	8.7	10.4	9.7	9.1	8.5	8.7	8.5
社会消费品零售总额同比增长（%）	10.8	9.7	9.4	9.6	10.4	10.5	9.8
出口同比增长（%）	−4.0	−1.0	−3.0	−3.9	−2.7	−7.4	−2.7
进口同比增长（%）	2.2	1.1	−2.3	−1.7	−1.3	−5.6	−1.5
贸易差额（亿美元）	1400	750	1300	1200	1300	5200	4550
通货膨胀							
CPI 同比增长（%）	2.1	1.8	2.2	2.6	2.8	2.0	2.3
PPI 同比增长（%）	3.0	5.1	3.9	3.5	1.2	−1.4	3.4
货币信贷							
M2 同比增长（%）	11.5	11.2	11.0	11.4	10.8	11.5	10.8
新增人民币贷款（万亿元）	2.1	4.0	3.3	2.5	2.2	12.3	12.0

资料来源：北京大学经济研究所。

附表 2　2016 年各项改革措施汇总

发布时间	发布机构	改革主题	内容概要
财税体制改革			
2016 年 1 月 29 日	财政部、国家税务总局	扩大有关政府性基金免征范围	清理规范一批政府性基金收费项目，持续为企业减负；将教育费附加、地方教育费附加、水利建设基金的免征范围由月销售额或营业额不超过 3 万元的缴纳义务人，扩大到不超过 10 万元，免征政策长期有效

续表

发布时间	发布机构	改革主题	内容概要
2016 年 3 月 23 日	财政部、国家税务总局	全面推开营业税改征增值税试点	全面推开营业税改征增值税试点；建筑业、房地产业、金融业、生活服务业等全部营业税纳税人，纳入试点范围，由缴纳营业税改为缴纳增值税
2016 年 5 月 9 日	财政部、国家税务总局	全面推进资源税改革	深化财税体制改革，全面实施资源税改革
2016 年 5 月 23 日	财政部	地方财政库款管理有关工作	启动基本公共服务领域的划分改革；加快预算执行进度，压缩库款规模；加强地方政府债务转换的资金支援力度
2016 年 8 月 24 日	国务院	推进中央与地方财政事权和支出责任划分改革	合理划分中央与地方财政事权与支出责任，提高政府服务和治理能力
2016 年 9 月 24 日	财政部	《政府和社会资本合作项目财政管理暂行办法》	明确各级政府对 PPP 项目的评审、预算编制、支付等规范和操作流程
2016 年 10 月 11 日	财政部	在公共服务领域推进政府和社会资本合作	在公共服务领域实施供给侧结构性改革，加大 PPP 模式推广力度
2016 年 10 月 24 日	国家发改委	《传统基础设施领域实施政府和社会资本合作项目工作导则》	发挥政府制定发展规划和投资政策的战略引领与统筹协调作用，促进政府投资对基础设施建设投资的带动作用，解决财政资金不足问题，由政府投资向政府购买服务转变

促进资源配置的改革

发布时间	发布机构	改革主题	内容概要
2016 年 1 月 29 日	国务院办公厅	推进农业水价综合改革	进行农业水价综合改革顶层设计，规划用 10 年左右时间，建立合理反映供水成本、有利于节水和农田水利体制机制创新、与投融资体制相适应的农业水价形成机制
2016 年 2 月 16 日	国务院办公厅、国家发改委	"十三五"期间实施新一轮农村电网改造升级工程	进行农村电网改造升级，加强农村基础设施建设，促进城乡基本公共服务均等化
2016 年 5 月 9 日	财政部、国家税务总局、水利部	《水资源税改革试点暂行办法》	河北省自 2016 年 7 月 1 日实施水资源税改革试点

发布时间	发布机构	改革主题	内容概要
2016年9月26日	国务院办公厅、国家发改委	物流业降本增效专项行动	明确2016~2018年物流业降本增效目标与要求,通过简政放权、深化运输业相关领域改革、降税清费培育企业创新发展,加强物流配套设施建设和标准体系建设;通过加大物流基建投资力度、完善物流用地政策、拓宽物流企业投融资渠道等配套措施保障其顺利实施

生态文明建设

2016年8月12日	中共中央办公厅、国务院办公厅	《关于设立统一规范的国家生态文明试验区的意见》《国家生态文明试验区(福建)实施方案》	首批试点开展,福建、江西、贵州建立国家生态文明体制改革综合试验平台。探索国土管理、规划制度、环境治理与生态保持市场体系、补偿机制、自然资源资产产权制度及绿色发展绩效评价等体制机制的突破
2016年2月16日	国务院	全国"十三五"期间森林采伐限额	保障国家森林生态安全,利于森林资源量持续增长和生态环境改善

城镇化改革

2016年7月27日	国务院	《关于实施支持农业转移人口市民化若干财政政策的通知》	加快农业转移人口市民化、推进以人为核心的新型城镇化进程
2016年10月11日	国务院办公厅	《推动1亿非户籍人口在城市落户方案》	拓宽落户通道,加大对农业转移人口市民化的财政支持力度,推进新型城镇化建设;统筹推进本地和外地非户籍人口在城市落户,目标到2020年全国户籍人口城镇化率提高到45%,各地区户籍人口城镇化率与常住人口城镇化率差距比2013年缩小2个百分点以上;大中城市均不得采取购买房屋、投资纳税等方式设置落户限制

社会保障制度

2016年1月12日	国务院	《关于整合城乡居民基本医疗保险制度的意见》	整合城镇居民医保与新农合系统,建立统一的城乡居民医保体系

续表

发布时间	发布机构	改革主题	内容概要
2016年2月4日	国务院	《关于加强农村留守儿童关爱保护工作的意见》	解决城镇化进程中农村劳动力转移所带来的子女教育、成长问题
2016年3月28日	国务院	出台《全国社会保障基金条例》	规范社保基金管理运营,加强社会监督,实现保值增值
2016年6月13日	国务院	加强困境儿童保障	—
2016年7月13日	国务院	《川陕革命老区振兴发展规划》	区域开发与精准扶贫结合,抓住"一带一路"建设与长江经济带发展的重大机遇,确保川陕革命老区人民与全国人民同步进入全面小康社会
2016年9月27日	国务院办公厅	做好农村最低生活保障制度与扶贫开发政策有效衔接	精准扶贫、脱贫,明确农村低保制度与扶贫开发政策衔接
2016年10月18日	国务院办公厅	《贫困地区水电矿产资源开发资产收益扶贫改革试点方案》	对用于开发水电、矿产资源而占用集体土地的贫困地区,试行用给原住居民集体股权的方式进行补偿,探索对贫困人口实行资产收益扶持制度
2016年10月21日	国务院	激发重点群体活力,带动城乡居民增收	面向七大群体(技能人才、新型职业农民、科研人员、小微企业创业者、企业经营管理人员、基层干部、无劳动能力的困难人员)实施激励计划,通过就业促进、技能提升、保障托底、收入分配秩序合理化等一系列综合配套政策,支撑城乡居民增收
市场、企业制度改革			
2016年6月12日	国务院	《关于建立完善守信联合激励和失信联合惩戒制度加快推进社会诚信建设的指导意见》	健全社会信用体系、加快推进社会诚信体系建设
2016年7月4日	国务院办公厅	《关于进一步做好民间投资有关工作的通知》	促进非公有制经济和民间投资健康发展;调动民间投资积极性,激发民间投资潜力和创新活力
2016年7月26日	国务院办公厅	推动中央企业结构调整与重组	优化国有资本配置、促进中央企业转型升级,解决中央企业产业分布及管理等方面的结构性问题

发布时间	发布机构	改革主题	内容概要
2016 年 8 月 18 日	国务院国资委、财政部、证监会	《关于国有控股混合所有制企业开展员工持股试点的意见》	推进混合所有制企业员工持股，革除国企出资人虚位、国有股"一股独大"等弊端，员工持股可以将员工得益与国企得益相结合
2016 年 8 月 22 日	国务院	《降低实体经济企业成本工作方案》	降低实体经济企业成本，缓解实体经济企业困难，助推企业转型升级
2016 年 9 月 20 日	国务院	促进创业投资持续健康发展	从投资主体、资金来源、政策引导、退出机制等多方面对创业投资发展进行顶层设计
2016 年 9 月 12 日	国务院办公厅	提升消费品标准和质量水平	进行消费品供给侧结构性改革，提升消费品标准和质量水平。从供给生产标准、精品品质培育、质量信息公共服务、质量安全风险管理及进出口消费品质量提升等重点任务进行突破，并制定 2016～2020 年的计划
2016 年 10 月 10 日	国务院	《关于积极稳妥降低企业杠杆率的意见》	明确了降低企业杠杆率的总体思路、工作原则、具体途径以及政策环境与配套措施。以市场化、法治化方式，积极稳妥降低企业杠杆率，助推供给侧结构性改革，助推国有企业改革深化，助推经济转型升级和优化布局
开放性经济体制建设			
2016 年 2 月 29 日	国务院	《哈长城市群发展规划》	发展东北老工业基地重要增长极，实现绿色生态城市转型，打造北方开放重要门户
2016 年 3 月 15 日	国务院	《关于深化泛珠三角区域合作的指导意见》	完善合作发展机制，加快建立更加公平开放的市场体系，推动珠江—西江经济带和跨省区重大合作平台建设，促进内地九省区一体化发展
2016 年 8 月 15 日	国务院	设立贵州内陆开放型经济试验区	积极参与"一带一路"建设、长江经济带发展和国际产能使用，建设内陆投资贸易便利化试验区
2016 年 8 月 12 日	国务院	设立广西凭祥重点开发开放试验区	推进"一带一路"建设，加快沿边开发开放步伐，完善全方位对外开放格局，深化与越南的全方位合作，打通与东盟的战略通道

续表

发布时间	发布机构	改革主题	内容概要
促进产业升级、科技创新方面的改革			
2016年1月4日	国务院办公厅	推进农村第一、第二、第三产业融合发展	明确推进农村产业融合发展目标,连接第二、第三产业,完善农村产业融合发展机制,研究引入社会资本设立发展投资基金,规范农地租赁
2015年5月17日	国务院办公厅	促进通用航空工业发展	推动航空制造业转型升级,适用通用航空业发展,扩大低空空域开放,突破通用航空增长瓶颈
2016年5月20日	国务院	深化制造业与互联网融合发展	重塑创新体系,发展信息技术,改造提升传统比较优势。部署深化制造业与互联网融合发展,协同推进"中国制造2025"和"互联网+"行动。到2018年底,制造业重点行业骨干企业互联网"双创"平台普及率达到80%,成为促进制造业转型升级的新动力来源
2016年6月16日	国务院办公厅	营造良好市场环境促进有色金属工业调结构、促转型、增效益	以解决有色金属工业长期积累的结构性产能过剩、市场供求失衡等深层次矛盾和问题为导向,优化存量、引导增量、主动减量,化解结构性过剩产能;在降本增效的同时,完善用电、土地、金融及职工安置工作,推动有色金属工业调结构、促转型
2016年8月3日	国务院办公厅	石化产业调结构、促转型、增效益	严格控制产能严重过剩行业新增产能,研究制定产能置换方案,明确市场主导促进石化产业去产能、提速石化产业转型升级
2016年9月30日	国务院办公厅	大力发展装配式建筑	工作目标:以京津冀、长三角、珠三角三大城市群为重点推进地区,常住人口300万以上其他城市为积极推进地区,其余城市为鼓励推进地区,发展装配式混凝土结构、钢结构和现代木结构等装配式建筑。推动相关产业的规模化生产和加强专业化技能队伍建设
2016年10月20日	国务院	《全国农业现代化规划(2016～2020年)》	调整优化农业结构,保障农产品质量安全,发展现代农业,以创新促进农业转型升级,提高综合效益和竞争力,促进农业均衡发展,优化扩大农业对外合作

续表

发布时间	发布机构	改革主题	内容概要
2016年10月30日	国务院	《关于完善农村土地所有权承包权经营权分置办法的意见》	完善"三权分置"办法,落实集体所有权,稳定农户承包权,放活土地经营权,充分发挥"三权"的各自功能和整体效用;逐步完善"三权"关系

第2章 2016年房价上涨因素分析及未来房价走势判断

邹士年*

2016年，在去库存成为国家任务之后，房地产政策从首付、税收到贷款利率等都全面宽松，房地产的刚性需求和改善型需求不断得到释放。同时，由于实体经济和股市的不景气，资本加剧向房地产市场流入，房地产市场投机倾向加剧。房地产市场销售面积和销售额高位攀升，去库存效果显著，房地产投资也改变环比逐月降低的趋势。房地产业成为拉动经济增长的重要力量，也是经济增速放缓下的一抹亮点。但是，房价也开始从一线到二线城市轮番飙升，房价上升的趋势不断具有泡沫化特征，风险不断积聚，社会影响也越来越大。与此同时，有些二线城市和三、四线城市房地产市场依然低迷、库存高企。

一 本轮房价上涨的因素分析

本轮房价上升的因素有多重，最基本的或者说内生的还是供求因素，其次是预期、政策等。

首先从影响价格变动的最根本因素——供求来看，当前影响我国房地产市场需求的主要有五方面。

---

* 邹士年，国家信息中心经济预测部副研究员，经济学博士。

第一，城镇化。城镇化是推升住房需求的最主要的刚性因素，我国2015年底的城镇化率为56.1%，如果按照发达国家70%以上的城镇化率计算，我们还有近3亿人要入城，国家目前的目标是1亿人入城，带动的是对房地产的刚性需求。中国新型城镇化今后还要经历相当长的过程，住房需求将呈增长态势。

第二，产业和就业。为什么本轮房价上涨只是存在于一线城市和部分二线城市，而不是所有城市？因为一线城市和部分二线城市当前的产业发展较好，发展潜力也比较大，就业更为充分。人口流入要具有持续性必须有充分的就业条件，所以即使一些三、四线城市给予购房者很多优惠政策，甚至是现金补贴，很多流动人口仍然宁可去房价更高的一、二线城市购房，都不愿意到三、四线城市。主要原因是就业，因为这是关系到其未来可持续发展的问题。房子买完了以后，得需要工作去支付月供，得需要生活，这都需要发展良好的产业做支撑，这也解释了收入水平并不高的郑州房价仍在不断上升的原因——富士康投资郑州、就业人口大量增加。

第三，国家战略。本轮房价上涨还有一个值得注意的区域特点，就是上涨幅度较大的城市都处于国家几大战略重点区域。除了传统的长三角和珠三角区域经济活力较强地区外，新一届政府执政以后，提出京津冀一体化、长江经济带发展等战略，引致环北京周边的城市群地带以及南京、合肥等地房价快速上涨。这些战略决定了将来会围绕这些区域发展大型的城市群，这些地区的基础设施会更加完善，产业发展潜力会比较大。

第四，人口的回流。受经济下行和出口贸易不景气的影响，人口出现回流。很多早期外出打工的农民工，到了考虑定居的时候，一、二线城市由于户籍和升学等原因，终究让其没有归属感。同时，一、二线城市的房价也让人望尘莫及，因此，他们中的很大一部分人考虑回流，而回流购房的选择受一定的经济条件约束，资金充裕的一部分人回流到省会，省会往往公共基础设施完善，教育文化医疗资源集中，公共服务完善，当然其房价相对高。一部分资金不太充裕的会选择回流到地级市，其他回流到县城或者镇里面，这些流向往往反映了以地域为基础划分财富等级的现象。这就是中部地区收入水平并不高的合肥和郑州的房子涨得很厉害的原因——安徽和河南都是前期人口流出大省，当前处于人口回流比较密集的阶段。

第五，交通。交通状况的改善显然会推升沿线城市的房价。有人把中国的铁路中长期规划与房地产未来的升值潜力联系起来，从铁路交通的角度分析房地产市场的发展，指出随着高铁线路规划的实施，有些城市的交通优势可能逐渐丧失，有些城市的交通优势日渐明显，后者对产业和人口的吸引力当然就更大，房价也会随之上涨。

当然，一个城市房地产市场的需求还不仅仅限于以上五个方面，尤其是年轻人更看重城市的市容市貌和生活环境，所以合肥的滨湖新区发展非常迅速。还有就是在社会资源配置不均衡和社会保障没有实现均等化之前，大城市社会服务和公共保障更好，房地产市场需求也就更为旺盛。

上面提到的是本轮房价上升中影响需求的因素，而对于这一轮需求，其实可以按年龄对需求的人群进行分类。首先是首套的刚需，八九十年代出生的年轻人，有结婚、成家和购买首套房的需求，这是刚性的需求。再就是改善性需求，六七十年代出生的中年人，由于有一定积蓄，想换大点的住房。再就是养老型需求，50年代之前出生的退休人员，他们想换环境更好、有电梯以及医疗条件更好的住房。这三类需求，政府应该积极支持。第四种需求是投资以及投机性需求，这种需求往往在推动房价上升过程中具有一定的破坏性。政府调控实际上也就想压制这部分需求，而这种需求实际是由房地产本身的功能决定的，因为房地产既具有居住功能，还具有投资功能。这一轮房价上升过程中，有人调查过，投资或投机的占比超过一半，尤其是实体经济和股市的不景气，加剧了资本向房地产领域流入。最应警惕的是这种需求带来的房地产泡沫破裂，但是，以目前的情况来看，房屋需求方借贷首付比例一直较高，只要房价不暴跌风险不会很大，但一些中介或融资机构提供的首付贷还是具有极大的风险。当前实际拥有多套房产的人不一定是通过借贷购买的，这就与中国的收入分配的不公平有关。还有一种是在股市或经济发展中致富的人，这些人的房产实际上并没有占用银行更多的资金。房价再涨，只要他们不一起抛售，风险不会太大，风险可能更多在房地产供给者——开发商那里，很多开发商不顾风险地拿高价地，一旦房价下行，资金链断裂，会产生较大的风险。

　　强劲的需求显然是推动房价上涨的必要条件，但不是充分条件，因为如果供给能跟上强劲的需求，房价就不会上升太快，但住房供给还存在一定的问题。第一，热点城市土地供给不足导致住房供给不足。根据一组最新数据，一些热点城市住房需求在增加的同时，供给却在收缩。2016 年 1 ~ 8月，100 个大中城市土地供应面积同比减少 10%，在部分一、二线城市下降更多，普遍滞后于全年供地计划。从图 1 可以看出，近 6 年的土地供应增速处于下滑通道。但重庆是个特例，过去 5 年，重庆的土地供应量比上海和北京高出 4 ~ 6 倍，所以也就不难理解过去两年其 GDP 增速全国第一，但 6 年内房价却始终稳定在 6000 ~ 7000 元/平方米。可见，房价的上涨很大程度上是住房供给侧存在问题。一个重要的原因在于土地是地方政府的财源，地方政府为了获取更多的土地收入，采取挤牙膏式的供给方式，不积极创新和改革，导致土地价格不断上涨。

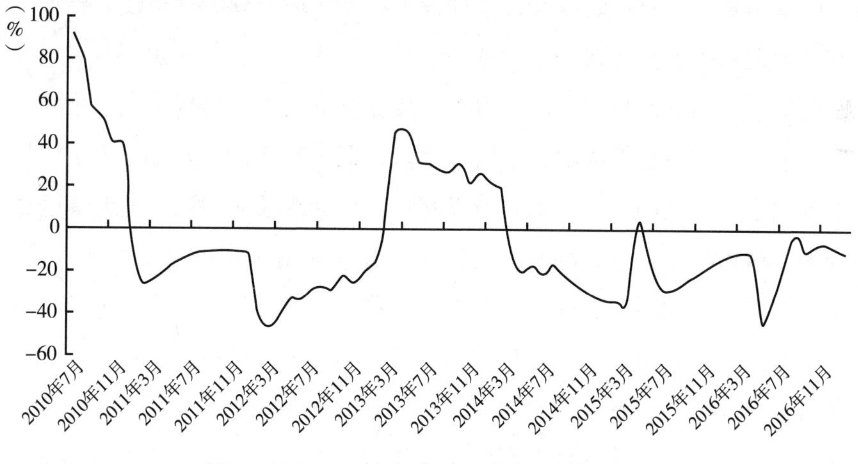

图 1　2010 ~ 2016 年我国土地供应累计增速

　　第二，土地供给方式存在问题。土地招拍挂制度本身没有问题，制度是个好制度，很透明，高价者得，很有市场效率，但是当土地的供给非常有限的时候，这种竞价方式就会让开发商在争取有限的资源时推升房价，所以地王频现，如果土地供给很充分的话，这种竞价模式也就不会让地价高到哪儿去。所以说，在土地供给有限的情况下，这种供给方式推升了房价。

第三，保障房建设不力。我国的保障房制度从最开始建立时要求占城镇人口70%的中低收入阶层的住房需求由经济适用住房去满足，占人口10%的最低收入阶层的住房需求由廉租住房去满足，剩下20%的富有阶层购买商品住房。但现实演变成全国大部分城市的房地产市场供应机制主要表现为商品房单轨供应，即基本由市场主体供应商品房，而经济适用房等政府主导的保障性、福利性供给基本形同虚设，甚至造成了巨大的权力寻租空间。有限的保障房，前期由于制度的不完善并未完全分配给真正需要的人，后期很多保障房又建在很偏远的地方，交通不便，所以很多中小城市的保障房建成后没人去申请，因为生活和工作都极其不方便。

以上从房地产市场供给和需求两方面分析其对房价上升的影响。本轮房价上升还与人们预期的改变和政策的宽松关系较大，当去库存成为国家任务以后，市场预期改善，非一线城市政府随之响应中央，纷纷采取宽松的政策，包括信贷、税收和财政等，这种没有严格区域差异的宽松政策导致供小于需的地区房价上升很快。

还有一个因素是货币，因为房地产具有投资功能，当货币大量超发，实体经济又不景气时它能吸引大量资金进入，但本轮房价上升并非由于信贷总量的大幅攀升。从图2可以看出自2015年下半年以来M2的同比增速是在下降的，房价却在上升，因此本轮房价上升并非由于货币总量增加得很快，是货币流向出了问题。实体经济不景气导致货币纷纷流向房地产市场，所以才有2016年7月100%的新增贷款都流向房地产的特殊现象，所以这是2016年房价上升非常重要的一个原因，也是一种值得注意的现象。

最后一个引起本轮房价上涨的重要因素，是房地产市场秩序的不规范，这使房地产商、中介和媒体成为本轮房价上涨的推波助澜者。市场火爆，既有部分房地产商通过不当手段人为制造火爆现象加剧购房者恐慌心理的因素，也有中介推波助澜的因素，中介的影响主要体现在二手房交易市场上，这对很多已经步入存量房时代的一、二线城市的房价影响较大，因为中介促

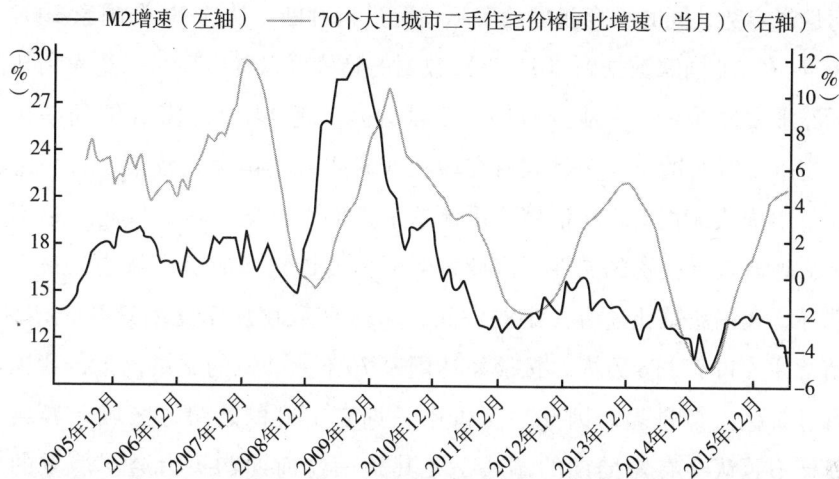

图 2　2005～2015 年 M2 增速与 70 个大中城市二手住宅价格同比增速变动

成高总价成交会直接使其业务提成提高。还有就是部分媒体从业者也在自觉或者不自觉成为房价的推手，很多媒体从业者由于专业素养的缺乏或者是为了吸引眼球，在房价上升或者下降阶段往往过分夸大上升或者下降，造成市场一定的恐慌。

二　近期和中长期房价预测

预测房价趋势实际比较难，因为除了基本供求因素外，政策因素具有很大的影响和不确定性。所以，在政策基本中性的前提下，我们认为 2017 年房价的涨速会减缓，但不会出现断崖式的下跌，大幅下滑的可能性很小，成交量会有所下降。具体来看，2017 年第一和第二季度还会延续 2016 年末成交的趋势，尤其是 2016 年的基数比较高，2017 年上半年同比成交量的数据可能会比较低，价格增速同比也会回落，较低的数据可能会导致 2017 年二季度以后房地产政策有一定的松动，全年房地产无论成交量还是价格均维持前低后高的趋势。

分析中长期房价的走势，可以通过全球地产指南网站①看一下其他国家

---

① http://www.globalpropertyguide.com/.

的房地产走势，同时结合我国的实际情况进行判断。从这 16 个国家 2000 ~ 2016 年（有的国家数据到 2015 年）数据的趋势可以看出，只有意大利与西班牙经济太过低迷，房地产市场极不景气。其他 14 个国家房价基本在上行。房价上行的国家大多是人口在增长或者实行货币宽松政策，有一定通胀，与中国状况相似。在信用货币体系下人们都倾向于认为钱越来越不值钱，房地产具有投资的属性，因此将会贬值的钞票换成房产就成为很多人的选择。我国城镇化还有一定的空间，2015 年我国城镇化率只有 56.1%，城镇常住人口 77116 万人，按照发达国家 70% ~80% 的城镇化率，我国还将有近 3 亿人口进城。因此，房价中长期有上升的趋势，区域差异会较大，但不否认会有短周期的调整，尤其是一些前期购买力透支严重的地区。

三　房价调控的重庆经验借鉴

我国的房地产市场调控目前还不够成功，主要是完善的市场调控体系还没有形成，调控的主要目标还只是盯住房价，导致调控房地产市场频繁使用行政手段。有鉴于此，重庆的经验值得借鉴。

一是土地供给充分。重庆一年的供地比北京和上海都多，这是为什么呢？因为重庆的土地供给机制具有创新性，即实行土地地票制度，将农民进城后的宅基地复垦指标带入城里置换，这样无异于打通了城乡土地不能互相流通的障碍，同时也遵循了以人为本的理念，因为人走到哪里，就应该在哪里给予人生存的空间。2006 年，重庆为了满足城市建设日益增长的土地需求，创造性地以"地票制度"打通传统的城乡二元土地分割现状，此后的 10 年间，重庆每年供地面积始终是京沪的 2 ~3 倍。来自国家统计局的数据显示，2014 年重庆供地 1864.59 万平方米，京、沪、深分别是 580.76 万平方米、313.18 万平方米、105.73 万平方米，也就是说 2014 年重庆供地面积约为京、沪、深的 3 倍、6 倍、18 倍。

二是卖地模式创新。重庆创新性地将"生地"开发成"熟地"后卖给房地产开发商，避免了很多开发商根本就不是开发房子，而是买地等着升值。自2002年起重庆市就建立了土地整治储备中心，对全市土地市场进行宏观调控。通过推行土地储备体系，重庆市将土地一级市场的经营权上收，并通过政府特许经营的方式，由重庆市地产集团等经营。这其实就控制了土地的"入口"与"出口"，在征收土地后，土地整治储备中心投入资金进行拆迁安置或置换搬迁，并投入资金搞土地整治，完成"七通一平"后，将可以直接使用的"熟地"移交给当地土地出让中心挂牌。

三是大力进行保障房建设，真正让低收入人群有房可租、有房可住。重庆创造性地提出了双轨房地产供应机制，即由市场主导中高端房地产市场的商品房供应，同时在房产税试点、契税政策、贷款政策等方面对高端大户型、别墅型等物业形态形成经济性遏制作用，控制高端住宅供应的比例和消费需求。低端保障性住房主要由重庆市政府主导的公租房系统供应，即建设规模化的公租房，让新进市民、贫困市民、应届毕业生、产业工人等有资格申请政府福利性租赁房，在租约满5年后可申请购买该公租房，同时严格规定公租房不可上市交易，如购买人要卖出，只能原价出让给政府公租房管理局。在过去的10年里，重庆共兴建约4000万平方米公租房，为数十万市民提供了福利性住房。

四　完善房地产调控政策的建议

对于我国房地产市场调控而言，最重要的是建立完善的长效机制，解决房地产市场存在的一些悬而未决的问题。当前，房地产市场调控一是要因地制宜地加快供给侧改革，加大热点地区的土地供给，加快大城市周围的卫星城建设，完善保障房体系建设。二是要加快房地产市场改革，尽快完善房地产长效机制，包括房地产税的征收问题、70年产权到期的后续问题、小产权房问题，这些问题的解决有利于理顺房地产市场秩序和稳定市场预期。三是加强房地产市场秩序管理，对房地产开发商在拿地和销售端加强管理，加强对房地产中介及媒体的管理，形成健康的市场舆论导向和稳定的市场预期。四是继续细化因城施策的去库存政策，而且要注意商品房库存的结构性差异，实际上住宅的去库存效应很好，但是商业营运房的库存上升得非常快，所以也要注意这一结构变化。五是重视实体经济发展，下决心减少地方经济增长对房地产的依赖，地方官员必须清醒认识到依赖土地财政的模式是不可持续的，而且会降低地方经济的竞争力。六是加强房地产金融监管，严防债务风险的扩散。

第3章 中国核心城市房价
"泡沫"根源与趋势

蔡喜洋 *

人口流入、收入增长、通货膨胀和土地稀缺推动中国核心城市（约20个大中型城市）房价持续上涨。考虑到中国城镇化进程、经济成长性、核心与非核心城市的资源禀赋差异以及土地供给制约等基本面因素，以及流动性较强的金融属性，中国核心城市房价或许存在一定"泡沫"。在本轮调控政策之下市场观望和小幅调整不可避免，不同城市也会由于供求关系的不同出现不同反应。

一 全球房地产市场发展经验

1970～2007年，全球主要国家房价保持趋势性地稳步上涨。主要原因在于，"二战"之后全球经济保持持续稳步增长，虽然有些短期的周期性波动，但整体保持上扬趋势。此外，居民收入增加、通货膨胀、全球城镇化进程的加快，都可以支持房地产需求的持续增加。2008年全球金融危机后，各国房价均大幅调整，但是自2011年，随着全球经济的逐步企稳和复苏，各国房价也开始走升，2016年美国、英国房价基本上恢复至2007年的峰值水平。其中最重要的原因，一是央行货币原因，二是经济复苏虽然疲弱但整体仍然保持增长，居民部门资产负债表也处于稳定的修复过程当中。所以对于房价"泡沫"而言，如果实体经济仍然具备复苏能力，此前的阶段性或

---

* 蔡喜洋，中国银行投资银行与资产管理部投资策略分析师。

结构性泡沫是可以修复的；但是也有一些国家修复不了，比如南欧四国和日本，那是由于其经济可持续增长出现巨大问题。图1显示了全球主要经济体的房价走势。

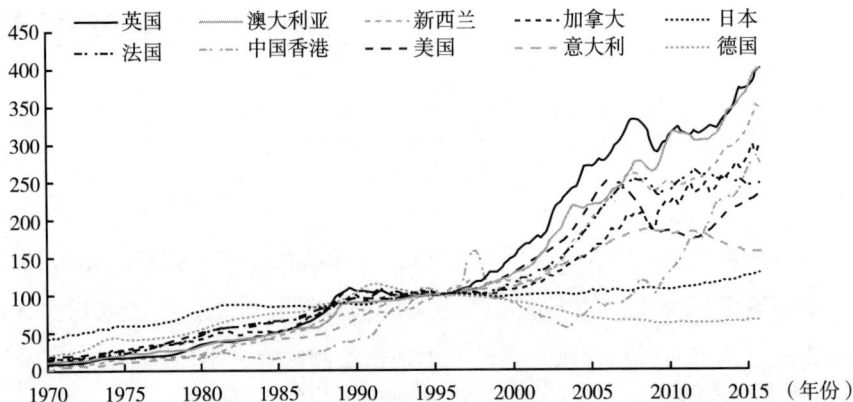

图1　全球主要经济体房价走势（1955＝100）

资料来源：国际清算银行：《全球房地产启示录之稳定的德国》；中国银行。

分类型看，"美系"移民国家，欧洲大陆国家，亚洲"四小龙"，新兴市场"金砖"国家，由于经济增长持续性较强，房价保持整体上扬态势；而经济脆弱的南欧四国，房价泡沫问题至今仍未解决。可见经济可持续增长是支撑有效住房需求的根本。

"美系"移民国家具有人口扩张和经济增长双重优势，房价稳步上涨。例如美国每年新增人口300万人，其中国际移民100万人，本土自然净增长200万人，所以优质移民对于其房地产需求形成了强劲支撑。现在美国、英国房价基本超越了2007年峰值水平，而加拿大、澳大利亚、新西兰等传统移民目标国家的房价更是逐年上涨且涨幅惊人（见图2）。

欧洲大陆国家房价分化，经济健康的高收入国家的房价稳步增长，而经济低迷的脆弱国家的房市萎靡不振。横盘多年的德国房价自2010年以来显著上涨20%有余，部分核心城市房价涨幅更是超过50%，主要原因在于欧洲大陆南部国家经济不稳定，而德国经济基本面好，能持续创造就业，所以周边国家人才不断往德国流迁，住房需求上升较快。法国、瑞士、瑞典等高收入国家的房价亦逐年上涨（见图3）。

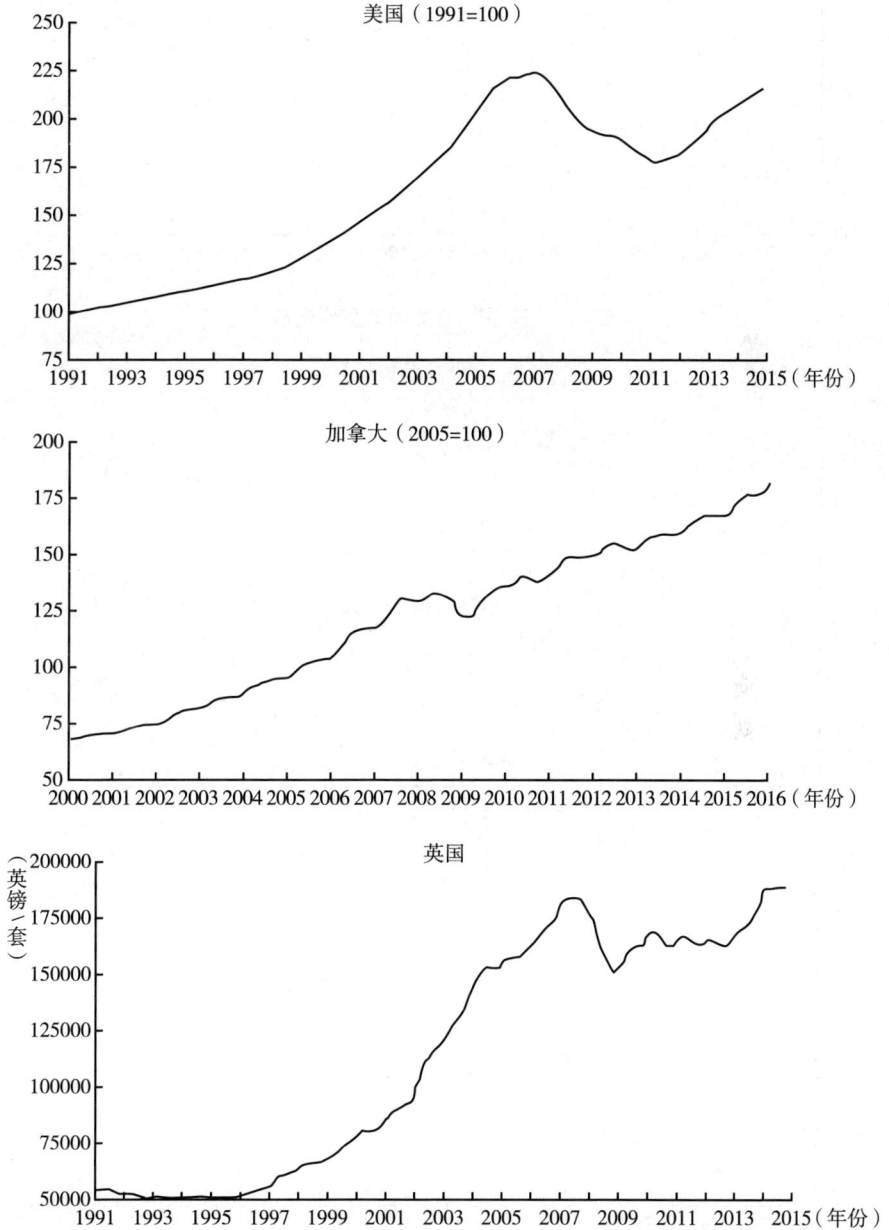

美国（1991=100）

加拿大（2005=100）

英国

澳大利亚（2011=100）

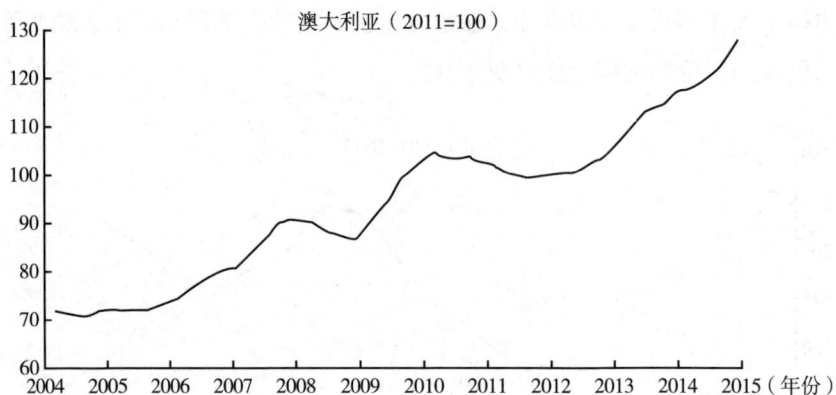

图 2 "美系"移民国家房价走势

资料来源：BIS、GPG、Bloomberg、Wind，中国银行。

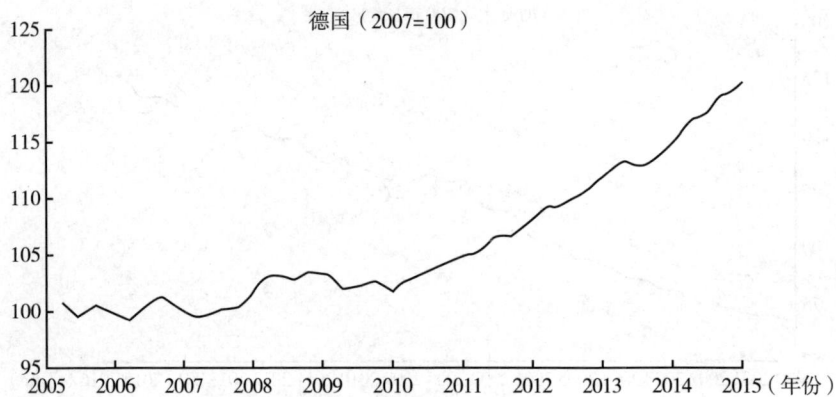

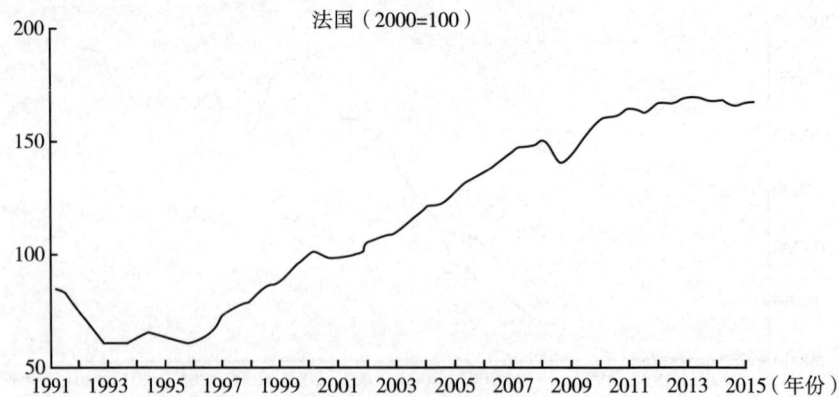

德国（2007=100）

法国（2000=100）

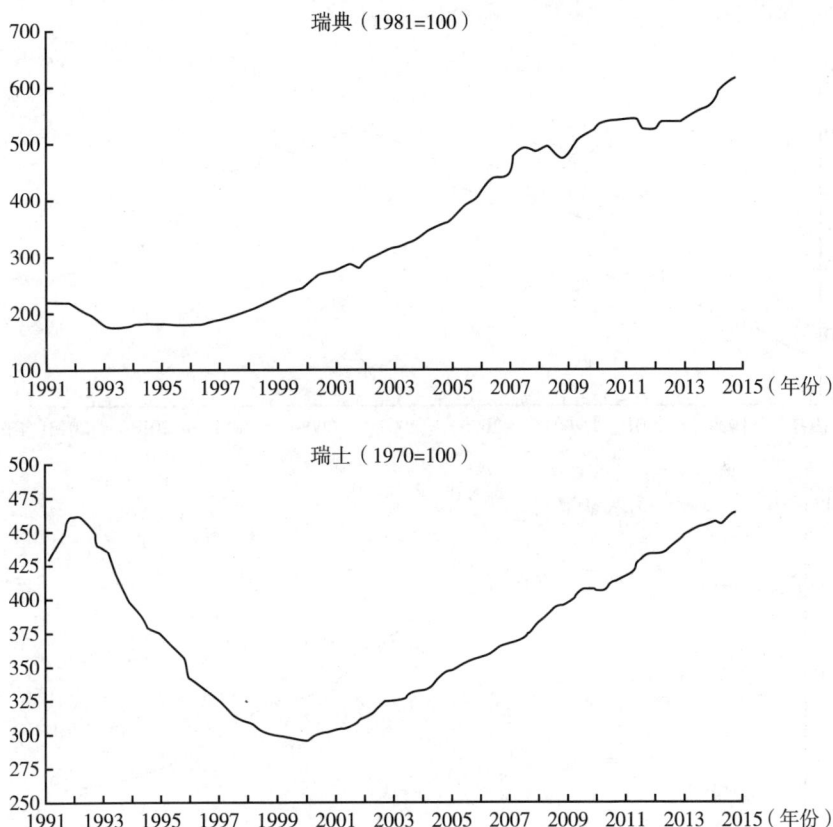

图3　欧洲大陆国家房价走势

资料来源：BIS、GPG、Bloomberg、Wind，中国银行。

南欧四国（"PIGS"为代表的葡萄牙、西班牙、意大利、希腊）产业竞争力不足，不具备自我复苏能力，经济表现低迷，其房价泡沫自2008年破裂后，仍陷深度调整中（见图4）。正是产业空心化、居民失业率高企导致收入增长停滞；社会福利僵化导致政府债务高企，房价泡沫破裂之后银行信用体系随之坍塌，所以整个经济调整和修复的时间非常长。给我国的警示是，经济结构的稳健和富有韧性是应对经济危机和自我修复的基础，唯其如此，才有经济可持续增长、居民福利提升和住房需求的积聚。

希腊（2007=1000）

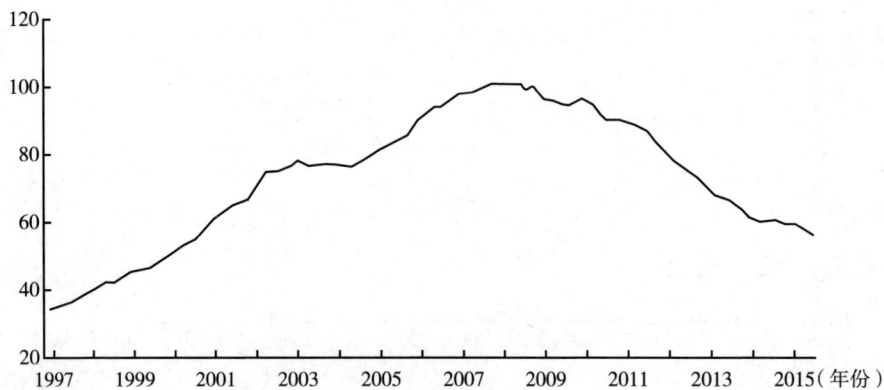

意大利（2010=100）

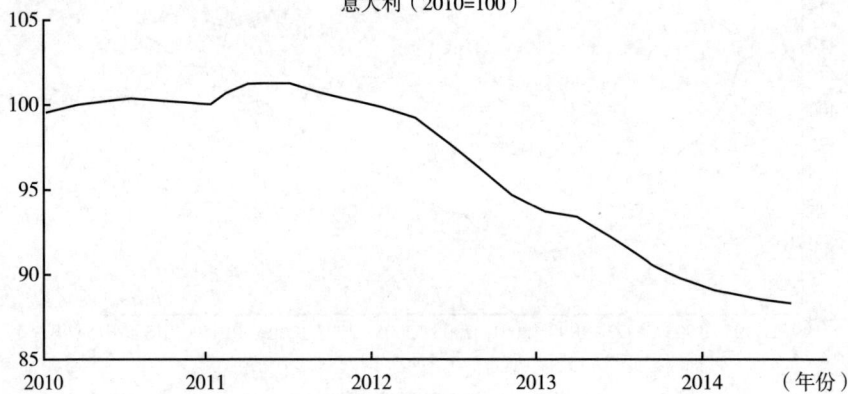

西班牙

葡萄牙

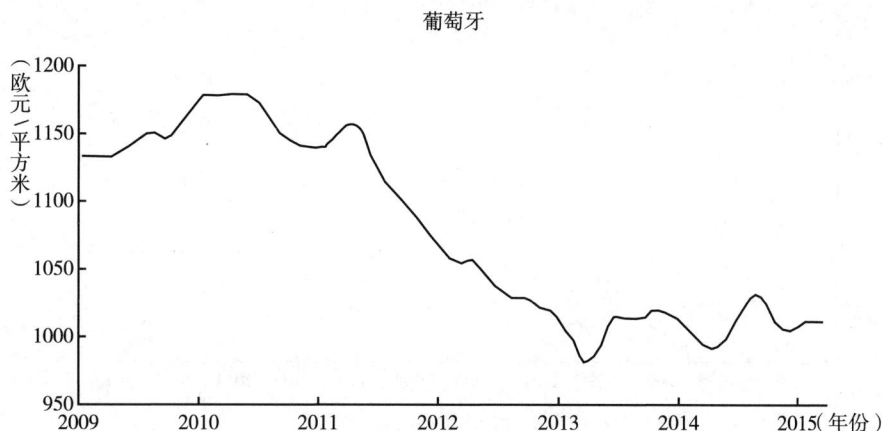

图4 南欧四国房价走势

资料来源：BIS、GPG、Bloomberg、Wind、中国银行。

  亚洲"四小龙"房价稳步提升，"四小龙"（韩国、新加坡、中国台湾和中国香港）房价整体维持上升态势（见图5）。例如，香港房价2015年调整15%之后，2016年二季度以来重拾升势，截至2016年9月其房价较本轮低点反弹了11.2%。这些国家和地区城镇化进程已经结束，但房价仍然稳步增长。其中当然有2008年之后全球货币刺激的因素，但重要的还是这些国家和地区的经济基本面相对健康，它的产品和服务具有国际竞争优势，收入能够稳步增长。发达国家和地区由于社会成熟、制度完善、教育医疗环境条件较好，对于国际移民人口具备吸引力。此外，印度尼西亚、马来西亚、菲律宾房价大体维持逐年缓步上升的趋势。

  "金砖"国家虽然经济成长性逐步减弱、汇率波动较大，但房价依然维持升势。俄罗斯受石油经济冲击，房价先跌后升，大体与2010年峰值水平相当。其他几个国家，2010年以来基本上翻倍或涨60%～80%。金砖国家的房价增速都比较高，根本原因在于它们保持了一定经济增速，居民财富持续增加，收入增长对住房需求构成支撑。

  日本房地产泡沫在1991年破裂，但从近3年的趋势看，东京公寓楼的价

韩国（2011=100）

中国台湾（1991=100）

中国香港（1999=100）

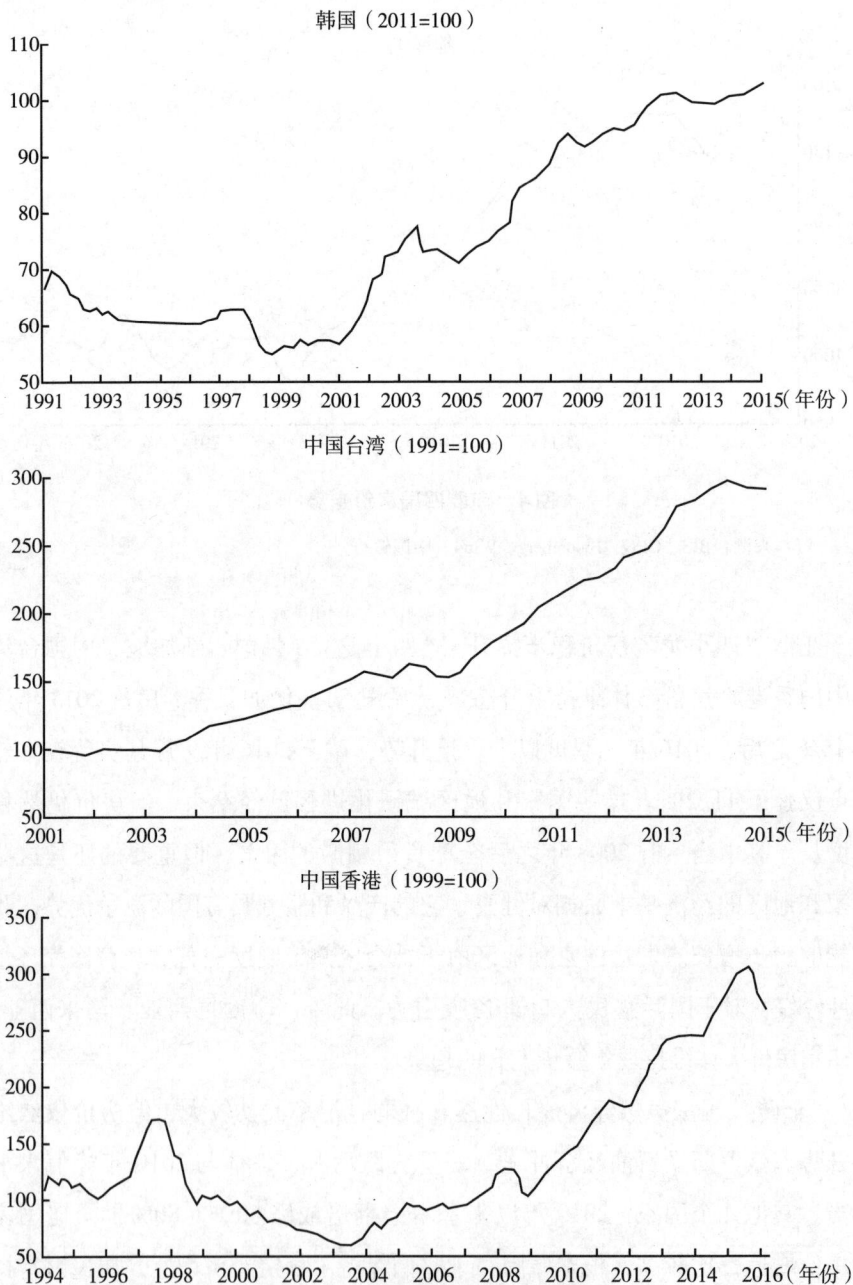

图5　亚洲国家和地区房价走势

资料来源：BIS、GPG、Bloomberg、Wind、中国银行。

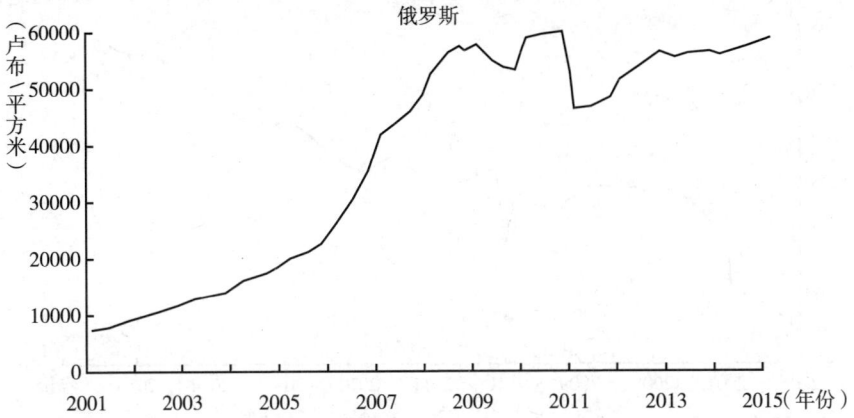

俄罗斯

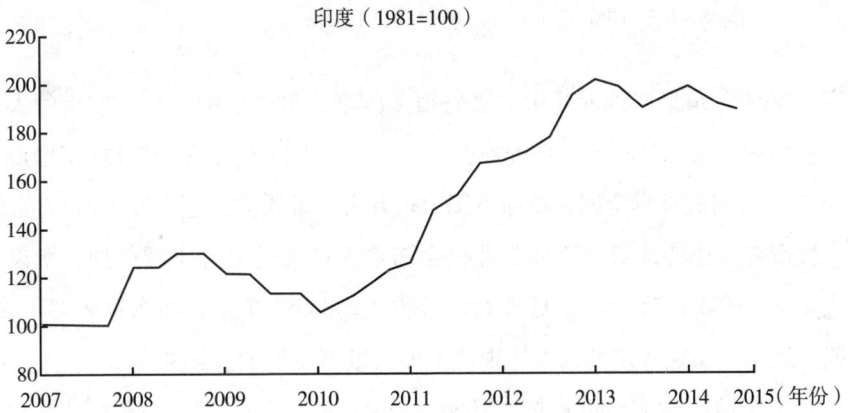

印度（1981=100）

巴西圣保罗（2010=100）

南非（2000=100）

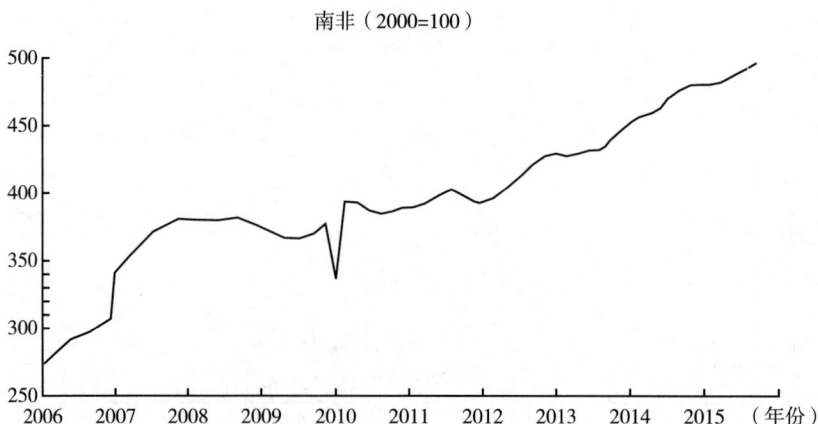

图6　金砖国家房价走势

资料来源：BIS、GPG、Bloomberg、Wind、中国银行。

格涨了30%，东京房价近几年上涨有很多因素，最重要的一点，东京的人口规模在持续扩张。日本统计普查数据显示，东京人口2015年比2010年增加了38万人，而同期日本全国人口净下降100万人，说明人口还是往大城市流动。特大城市有其独特优势，比如就业机会随着人口规模上升不断增加，所以存在大城市房价溢价现象。全日本的房价收入比为6～7倍，而东京还要更高，这是大城市的属性决定的，也体现了世界大城市发展的普遍规律。

日本房地产泡沫成因回顾。1985～1990年，日本同时经历了汇率大幅上涨、股市持续膨胀和房地产市场泡沫。这很大程度上肇始于1985年的"广场协议"，该协议直接推动日元汇率（USDJPY）由250上升至130左右，出口导向型的日本经济增速的下行压力骤然加剧。为刺激经济，日本央行开始调整其货币政策，央行贴现利率由1985年的7.4%连续降至1987年的2.25%，由于降息刺激，股票、房地产价格继续膨胀，房地产投机过热带动经济与通胀迅速抬头，倒逼日本央行从1988年底开始加息，由2.25%连续加息到1990年的6.0%。汇率和利率的宽幅动荡，加上商业银行对居民授信的毫不节制以及税制激励扭曲，股票、房地产等资产价格泡沫越来越大，最后只能以泡沫破裂收场（见图7）。

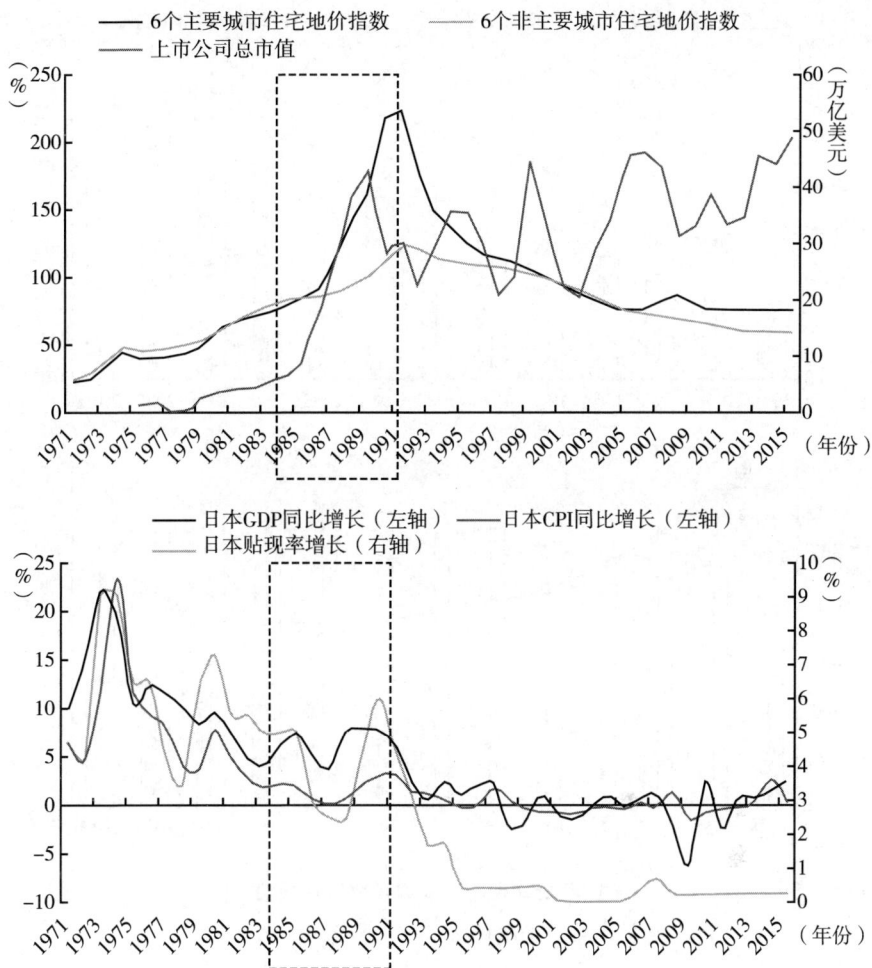

图7　日本房地产泡沫相关指标对比

资料来源：Bloomberg、Wind、中国银行。

　　泡沫破裂之后，房地产需求会不会消失？其实，日本新建住宅套数一直处于持续增长过程中。人口见顶是20世纪90年代初的时候，但是家庭户数仍然持续增长（见图8）。原因是户均人口持续收缩，这个现象在德国、美国、英国等也出现过。目前中国也出现这个现象，中国过去4个人一个家庭，现在是2.6个左右，家庭人口小型化分裂出更多的居住需求，所以住房的总量需求还是持续扩张的，并不是崩盘以后需求就消失了。

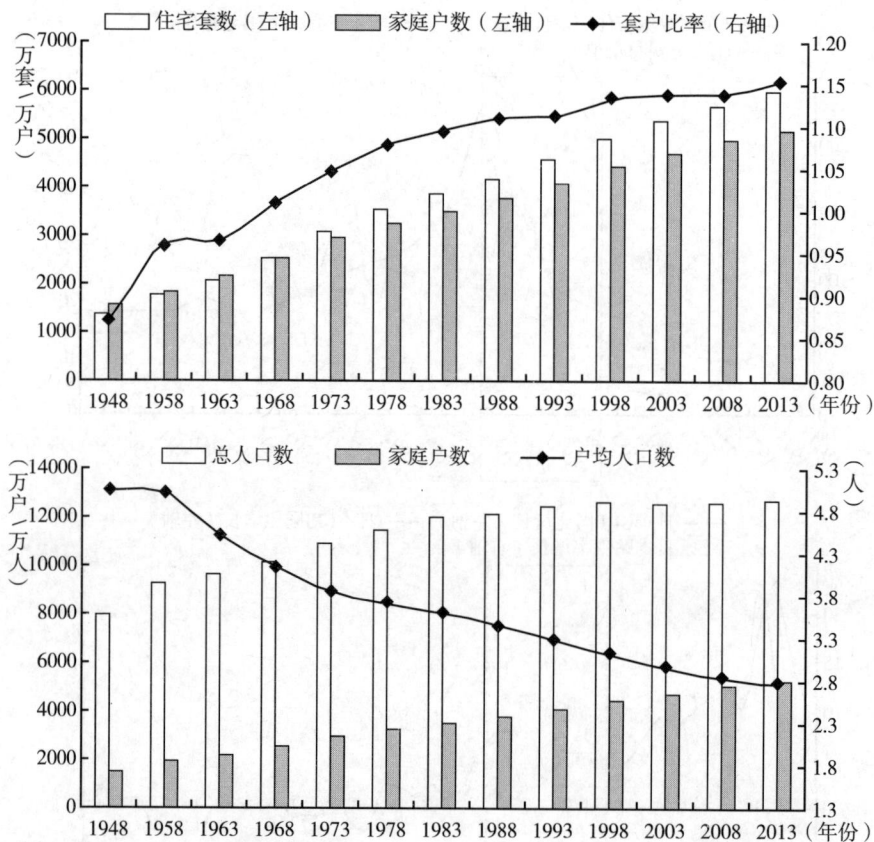

图8 日本住宅、人口及家庭户数量

资料来源：Bloomberg、Wind、中国银行。

二 从金融视角看中国房价

全球货币政策效果衰减已成市场共识，最重要的是居民部门的人口结构发生变异，包括城镇化减速、老龄化加速以及贫富分化加剧等，导致居民消费需求难以重振。而企业部门受制于产能过剩和债务高企，资本支出再扩张难有动力。结果就是金融货币政策推动实体经济发展的效果衰减（见图9）。

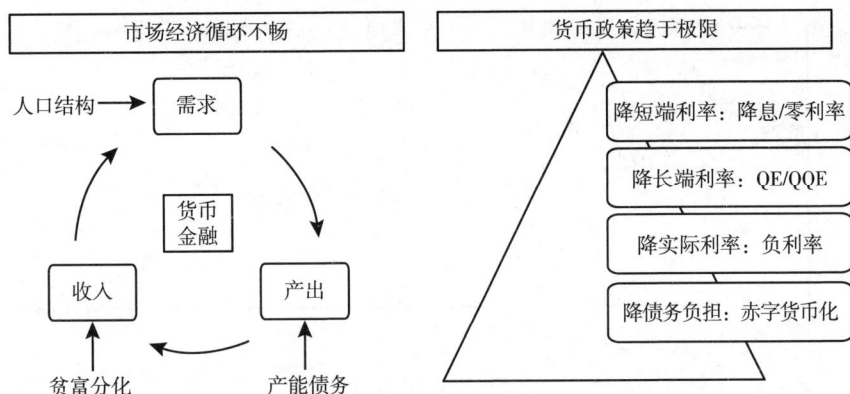

图9　货币政策效果衰减

资料来源：中国银行。

而货币政策各个国家情况也不一样，中国是降息至1.5%，美国是零利率附近并重启加息进程（尽管是历史上最弱的一轮加息），欧洲实行QE、负利率，日本操作QQE、负利率，所以大多经济体都保持"低零负"的利率水平。而2016年G20央行行长会议和G20杭州峰会之后，货币当局和市场也认为负利率难以持续。所以从根源上而言，央行货币供给对实体经济来讲是膨胀了，因为实体经济部门不能吸收那么多货币。

全球央行量化宽松规模持续膨胀，按照既定计划，2016年、2017年还是处于这个过程，这将推动全球的债券和股票走强。在全球债券的市场利率方面，2016年上半年包括日本、德国等六个国家国债，规模峰值一度达到14万亿美元，近期回落到10万亿美元左右。全球股票估值方面，无论是全球股票市值与GDP比重，还是交易量与GDP比重，都达到峰值或次峰值水平。前两次峰值分别对应2000年互联网泡沫和2007年房地产泡沫，说明现在美国、欧洲都到了相对的历史高位。债券负利率、股票高估值，但为什么泡沫不破裂？因为有很多淤积于金融市场的货币托底，所以一部分涌到房地产市场也在情理之中。

从投资角度看，1994～2007年全球经济主线十分清晰，即城镇化、工业化、全球化（国际贸易）同时快速膨胀，按"美林时钟"做投资十分有效（见图11）。现在该模式已经逆转，因为经济是政策托起来的，也不具备

a.10年期国债收益率

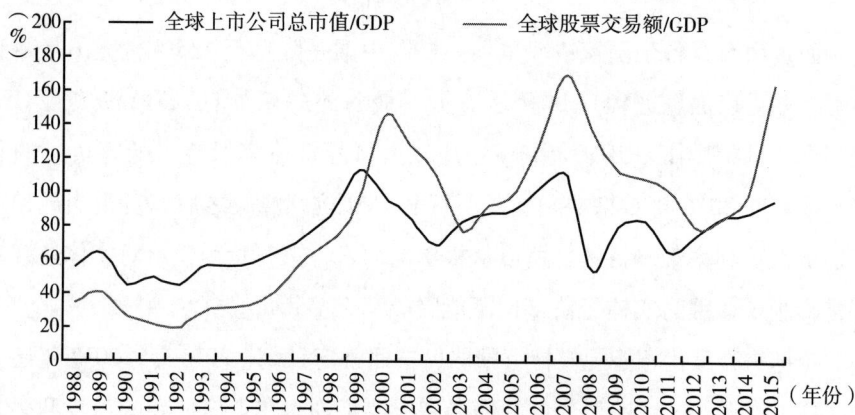

b.全球上市公司总市值/GDP及全球股票交易额/GDP

图10　全球债市与股市"泡沫"

资料来源：Bloomberg、Wind，中国银行。

良性自我发展能力，所以通胀也很难起来。现在利率水平是零利率或1%以下，投资者更看重的是安全的资产，现在更多地看利率，但利率债、类利率债、高信用等级债这些产品很稀缺。以前股票更多看业绩，现在股票看估值，估值达到一定高度的时候，市场会有预期，即只要其下探一点交易资金就可进场。另类资产方面，一是黄金作为纸币信用的避险工具有其现实需求；二是房地产，全球城镇化速度放缓，意味着房地产普涨局面即将结束或者涨速将放缓，更多地体现了结构分化。综合来看，市场寻求存在供给缺口、流动性较强、有租金收益的、可加杠杆的资产，从而进行合理配置。

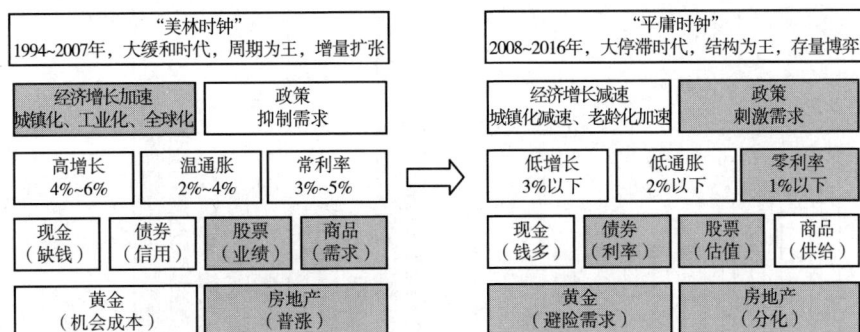

"美林时钟" 1994~2007年，大缓和时代，周期为王，增量扩张			"平庸时钟" 2008~2016年，大停滞时代，结构为王，存量博弈		
经济增长加速 城镇化、工业化、全球化	政策 抑制需求		经济增长减速 城镇化减速、老龄化加速	政策 刺激需求	
高增长 4%~6%	温通胀 2%~4%	常利率 3%~5%	低增长 3%以下	低通胀 2%以下	零利率 1%以下
现金 （缺钱）	债券 （信用）	股票 （业绩）	商品 （需求）	现金 （钱多）	债券 （利率）	股票 （估值）	商品 （供给）
黄金 （机会成本）	房地产 （普涨）		黄金 （避险需求）	房地产 （分化）	

图11　资产配置从"美林时钟"到"平庸时钟"转换

资料来源：中国银行。

以中国债券市场为例。市场普遍认为债券市场泡沫化很严重但是没有人撤离，央行2016年8~9月推出14天、28天逆回购来抑制市场的过度杠杆和投机，但是效果并不明显。对债券投资机构而言，哪个负债渠道的成本都不低，但是市场利差已经压缩到最小。目前中国国债收益率是2.74%，2016年三季度最低，为2.64%。而机构负债成本比这高多了，比如银行理财成本是3.8%~4.5%。说明在这种债市收益率结构条件下，市场已经把息差空间不断压缩掉了，导致大家只能去加杠杆、加久期、搏对手。包括负利率也是一样的道理，债券为什么是负利率？票息收益都是负数了，大家拼的是有人接盘，所以这种模式是很难持续的。中国商业银行负债成本与固定资产收益对比如图12所示。

用固定收益投资思维来看中国楼市，房地产投资有租金，有房价上涨的预期，有杠杆，还有长久期。从中国过去的房地产投资来讲，这四块每一块都可以贡献净收益。自2010年以来，一线城市房屋租金翻倍，房价上涨很大程度上仍然有真实需求推动。与此同时，租金收益率现在是一路下滑，2009年大概是4%，现在不到2%，也不可能继续往下了，如果到了1%，大家觉得风险系数过高了，跟债券的思维一样的，在息差较低的情况下，房租收益也不可能太高，3%~5%属于超额收益，市场需求必定将房租收益率打到很低的位置。

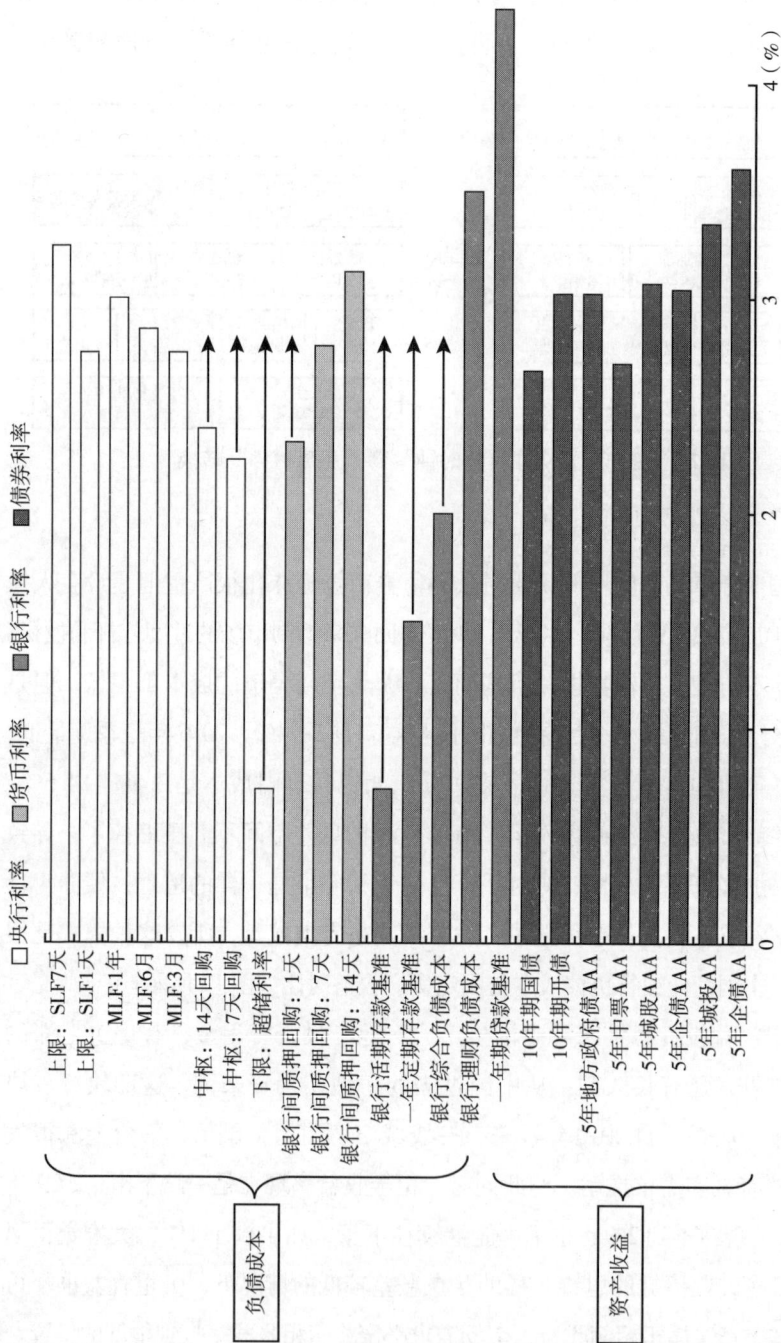

图 12 中国商业银行负债成本与固定资产收益对比

资料来源：Wind，中国银行。数据截至 2016 年 10 月 21 日。

二手住宅租金指数

二手住宅租金回报率

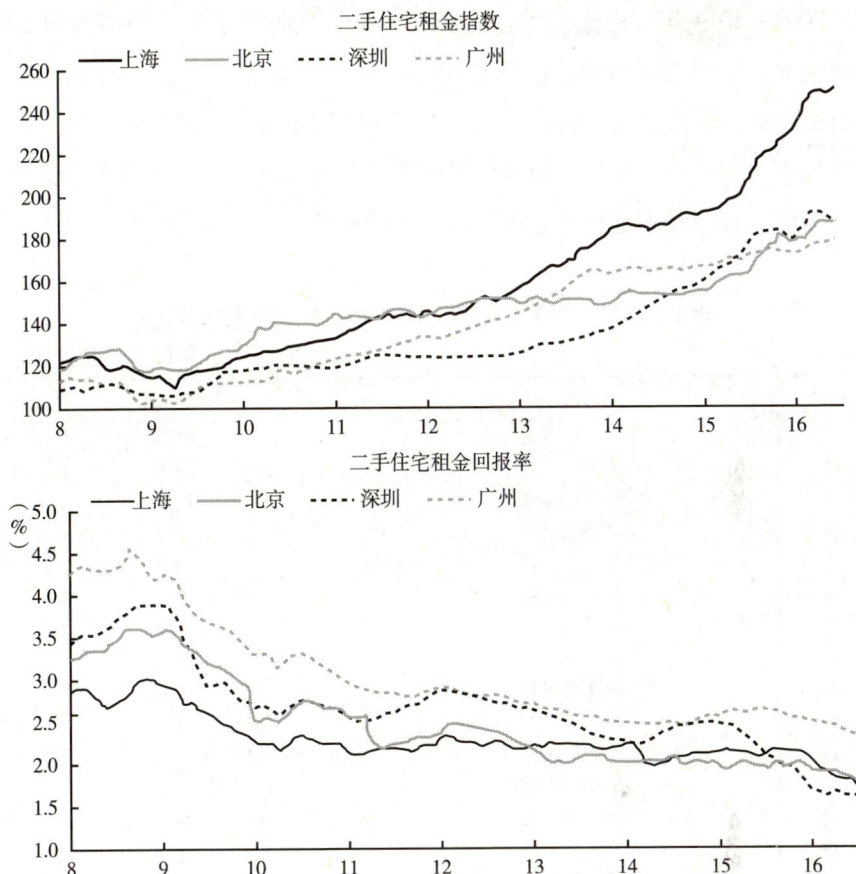

图13　中国一线城市住宅租金涨幅

资料来源：中金公司研究部、中国银行。

　　从国际比较来看，中国一线城市房屋租金收益率偏低。主要原因还是在于房租、房价与其他成熟市场存在很大差异。10年前中国的房租收益率比现在还低，为什么房价涨得比其他国家更快？因为市场发展速度、城市人口膨胀速度较快，带动租金不断增长。中国一线城市一套住房的租金从1000元涨到8000元，发达国家可能是从1万元到11000元，其中最关键的区别还是在于成长性不一样。

　　财富快速增长与财富分配严重不均加剧了房价结构失衡。

2007~2014 年，中国经济总量累计新增 6.85 万亿美元，美国新增 2.94 万亿美元，中国经济的新增量是美国的 2.33 倍（见表 1）。然而，在经济成果分配方面并非均贫富，财富和收入分配不均现象较为突出，所以对于房地产这样资金密集型的投资品或高门槛的消费品而言，在国民经济当中获得分配更多的人群的需求弹性高、价格弹性相对较低。

表 1　2007~2014 年全球增量 GDP 排名前 20 的经济体

单位：10 亿美元

排名	经 济 体	增量 GDP
1	中　　国	6851
2	美　　国	2939
3	欧　　盟	1155
4	马 来 西 亚	877
5	印　　度	809
6	俄 罗 斯	758
7	澳 大 利 亚	534
8	德　　国	492
9	印度尼西亚	424
10	日　　本	413
11	沙特阿拉伯	362
12	尼 日 利 亚	341
13	加 拿 大	336
14	韩　　国	327
15	墨 西 哥	252
16	法　　国	236
17	瑞　　士	228
18	阿 根 廷	207
19	哥 伦 比 亚	193
20	土 耳 其	167

资料来源：IMF、中国银行。

第一，收入分配不均、基尼系数偏高可以为例证。人口大国很容易出现该现象，美国、中国、俄罗斯基尼系数都偏高，因为人口基数大。欧洲国家，可以依靠税收和转移支付进行调节，人口基数大了调节效率递减。

第二，财产分配的不均，可能对不同人群的住房支付能力产生严重的影响。以招商银行和工商银行私人银行客户资产与普通零售客户存款为例。众所周知，对高净值的私人银行客户的定位，招商银行的标准是日均金融资产1000万元，工商银行的标准是日均金融资产800万元，而金融资产并不包括其房地产资产。自2010年以来，中国高净值客户的数量、资产余额的增速均远远超过普通零售客户。比如，2010年招商银行个人客户存款的总额是6000多亿元，私人银行的金融资产是2000多亿元；到2016年，5.4万私人银行客户的资产已经比7000万普通零售客户的存款总和还要多。再看一下工商银行的情况，大体上也差不多，说明资产分配处于畸形的状态。当然，这与中国经济成长、房地产价格膨胀、股票牛市、金融市场繁荣以及企业家精神等都有关系（见图14）。

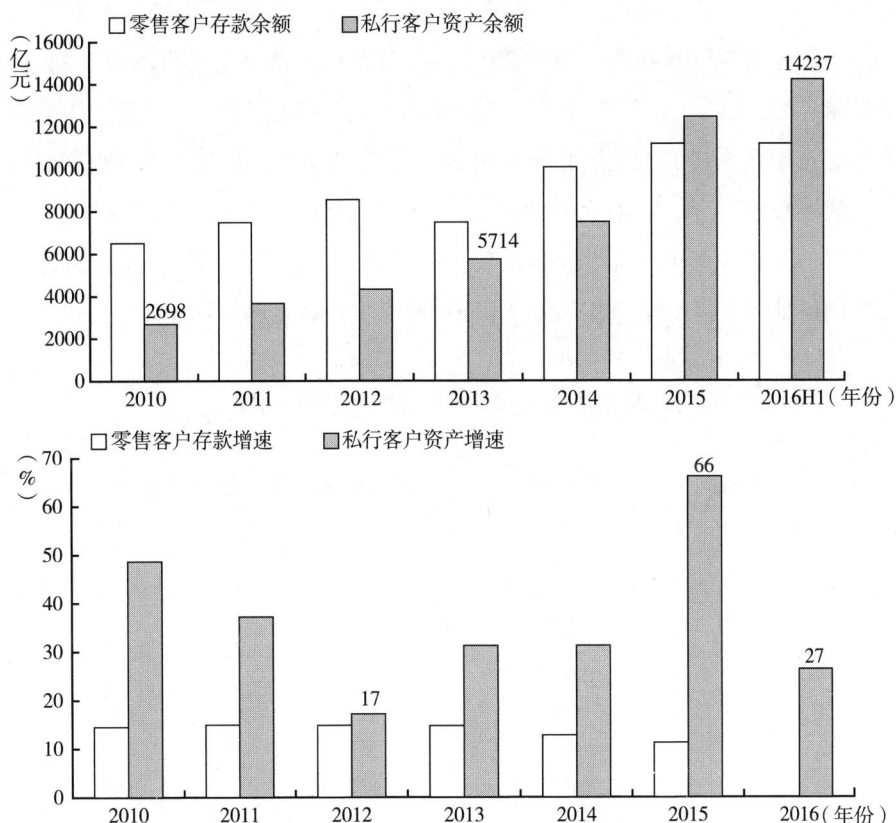

图14　招商银行私人银行客户与普通零售客户资产对比

注：私行客户标准为日均净金融资产1000万元以上高净值客户。

资料来源：招商银行历年年报。

三 中国核心城市房价分化的特点

第一，中国房地产市场的特征是"价格看一线，销量看二线，库存看三、四线"，结构分化显著的格局短期内难以改变。一线城市由于人口流入和高收入群体较多等原因，房价高企。二线城市由于城市数量多、人口容量大，房价水平中等，所以销量和投资量都占相当大的比重。三、四线城市，特别是产业疲弱和就业创造能力不足的城市，人口持续流出，库存积压十分严重。

根据国家统计局数据，截至 2016 年 9 月末全国商品房待售库存 6.96 亿平方米，施工面积 70 亿平方米，加起来的广义库存是 77 亿平方米，相当于全国城镇常住人口的人均居住面积可再增加 10 平方米。所以，库存高企的城市只能慢慢去库存，能消化就消化一部分，不能消化只能由开发商来承担，所以三、四线的库存出清过程会比较长。正因为受高库存制约，全国房地产投资增速难以大幅反弹。表 2 显示了中国省会城市和直辖市新建住宅均价。

表 2　中国省会城市和直辖市新建住宅均价

单位：元/平方米

省会城市和直辖市	新房均价	省会城市和直辖市	新房均价
哈 尔 滨	7502	广　州	20874
长　春	6491	福　州	16833
沈　阳	7082	海　口	7729
北　京	48847	南　宁	7196
天　津	18832	成　都	8146
石 家 庄	9944	重　庆	6870
太　原	8145	昆　明	8239
呼 和 浩 特	6379	西　安	6903
上　海	44750	贵　阳	6079
南　京	22428	南　宁	7196
杭　州	18900	西　宁	5900
济　南	11423	银　川	5025

省会城市和直辖市	新房均价	省会城市和直辖市	新房均价
武　汉	12322	乌鲁木齐	6667
郑　州	10852	拉　萨	7732
合　肥	12537	兰　州	8896
南　昌	9016		
长　沙	6681		

资料来源：Wind。数据截至 2016 年 9 月末。

第二，中国房价表现分化严重。2010 年至 2013 年初全球房价基本处于盘整阶段，2013 年初至 2016 年 9 月末，中国百城平均房价上升约 30%，百城住房均价由 9812 元上升至 12617 元。其中一线城市新房均价上升约 70%，由 2.4 万元上升至 4 万元；二线城市新房上涨 25%，三线上涨仅 5% 左右（见图 15）。

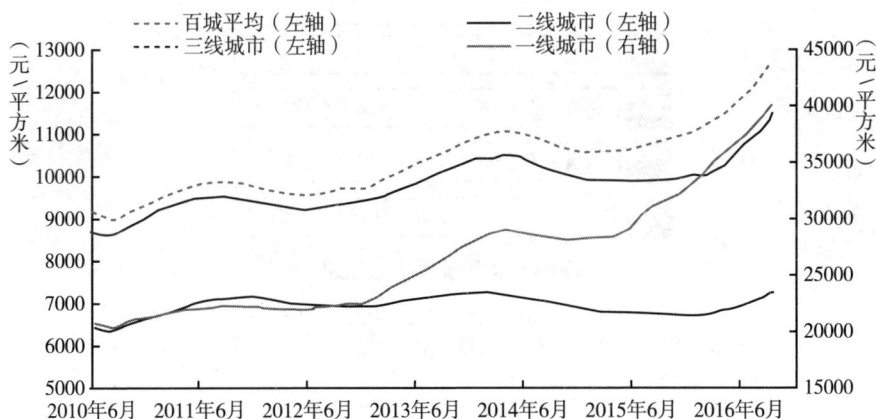

图 15　中国百城新建住宅均价走势

资料来源：Wind、中国银行。

第三，人口流动方向。《中国流动人口发展报告 2015》数据显示，2015 年中国总的流动人口规模为 2.47 亿人，其中农村往城镇流动的约占 70%，小城镇向大中城镇流动的约占 30%，而且该比重在持续提升，表明中国城镇化进入新的阶段。一方面，2015 年我国常住人口城镇化率为 56%、户籍人口城镇化率仅为 39%，仍有较大的提升空间。近年中国经济增速仍然保持在 6%～7%，每年新增城镇就业人口仍有 1300 万～1500 万人，对城镇化推进仍然提供强大支撑。另一方面，中国在 2008～2010 年经历"刘易斯拐点"，农村劳动力转移空间已经不大，当前人口流动的新特点是，人口往大中城市流动的进程进一步加快，而且净新增的人口也更多地发生在大中城市。

根据中国指数研究院测算，2015 年全国城镇住宅套数与常住人口户数的"套户比"已经达到 1.06，表明住房供需总量已经趋于平衡，但是结构分化仍在持续。一线城市"北上广深"常住人口合计约 7000 万人，不足全国 7.7 亿城镇人口的 10%，全国 20 个核心城市人口合计约 2 亿人，占全国城镇人口或全国人口的比重仍然偏低（见图 16）。

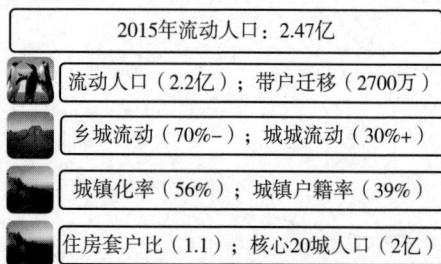

2015年流动人口：2.47亿
流动人口（2.2亿）；带户迁移（2700万）
乡城流动（70%－）；城城流动（30%＋）
城镇化率（56%）；城镇户籍（39%）
住房套户比（1.1）；核心20城人口（2亿）

图 16　中国流动人口概况

注 1：套户比＝存房存量/家庭数量，相关机构测算数据。

注 2：核心城市："北上广深"、天津、南京、杭州、苏州、合肥、厦门、福州、郑州、武汉、长沙、成都、重庆、西安、宁波、青岛等 20 城。

资料来源：Wind、中国银行、国家卫计委《中国流动人口发展报告 2016》、国家统计局。

从全球看，主要经济体均表现出向大都市圈、城市群聚集的人口分布特征。纽约都市圈 2000 万人，美国全国人口是 3.2 亿人，而其主要的 10 个都市经济圈的人口基本占到全国人口的 60%～70%。东京都市圈人口为 3700 万人，日本全国人口 1.26 亿人，东京都市圈比重高达 30%。所以，与成熟经济体相比，中国大中城市人口的占比仍然偏低，人口、人才仍将向核心城市流入。房价高企导致生产和生活成本快速增加,虽然"北上广深"的人口增速有所下降,但其他二线核心城市吸纳了较多的产业和人口,住房需求仍在快速增长。

第四,中国核心城市房价存在差异的四个决定因素:非户籍人口比重、土地供给水平、人均收入水平、城市人口规模。

(1)房价与外地人口占比指数强相关,解释力为67%。在图17中,纵轴Y代表房价,横轴X代表非户籍人口占常住人口的比例,通俗理解为代表外地人口比重,深圳该比例达到80%,而且年轻人口居多。从散点图看,房价与非户籍人口比重指数强相关,解释力达到67%。也就是说随着外地人口的比例越来越高,对在当地买房落户的需求非常强烈,而中国特色的户籍制度又联结相关权益(比如就业、教育、医疗、养老等),唯有通过货币化方式购房才能予以实现。

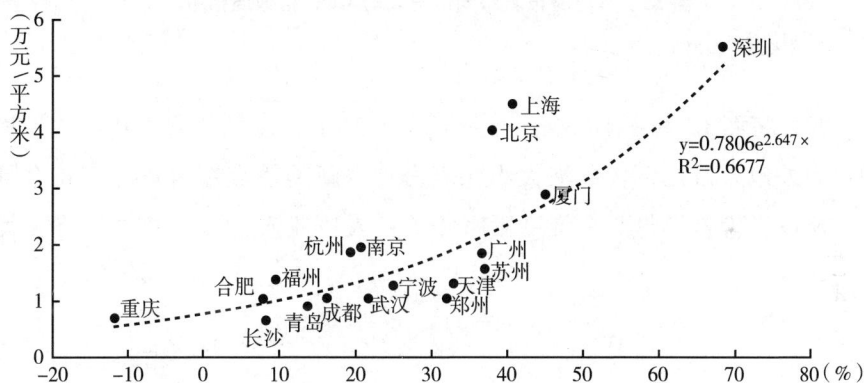

图17 核心城市房价与非户籍人口比重指数强相关

资料来源:Wind,中国银行。

(2)房价与收入水平指数弱相关,解释力为32%。在图18中,我们把横轴换成人均GDP水平。散点图显示二者呈指数相关,人均收入高的城市房价高,但是解释力度不及第一个因素。比如,重庆的人均GDP是5万多元,不到6万元,房价在7000元左右;而深圳人均GDP接近16万元,房价在5.6万元。中国主要是农村往城市走,最重要的原因在于城市的收入是乡村的3倍;而重庆的收入与深圳也差3倍,所以人口流动存在很强的经济因素驱动。房价与收入的关系，方向上明晰，但程度上解释力度欠佳——解释度仅为32%，说明还有其他更重要的因素造成了房价的差异。

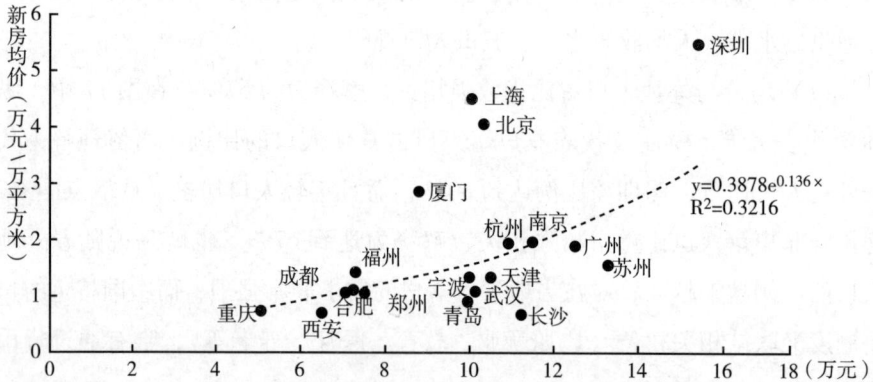

图18　核心城市新房均价与人均GDP指数弱相关

资料来源：国家统计局、Wind、中国银行。

我们将图17和图18的信息综合到图19上：纵轴代表人均收入，横轴代表外地人口比例，气泡大小代表房价。新的散点图房价分布符合预期，所以房价差异与两个维度紧密相关：人口流入（非户籍率）和人均收入。

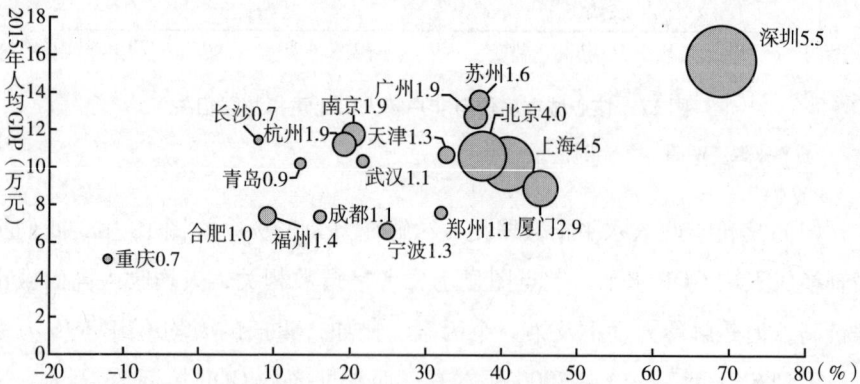

图19　人口流入与人均收入决定房价

资料来源：国家统计局、Wind、中国银行。

（3）房价与土地供应稀缺程度高度相关。控制人均收入和外地人口比例两个因素之后，不同城市的房价仍存在较大差异。比如北京、上海房价高，而广州、苏州房价低一些，但它们的非户籍率和人均 GDP 水平都比较接近。

我们发现土地供应稀缺的程度对房价具有重要影响。图 20 的纵轴是解释力较强的非户籍人口率，横轴是 2010～2014 年累计新增住宅建设用地的面积除以 2015 年常住人口的数量，气泡大小代表房价。"北上广深"加上厦门，都是因为人均住宅建设用地供应面积极低，房价畸形，位置在右上方。其他房价没有大涨的地方，比如重庆、宁波等，就分布在左下方。所以从这两个维度看，纵轴代表需求，横轴代表供给，房价的差异在图 20 中可以得到比较完美的解释。

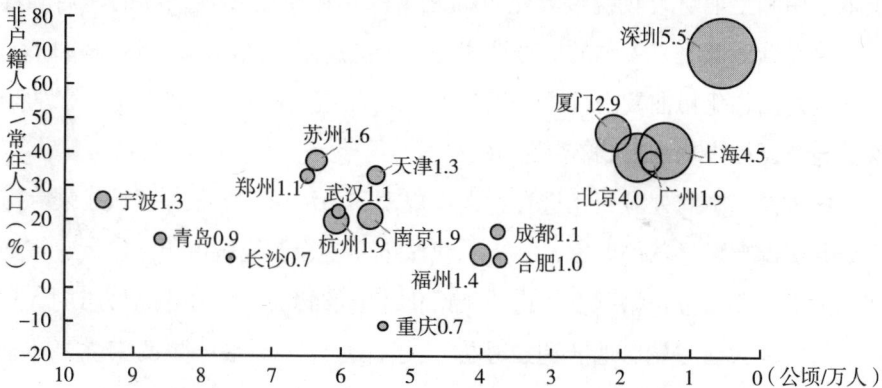

图20 核心城市住宅用地供给偏低是房价高企重要原因

注：纵轴代表 2015 年非户籍/户籍人口；
横轴代表 2010～2014 年累计新增住宅建设用地面积/2015 年常住人口数量；
气泡代表 2016 年 9 月新宅均价。
资料来源：Wind，中国银行。

（4）常住人口规模也是重要原因，因为存在人口规模的网络级数效应。根据相关研究，大城市由于工作更加具有多样性，可以提高劳动者的就业匹配度，增加就业概率。中国的大城市，人口 2000 万人以上的超级大城市唯有北京和上海，人口 1000 万～1500 万人的有天津、南京、杭州等。这些城市由于产业结构多样、城市包容性强、配套资源丰富，所以对高素质人才具有较强的吸引力。这也可以部分解释房价的差异。

综上，我们认为人口流入、人均收入和土地供给以及城市规模四个因素是房价存在差异的核心原因。

四 结论、风险与建议

1. 主要结论

中国热点城市的楼市"泡沫"，表面看可能部分地归咎于投机力量加剧了短期供需关系的失衡。更深层次的，其实是人口流入、收入增长（包括贫富分化）、宽松货币背景下的需求膨胀，与核心城市"资源禀赋"悬殊、土地信用和土地财政收益最大化目标之下的房屋供给不足之间的矛盾。此外，存在针对低收入人群的保障性住房、经济适用房供给的严重短缺和不足等问题，结构化扭曲较为严重。而这些矛盾和扭曲问题在 2003 年以来的历次房地产调控中均未得到有效纾解。

中国是一个尚处城镇化进程、人口规模和经济仍在扩张、区域发展和城市公共资源禀赋悬殊的国家，一、二线城市和三、四线城市相差较大，资源问题大部分要通过户籍制度、房产货币化才能够解决，核心热点城市的人口吸引力仍较大。本轮房地产调控号称"史上最严"，"最严"两字主要体现在对买家的"限购、限贷"升级之上，此外叠加了对房地产企业销售以及土地开发的合规要求，但是供给方面的约束尚未见大幅改善的迹象。

中国房价的主要矛盾本质上还是人口流入、收入增长（包括贫富分化）和土地供应稀缺的矛盾，而房价泡沫是具有地心引力的，可以参考房租收益率和房子租售的流动性。

2. 潜在风险

日本房地产泡沫和美国次贷危机都是由过度投机推动经济过热，央行不得不加息，居民还贷压力升高从而导致房价泡沫破裂，可以说，央行加息一般是"泡沫杀手"。就中国目前的阶段来讲，由于经济处于下行周期，所以最大的风险并非来自经济过热，而是来自经济失速，央行加息在短期内难以实现。

经济增长方面，短期来看"稳增长"措施仍将发挥重要作用，就业依然稳步扩张，每年有1300多万人新就业；此外居民工资上涨幅度虽然放缓，但还是在上涨，2016年前三季度居民可支配收入增长8.2%。

需要警惕的是，如果房地产泡沫化进一步加剧，将不可避免地导致实体产业更加萎缩，这将从趋势上恶化经济结构，导致增长潜力、收入增加和大城市吸纳新增人口就业的能力不断下滑，最终会反作用到房价需求上来，所以对房价能否稳住还是来自持续增长的信心问题。这方面，确确实实需要政府取得更多实质性突破。

对银行来说，居民部门住房贷款的风险可控，但是需要谨慎评估开发商的信贷质量。住房贷款方面，居民就业扩张和收入增长只要不出大问题，就意味着其资产负债表相对健康，而且整体负债率并不高，再加上首付3~4成和中国实行房贷终身无限追偿制度，房贷不会大面积违约。目前，个人住房贷款还是一项优质业务，特别是对公贷款急剧萎缩后，银行仍有动力去做住房贷款，因为银行本身也在不断地评估市场需求的优劣。2016年房贷占新增贷款的比例创新高，也就意味着居民将前几年的储蓄进行了支出，所以存在一定储蓄和需求透支的现象，本轮调控之后，四季度和2017年的住房贷款增速肯定会降下来。

3. 政策建议

首套属于自住和二套属于改善需求，三套和四套属于投资，但是10套、20套可能就属于"超额房产"的投机。在我国，持有超额房产的成本非常低，持有期没有房产税、继承没有遗产税、出租不缴个税、转卖也不缴资本利得税。这样的机制设计有利于富有群体进行住房投资，却不利于普通居民的住房消费。由于住房具有巨大的财产属性，且国家税费政策缺乏对其的平衡和制约，纯粹依靠市场力量很难扭转"马太效应"。而精英群体的财富创造速度较普通收入群体的收入增速更快，如果继续依靠房地产进行财富再分配，若干年后可能会出现两极分化越来越严重的现象。

　　为抑制市场投机，一是加快推出和完善全国不动产登记制度，对于超额（比如5套或10套以上）房产所有者征收超额房产税、资本利得税等，打击住房投机的交易和持有成本，以避免"富者连房百套，穷者无首付之力"的社会财富分化现象；二是提高核心城市土地供应及公租房和保障房等供应水平，改变住房供给持续收缩的预期；三是增加对非核心城市的教育、医疗、基础设施等公共服务的投资，改善当地居民就业和生活质量，使产业和人口分布更为均衡。

第4章　2017：如何在不确定的世界中趋利避害？

翟 崑[*]

我们需要把脉世界，主要目的是从中国的视角和立场来看"如何在不确定的世界中趋利避害"。当前的国际格局和经济态势怎样，尤其在美国大选之后，世界的脉动是什么样子？基于这个脉动，我们在2017年应该怎么做？

下面分三个方面进行阐述。第一个方面，中国所面临的国际环境变化是什么，我们用一个相对确定的字，叫"反"，意思是我们面临的国际环境出现了一个反转。第二个方面，如果反转已经发生了，它会持续吗？这就关系到中国的国际战略，以及中国对国际形势的影响力到底有多大。此处我们用一个"增"字，意思是中国对国际形势和国际发展的战略影响力在增加。第三个方面，2017年该怎么做？我们用一个"合"字，意思是在竞争与合作方面更加突出"合"字。第一是"反"，第二是"增"，第三是"合"，我们认为这三个字能够些许描绘出在广阔而不确定的世界当中的一点点确定性。

一　中国所面临的国际环境变化——"反"

先说一下"反"字。中国面临的国际战略环境出现了一个阶段性的好转，是一个反转。2008年、2009年是一个分界线，这个分界线在国际形势

＊　翟崑，北京大学国际关系学院教授。

中也是成立的。

进入21世纪以后，中国的这种战略态势经历了两个阶段，第一个阶段是从2000年左右一直到2008年、2009年，这段时间发展特别好，出现了扩张或者伸展的态势。那时候大家可能感觉到美国衰落了，国际关系界对此进行过很多讨论，而且也普遍认为美国的确是衰落了。2008年的金融危机进一步证明了美国的衰落，这是主流意见。但2009年以后，中国面临的国际环境和周边环境出现了非常大的反转，从东北亚到中日问题，到南海问题，一系列的问题出现了。大概在2011年、2012年的时候，在党的十八大之前，中国的战略学界还在争论，我们的战略形势是不是一夜回到了新中国成立前，非常之差。这样的趋势一直延续到2012年年中，南海仲裁案是一个大的节点。在第二阶段我们感觉到中国又被美国压回来了。第一轮是展出去，第二轮是被压回来。

仲裁案之后，好消息来了，出现了一系列"黑天鹅"事件，中国的环境再次好起来了。给人的感觉是，中国的国际环境发生了好转。最近国际关系学界也在探讨年终的形势，普遍认为形势是好转的。所以我们用了一个"反"字概括2016年在长周期当中中国所面临的形势变化。

那么这个"反"是否会成为另外一个长达七八年，或八九年的新周期呢？我们觉得这个还不好说。首先，看一看本轮的"反"是由什么因素造成的；然后，再看一看中国到底还有多大的劲使"反"向利好的趋势延长。

从四个方面来看，为什么会出现反转？

第一，战略思维的变化。自习近平主席执政后中国的战略思维出现了明显的变化，更加强调有所作为，在和平发展的基础上还要有一个底线思维。过去讲韬光养晦，是以"收"为特点的"有所作为"。之前强调和平发展，但从来没有提过底线思维。现在把这两个指标都提出来，实施的政策也相对强硬了。与此同时，美国的战略思维也在发生变化。特朗普曾多次指出，伊拉克战争花了太多的美元，可以看出美国的战略思维在由放转收。中美战略思维的"一放一收"，是此轮反转的主要原因。

第二，战略周期的变化。更为精确地说是执政周期的变化，在此方面中国存在一些优势。我们现在的领导班子如果连任的话还有六七年的执政期，可以保证政策的连续性。而在美国，奥巴马到了第二个任期的第三年基本就不做什么事了，所以出现了战略周期和执政周期的断档。

第三，战略互动的变化。为什么2016年战略互动出现新的变化呢？这个变化与"一带一路"有关系。"一带一路"总体上是中国的全球战略，"一带一路"战略实施了三年以后，很多协定的签署、一些大型工程项目的开工、贸易资金的增加等加强了各个地缘板块之间的互动和联系。过去中国主要是与亚太、拉美、非洲互动，现在"一带一路"将中国与印度洋、太平洋、欧亚大陆板块更加紧密地连接在一起，主要是通过经济和贸易实现的。与之相对，这几处都是美国的"痛点"。在"一带一路"战略实施的这三年中，按地缘政治规律来看，俄罗斯没有阻挡，采取的是合作态度，印度是要阻挡的，但实力相对较弱，2016年中国和印度之间有摩擦，但是中国与斯里兰卡、巴基斯坦、孟加拉国的关系实现了大发展，在"一带一路"战略实施的过程中，印度虽然为大国，但也阻挡不了中国，这是周边整体环境优化互动产生的效果。

第四，战略基础的变化。所谓战略基础的变化，主要是民心民意的变化。民心民意是怎么变的？为什么2016年这么明显呢？我们看几个"黑天鹅"事件。互联网和金融是目前市场的两个趋势，互联网和金融在美国促进了最上层人收入的增加，但又减少了中产阶级的收入，同时互联网应用的增加，使底层消费有所增强，社会结构发生了变化，社会结构的变化导致投票发生变化，这是特朗普成功胜选的一个原因。菲律宾是一个有民族主义情绪的国家，其前总统将亲美情绪推向了一个极端，而现任总统则做出了颠覆性的调整。当然也有对中国不利的变化，例如缅甸，缅甸基本认为中国支持缅北的民意，这是对其国家主权的侵犯，近来缅北战事又起，这是不利的。总体来讲好的变化多于不好的变化，总体上说还是出现了反转。

以上四个方面综合起来，就形成了对中国相对有利的国际战略态势。这是一方面，如果这个战略态势发展下去可能继续对中国有利，但我们更关注的是中国的战略态势在其中到底能发挥多大的作用？主导性到底有多大？

二 中国所面临的国际环境变化——"增"

战略界正在讨论中国到底有多大的劲。过去我们一直说中国的经济实力在上升，但一转到战略影响力和政治影响力上就相对较弱，2016年我国的战略影响力和政治影响力有了一定的提升，这个提升恰恰是伴随着中国经济增速下滑而产生的。这就提出了一个很有趣的问题，为什么经济增速上升的时候国际影响力不够，而经济增速下滑了国际影响力反而增强了？其实，政治逻辑、经济逻辑和战略逻辑是不同的，不可能同步发展，同步发展就是协调发展，而协调是我们最大的难题。

中国战略影响力提升的原因有三点：第一，2016年，中国的战略进一步刺激了周边国家，或者说刺激了世界上其他国家的战略敏感性和脆弱性，主要表现在南海问题、东南亚国家方面。为什么刺激了别人的战略敏感性和脆弱性反倒提升了我们的影响力呢？这与过去的战略有关。过去我国基本上采取的是合作的战略，但现在是比较强硬的，在南海问题上我们现在是该干什么干什么，经济的是经济，安全的是安全，主权的是主权。这样斗争就加剧了，有些国家支持中国，有些国家支持菲律宾、美国，现在参与南海争端的国家变得越来越敏感、脆弱，这反向说明了中国在这个地区的战略威慑力增强了。如果说过去以合作的方式达不到目的，那么现在以斗争的方式就可以了？事实即如此。恩和威是战略影响力的两个方面，过去恩重现在威重，从地区来看，中国的战略影响力是上升的。

第二，中国进一步刺激了国际战略的竞争性，主要体现在中国、美国、日本之间的竞争。例如，我们在倡导"一带一路"，而日本在搞CADP2.0，说明中国和日本在亚太地区的战略竞争在加剧，而且越来越倾向于一种制度性的竞争。从金融到制度的竞争越来越激烈，包括话语权。从这个层面的竞争可以看出中国的战略影响力也是在上升的。

第三，战略承载力的问题。一个区域能承受多少地区战略博弈，取决于两个方面，一方面是对该区域的大国来说，有多大的实力在此经营，另一方面是这个区域的小国有多大的能力承受大国在此的战略博弈。当然，就此来讲中国的战略承载力也在面临压力，但是与美国、日本、印度等相比还是不错的。多害相权取其轻，这是国际关系中特别重要的一个原则。从这方面比较的话，我们觉得在战略承载力方面中国的影响力也在上升。

基于这三点，如果做得更好一些，就能够把已经出现的反转趋势延长，关键是怎么做。

三 中国所面临的国际环境变化——"合"

过去几年，中国和美国在战略上存在较多的竞争与对抗，现在有没有可能利用这样一段好的战略机遇窗口期，来引导美国与我国合作，这是现在需要探讨的问题。

对此需要强调一下2017年的重要性。2017年的重大事件，首先是党的十九大，然后是特朗普执政，再就是东盟50周年，我们认为东盟所引导的东亚合作，在50周年之际应该会有大的举措。另外，2017年也是1997年亚洲金融危机20年，中国对地区秩序需要有新的设计，因为形势已经变了。所以2017年是特别关键的一年，应该设法引导进入一个大势里。怎么引导呢？我们有三个建议。

第一，需要丰富和完善关于合作的理念。过去一直强调以合作求合作，最近3年发现以斗争求合作也是一种方式。以合作求合作和以斗争求合作都是面向合作。当然斗争要特别讲究技巧和艺术。由于一些偶然因素，中国出现了一种反转的趋势。但需要认清，现在的很多做法仍不够智慧、不够技术。总体上要明白以合作求合作、以斗争求合作都是为了合作。新一届领导班子在党的十八大上，把中国外交的旗帜从三面改成四面，即"和平、发展、合作、共赢"。共赢和合作是目的，这也符合经济学的一些原理。所谓的战略就是要把这两块都运用得更加得当一些。

第二，营造一个"合"的开局，从哪跌倒就从哪爬起来，尤其在南海问题上。环南海经济合作在中菲间已经展开，在黄岩岛让菲律宾的渔民进来打鱼，这是共同开发。中菲合作这一战略实施，马来西亚会跟进，接下来是越南和其他几个国家，中国应该马上营造这种环南海经济合作的局面，这是特别重要的。我们营造了一种"合"的开局，即便特朗普执政后想要采取强硬的政策，操作起来也是比较困难的。

第三，营造一个"合"的格局。目前世界上三个 GDP 10 万亿元以上的经济体，中国、美国、欧洲之间没有协调，是割裂的。我们认为当前是中、美、欧之间谈世界经济秩序问题的时候了。"一带一路"战略让中国和欧盟有了合作。对于中国和美国的对接，"一带一路"战略是以互联互通为基础的，美国方面特朗普要搞基础设施建设，这是中国的机会，"合"的格局是有可能建立的。

现在，应该引导开局和格局。斗争一番之后，回归到合作当中去，让大家共同走向合作局面，我们希望 2017 年沿着这个方向发展，让世界变得更美好。

第5章　美国大选后的经济政策
走向及对中国的影响

宗　良*

美国大选确实牵动了全世界的神经，在今天的全球化中美国是重要核心，美国大选从某种意义上说是全球的大选，全球的人都十分关注。我们从五个方面做一个简单的分析。

一　美国大选结果分析

从前期民调的情况可以发现，希拉里胜选的可能性较大。很多人会问，那为什么特朗普会赢？我们认为特朗普胜选不是偶然，是民意的力量。首先，民主党支持率较高的密歇根、宾夕法尼亚等州都出现了反转，其他摇摆不定的州就更加难以确定了。

再看竞选理念和口号之间有什么差异，希拉里倡导大政府、高税收、高福利；特朗普则倡导小政府、低税收、减少监管。设想一下，作为理性人怎么会给加税的候选人投票呢？特朗普的竞选口号"让美国再次伟大"，这能够激发美国人民的热情。所以，我们认为特朗普的胜选不是偶然的。

二　经济政策及走向

表 1 显示了希拉里和特朗普的经济政策。

* 宗良，中国银行国际金融研究所首席研究员。

表1 希拉里和特朗普经济政策对比

总统候选人 经济议题	唐纳德·特朗普(共和党总统候选人)	希拉里·克林顿(民主党总统候选人)
对外贸易	·退出TPP并重新开展"北美自由贸易协定"谈判； ·严厉打击侵犯知识产权行为； ·加强贸易执法，对进行不公平倾销和补贴的国家征收惩罚性关税； ·报复汇率操纵国	·终止TPP谈判； ·对违反法律的外国进口商，实施"有针对性的关税"； ·打击侵犯知识产权与货币操纵行为，对违规行为加税； ·解决汇率操纵问题
基础设施投资	·发行"基础设施债券"，开放民间购买资格，基础设施建设资金目标为5000亿美元	·未来五年在基础设施建设方面投入2750亿美元，并建议成立基础设施银行
个人所得税	·对富裕阶层收取33%的个人所得税； ·提出三档税率，分别为12%、25%和33%	·主张大幅提高富人所得税以及支持"巴菲特原则"； ·主张高收入的企业高层所缴的所得税税率，应与拿其他薪资的秘书及助手有所区别
企业所得税	·主张取消遗产税； ·将企业所得税由35%降为15%，对于适用较高个人所得税的自由职业者及非法人小企业，一律适用企业所得税15%	·主张未来将向把总部转到海外的美国企业征收"离开税"，打击其为避税采取的"税负倒置"措施，承诺终止企业的收益分层
最低工资标准	·最低工资标准"需要提高"	·通过《联邦法案》提高最低工资标准，支持联邦12美元的最低时薪； ·鼓励各州实施15美元的最低时薪制度
制造业	·通过基础设施建设及开展贸易等相关措施振兴制造业； ·主张基础设施建设应使用美国制造的商品； ·对损害美国制造业的不公平外国竞争者(尤其是中国)采取严厉手段，以此恢复数百万个就业机会	·对不守规矩的外国竞争者采取强硬的贸易政策，以保护美国的制造业； ·支持科学研究，以打造全新的产业，并对贫困地区采取低税政策
能源环保	·捍卫煤炭行业以及废除环境规则，取消奥巴马政府对能源行业的限制； ·恢复管道基础设施建设计划，刺激就业； ·反对2015年《巴黎气候协定》，认为全球气候变暖是一场骗局	·推进可再生能源发展； ·支持2015年《巴黎气候协定》，重视环保主义，认为全球气候变暖是对人类的威胁
儿童保育	·通过从税收中扣除父母养育孩子的平均成本来帮助降低养育孩子的费用	·通过扩大儿童税收抵免范围来减轻千万工薪家庭养育孩子的负担

政策的大体逻辑是，首先考虑美国总的资源和目前存在的问题，然后考虑采取什么办法解决问题。

首先，美国有多少资源呢？美国每年的财政税收大约可以保证支出的60%左右。美国的税收主要用于以下几大用途：国防及军事占21%左右，社会保障和医疗大约占33%，剩下6%~7%基本上用于支付国债利息。除此之外，美国人如果想做其他的事，就必须借钱了。美国目前有19.7万亿美元债务，奥巴马执政期间，美国的债务增长了一倍，从10万亿美元增加到近20万亿美元，如果特朗普再加10万亿美元，其债务规模将进一步上升。除了美国，没有国家可以有如此巨量的债务，因此说，美元债务是问题的核心。货币方面，如果人民币没有国际化，或者人民币的国际化程度不够高，那么唯一的结果是全世界人民一起帮美国还债。因为如果没有人民币的国际化，单一的欧元无法与美元抗衡。在单一美元主导国际货币体系的背景下，汇率贬值、升值周期调整可以化解美国的债务问题。

美国经济政策是两个方面的综合，即需求管理和供给侧改革，具体政策有以下几方面。

一是以经济增长为核心，降低企业所得税，鼓励美国企业回迁。2010年以来美国经济平均增速为2.17%，特朗普称通过改革未来10年的年均增速至少可维持在3.5%，或达4%。为鼓励美国的企业回迁，税收政策会进行一些调整。2013~2015年资本流出下降16.26%，同期资本流入上涨183.97%。企业所得税计划由35%降为15%，此举意在鼓励美国企业回迁，创造就业岗位。这一政策可以看作奥巴马的再工业化政策的延续。

二是贸易保护。特朗普在竞选中宣称：第一，提升关税，主张对所有进口货物施加20%的关税，特别对中国和墨西哥征收45%的关税；（2）重新协商甚至退出一些经济组织，反对TPP，重新与加拿大和墨西哥谈判1994年就签署生效的《北美自由贸易协定》（NAFTA），甚至宣称要退出WTO。我们认为特朗普执政后可能软化其策略。

三是降低税收，调整支出。在企业方面，将最高联邦企业税率由现行的35%降至15%；对迁回海外利润的美国企业一次性征税10%。为促进投资，促进经济增长，缓解"税收倒置"问题，引导企业回归本土，创造更多就业岗位。在个人方面，提高个人所得税标准扣除额，大约为现行的4倍；把现行的个人所得税累进档从7个简化为3个，分别为12%、22%、35%；14岁及以下美国少年儿童享有托儿费免税优惠；提议废除遗产税；将股息及资本利得税税率最高限制在20%。在财政支出方面，削减海外军事投入；削减非国防项目投入，"一分钱计划"即在非国防政府项目方面，每年削减1%的支出，其中社会安全与医药支出不被纳入计划，他认为这个计划在未来10年将节省1万亿美元联邦支出。

四是移民和进行基础设施建设。主张增加基建投入以重振制造业，基础设施建设应采用美国制造的商品，资金投入额将高达5000亿美元。这带有很大的不确定性，因为一方面减税，另一方面增加财政支出，本身即是矛盾的。

五是金融政策。美国需要加息，实现利率正常化，但加息也有问题。美国2016年第一季度、第二季度经济增速分别为0.8%、1.2%左右，第三季度的经济增速为2.9%，但增长速度仍然很低，经济增速低的时候加息，会把整个经济增长的势头给打下去，这正是美国所担心的。加息之后，筹资的成本提高了，原来的债务更新会增加成本，再加上加息推动美元汇率上升，也会加剧矛盾。人们普遍容易看到美元升值问题，而这会导致未来美元贬值。

就汇率而言，未来美元依然会在强弱变动中把握机会、削减债务。20世纪70年代以来，美元一直在弱、强中交替，弱10年左右，强五六年，再弱十年左右，再强五六年。弱是削减债务的过程，强则让大家感觉到只有美元才是世界最核心的货币，才是最可靠的货币。美元升值的阶段通常是新兴市场金融风险加大甚至触发危机的阶段，假如其他国家没有实施能够抵挡这种节奏的措施，一定是被"剪羊毛一样一次次地剪"。美国借了许多钱，当然还不了，因为借的钱该花的花完了，有的东西又不能用于偿还债务，比如说美国的高科技产品或军事产品就不能卖，因为它涉及国家安全。

三　经济政策的影响

就美国来讲，特朗普执政对其未来经济发展是有利的，现在的美国已经难以按原来的思路发展下去了。尽管一些大城市比如纽约、洛杉矶等有一些人不太支持特朗普，但从某种程度上来讲，其经济政策对美国还是相对有利的。最近几年，美国经济增长只有2%多一点，2017年一季度，或者未来一段时间，能够保持2%就不错，3%对中国来说压力很大。减税、投资基建将带来显著的财政刺激效应，经济将提振，利率和通胀率将走高，但也有可能引发一系列新的潜在风险。预计2017年美国经济增速可能达到2.2%，通胀率达2.2%，2018年经济增速可能达2.3%，通胀率达2.4%。

对中国的影响包括以下几个方面：一是对贸易的影响，需要注意，特朗普的政策会在一些特殊的产品，尤其是与政府相关的产品领域对中国形成一定的压力，产生负面影响；二是汇率操纵，汇率操纵确实是需要注意的问题，最好是双边进行谈判，避免出现这方面的问题；三是全球化，美国有退有进，对中国也是有利有弊的，总体来讲，美国这一次变化对中国还是相对有利的。因为我们希望美国在变革中不那么针对中国，能有所缓和，我们可以在变动中寻找合适的契机。

四　中国应如何应对

总体来看双方是互相竞争、互相依存的关系，这一点不会发生根本性的变化，对双方有利有弊，应该说利大于弊，我们还是要做好应对，包括以下几个方面。

贸易方面，坚持中美战略对话。这是很重要的沟通渠道，争取在这方面能够把关系双方利益的重大问题沟通好。该争的要争，有些方面可以让，比如贸易中有哪些地方可以做一点让步。我们也要提要求，既然有逆差，希望特朗普放开高科技产品的出口限制。

汇率方面，双边加强汇率协调。人民币贬值不是我们希望看到的，这实际上可以商量，两边加强汇率协调，共同协调和管理美元相对于人民币的汇率，保持人民币汇率的基本稳定，这对中美两国都是好事。

基础设施建设方面，也可以商量，中国有经验，也有资金，应发挥双方的优势，尽快提升美国的基础设施水平。

全球化方面（BIT ＋ 亚投行 ＋ FTAAP），双边 BIT 谈判可以加快，美国要参与亚投行没问题，可以分享"一带一路"战略实施进程中基础设施投资的机遇。

第6章 特朗普执政后的美国经济形势及其对人民币汇率的影响

赵硕刚[*]

本章分析特朗普执政后的美国经济形势。首先对当前美国的经济形势进行判断,其次展望特朗普执政后的美国经济前景,最后对人民币汇率走势提出看法。

一 对当前美国经济形势的几点判断

综观近年的世界经济形势,欧洲和日本是比较低迷的,新兴经济体仍处于探底的阶段,经济增速不断放缓,实际上只有美国给人的感觉是在复苏,而且表现比较稳定,即便个别季度出现低增长甚至负增长,但也能够反弹回来。所以说,在目前的世界经济体当中,美国就像繁荣的孤岛一样。美国的经济增长动力来自哪些方面呢?可以用16个字总结美国经济增长的动力:消费发力、投资助力、出口添力、政府泄力。

1. 消费发力

2009~2014年,占美国GDP大约70%的个人消费平均增速是2.04%,对GDP增速的拉动平均达1.34个百分点。之所以消费能够发力,有三方面的因素在起作用。第一是私人部门去杠杆化的完成。根据麦肯锡的报告,私人部门在2012年已经完成了去杠杆化的过程。相应的家庭偿债支出占家庭收入的比重降至9.9%,为20世纪80年代以来的最低水平,也就是说在同

* 赵硕刚,国家信息中心经济预测部世界经济研究室助理研究员,经济学博士。

等收入水平下美国家庭可以拿出更多的钱来消费。

第二是居民收入增长加快，储蓄率下降。金融危机以后，美国低储蓄、高消费的经济增长模式实际宣告破产，之后是居民储蓄率的回升。随着美国经济进入比较稳定的复苏阶段，就业市场改善，加上股票市场、房地产市场回暖带来的财富效应，居民的收入实际是在增加的。对经济前景的良好预期、对美国经济信心的提振带来预防性储蓄率的下降。

第三是奥巴马政府延续了小布什时期的减税政策。减税政策是在2001年小布什执政之后出台的《经济增长和税收减免协调法案》中提出的，降低了居民的个人所得税，第二年又降低了资本利得税。这次减税从2001年开始，对经济增长的刺激作用到2009年已经没有了，但是奥巴马为了应对国际金融危机，2009年将减税政策延长了两年，2013年在面临财政悬崖时对减税政策进行调整后进一步延长。如果小布什政府减税政策到期完全结束的话，美国政府将面临财政悬崖，当时对此的担忧也是非常大的，总体上说减税政策对美国经济起到了非常重要的稳定作用。CBO出过一个报告，预计如果小布什的减税政策2013年到期，可能会影响美国经济1.4个百分点的增长。那么，从这延伸开去，特朗普提出很重要的政策就是减税。他在竞选时提出了4.4万亿美元的减税目标。小布什的减税政策当时预计是10年加起来共1.7万亿美元左右。所以如果特朗普能够按照提出的目标减税的话，可以预想对美国经济应该有比较显著的边际刺激作用。

2.投资助力

这里主要是指私人投资部分。2012年，美国投资有一次突然的跃升。投资占美国GDP的比重一般在15%左右。虽然占比不高，但是投资一般在经济周期转换的阶段，波动是非常大的，对经济的影响也非常显著。美国2009年刚走出衰退时，是以企业补库存进行投资拉动为主。随着美国经济复苏态势的逐渐稳固，企业家对美国经济前景预期改善，软件和设备投资出现了非常明显的增长，几个行业投资出现了数倍的增长。此外，企业盈利的改善和美联储的低利率政策为企业投资提供了资金支持。

在此，顺便提一下美国的政府投资。美国政府投资规模一般是非常小的——一般是私人固定投资的 20% 左右。政府建设投资包括政府基建，比如公路、桥梁，还包括医疗、娱乐等公共服务设施的基建支出。这一块相当于私人固定资产投资的 10% 左右。简单对比一下，2009～2014 年，美国的私人固定资产投资对 GDP 的拉动是 1.1 个百分点，政府建设投资对 GDP 的拉动不到 0.1 个百分点；现在特朗普宣称的基建规模已经比竞选时候打了对折了，刚开始说 10 年 1 万亿美元，现在是 5500 亿美元，而且没有限定年份，没有说 10 年还是一年支出，很大的可能是在他的任期之内分摊这 5500 亿美元。

3. 出口添力

美国虽然没有实现奥巴马出口倍增的愿望，但是 2009～2014 年，出口也增长了 50%，占 GDP 的比重上升到 14%，创历史新高。具体原因如下。第一是美元贬值。彼得森国际经济研究所做过简单的测算，美元汇率每变动 1% 就会影响美国出口 200 亿～250 亿美元。

第二是页岩气革命，推动石化产品的出口。主要的能源州很早就实现 5 年内出口翻番的目标。页岩气革命对美国实现能源贸易逆差缩小的目标和加速能源独立的进程起到很大的作用。这里顺便提一下特朗普的政策，他主张放松对化石能源开采、出口的管制，所以说他执政之后至少能源行业的发展是有利于推动出口和能源贸易赤字缩小的。

第三是对新兴市场的出口大幅增加。这对美国出口的贡献非常显著。5 年内美国对欧盟、日本出口差不多增长了 25%，对中国、印度、巴西和墨西哥的出口分别增长了 90.7%、42.6%、78.1% 和 77.9%。

美元维持弱势期间，美国出口实现了比较明显的增长。再延伸到特朗普，现在美元涨势非常凶猛，如果说 2017 年延续强势美元政策的话，对美国出口会有很大的打击。

4. 政府泄力

政府支出在过去 5 年内对美国 GDP 增长的作用是负的。美国政府的节支主要是通过削减国防支出实现的。美国财政自主支出的一半是国防支出，另一部分是强制性支出，包括医疗、社保，这块随着美国人口的老龄化，以及奥巴马医保法案的继续实施，是刚性增长的，占总预算支出的比例已经到了60%。自主支出则从39%降到34%。

近年美国政府支出的另一个特点是利息支出增长特别迅速。虽然2014年只有2300亿美元左右，但是据CBO预测到2025年将达到8000亿美元，成为继社保和医疗保险之后第三大财政支出项目，也就是说特朗普如果举债推动经济增长，债务规模会攀升很快，如果加息进程再加快，也会加重其财政负担。

前文讲的是需求侧，接下来看供给侧。可以看到，这次的美国经济增长，一是来源于服务业大类的生产服务业的增长，比如商业服务业，二是来源于制造业，这是美国经济复苏的一个亮点。根据辛格曼的服务业分类，生产性服务业具有高附加值、高生产效率和高知识技术密集度的特点。刚才提到制造业是经济复苏的亮点，主要包括汽车业、计算机和通信设备制造业，其中汽车行业的增加值增长约为1000亿美元，而整个制造业的增加值才1300亿美元左右，所以说汽车制造行业在本轮制造业复苏中起了很重要的作用。从供给端来看，科技创新型的生产服务业和高端制造业是美国产业发展的主要方向。

通过分析美国经济增长供需两个层面的增长动力，大体可以得出以下结论：其一，美国经济的复苏或者是增长，经济结构的改善是很重要的推动因素，这也决定了美国是有比较强的内生增长动力的，说明了为什么美国是繁荣的孤岛，因为其有一定的自主内生增长动力；其二，特朗普的基建政策对实体经济的拉动作用可能比较有限，相对而言减税更有利于经济增长；其三，强势美元不利于美国出口，但是特朗普的能源政策是有利于美国能源出口和缩小能源贸易赤字的；其四，扩张性的财政政策和提高利率，都将加重政府的财政负担。

二　特朗普执政后的美国经济前景

首先，从美国创造就业的步伐来看，实际上已经快于金融危机之前，但2015年底新增就业开始出现下滑，包括2016年4月、5月美国公布新增非农就业不及预期，也导致加息进程放缓。美国经济经过长达七八年的复苏之后，创造就业的速度本身已经在放缓了，新增非农就业岗位的减少一方面反映了一、二季度经济增长滞后的影响，另一方面反映了本身的就业创造速度在放慢。

其次，从产出缺口来看，2008年之后美国的产出缺口一直是收窄的。如图1所示，美国除了电力和采矿业2014年大宗商品价格暴跌之后产能利用率下降外，工业尤其是制造业产能利用率已经回到长期的趋势水平，即回到比较合理的位置。

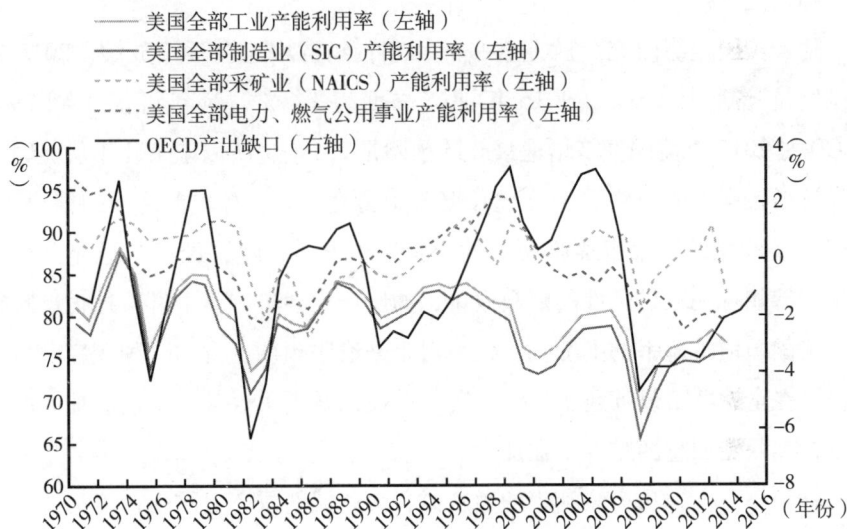

图1　产出缺口收窄至较低水平

资料来源：Wind数据库。

最后，可以看通胀与失业的关系。这是从非加速通货膨胀失业率的角度来说的，如果就业市场达到充分就业水平的话，薪资和通胀率应该是面临一定上涨压力的，从分行业的每小时工作薪资同比增速可以看到上升的趋势，尤其是信息业、酒店服务业的薪资是在加速上涨的。从CPI也可以看到，总体的CPI同比增速在1.5%左右，也呈上升的趋势。除去食品和能源的核心CPI同比增速已经连续10个月处在2%以上。从分行业通胀情况看，服务业中就业增长比较快的行业，尤其是一些薪资比较低的行业，也出现了上涨的趋势。所以说美国经济已经出现了从薪资传导到服务业价格上涨的趋势。

从这三个方面来判断，美国经济现在也处于增速换挡的阶段，就是从危机后的经济复苏向一个更为缓慢的充分就业水平回归；更为缓慢是因为有结构性因素的制约，如人口老龄化以及劳动生产率的下降。

从熊彼特的创新周期看，这一轮创新周期要到 2020～2025 年才会上升。在上升阶段开启之前，世界经济整体上还是保持生产率比较低的状态，美联储对美国长期增长趋势的判断差不多在 2% 左右，CBO 对美国长期增长趋势的预测也是 2%。

随着美国经济向充分就业水平的回归，经济增速会逐渐放缓。2015 年美国经济增速为 2.6%，2016 年前三季度为 1.7%，全年可能不到 2%，OECD 对 2017 年美国经济增速最新的预测是 2.1%，所以未来几年从美国潜在经济增长水平的角度看经济增长率应维持在 2% 左右。在这样的情况下，2017 年美联储的政策也面临两难的抉择，一方面，随着经济接近充分就业水平，特朗普采取扩张性的财政政策，通胀压力会进一步上升，这也反映在近期美国国债收益率的上涨上，也是对未来通胀预期上升的一种反应。另一方面，在全球经济复苏还不稳定、美元升值以及货币政策溢出效应加大的情况下，美联储加息的难度也在加大。

就利率而言，从自然利率的角度讲，美联储的研究显示现在美国的自然利率已经降到 0 以下，实际利率（也就是名义利率减去通胀率）现在是 −2%，这是衡量美国货币政策宽松程度的指标。相比之前几轮货币刺激政策，这一次的货币政策宽松没有前面几轮的幅度那么大，虽然已经是零利率。所以未来美国调整货币政策的话，也不会出现比较快的加息步伐，正常的利率水平也就维持在 2% 左右。

就美元走势来说，我们的判断是美元仍然处于一个大的升值周期。从历史来看，自布雷顿货币体系解体之后美元有两轮升值周期，主要来源于两方面的因素：一是美国经济基本面领先于其他国家复苏向好；二是美国领先于其他国家加息。此外，地缘政治动荡也使美元的避险属性突出，推动其升值。至少从这两方面来看，美国还是具备领先的优势。因此，美元是有继续升值的动力的。

特朗普执政后是存在比较明显的困境的。我们大体总结了三个方面的困境。第一个是财政赤字扩大和政府债务高企的矛盾。第二个是鼓励制造业回流、进行贸易保护与强势美元的矛盾，强势美元实际上是不利于出口反而有利于进口的。第三个是提高利率和通过举债进行基建的矛盾。在存在这样三重政策困境的情况下，2017 年是特朗普政策的磨合期，有别于他竞选时单纯为了迎合选民的需求，执政后他需要考虑政策的可操作性，或者政策的综合经济效果。2017 年他要综合考虑可能出现的高负债、高汇率、高通胀这"三高"，相应也会考验国会、美联储，包括普通的美国民众对其政策的容忍度。

综合来看，特朗普可能要从竞选中的求变向执政后的求稳转变，经历竞选时的走极端，到执政后的中间化这样一个政策转变。综合以上的分析，首先大体判断美国 GDP 增速和通胀率可能就在 2% ~ 2.5% 的区间内波动，很难大幅提升，特朗普提的 3.5% ~ 4% 至少短期内不会实现。其次，货币政策也会继续保持总体宽松的态势。最后，特朗普的能源政策是有利于国际原油价格保持相对稳定的。因为从近期国际原油价格走势来看，原油价格在回到 50 美元左右的时候，美国石油钻井平台数量有比较显著的回升，说明其已经达到了一个盈亏平衡点，之前有投行也做了一些测算，认为美国石油的盈亏平衡点可能在 50 美元左右。所以说如果进一步鼓励开采、出口原油，实际上就形成了一个供给冲击，有利于国际油价保持相对稳定。

三　人民币汇率的走势

从利率平价的角度来讲，总体判断人民币仍存在贬值的压力。如图 2 所示，蓝线是美国与中国的债券收益率之差，红色是代表人民币贬值的预期，尤其是汇改以来，二者走势相关性非常大。2017 年美联储延续加息政策，我们判断中国 2017 年经济增速可能还要放缓到 6.5% 左右，经济下行压力比较大，中国货币政策也很难收紧。所以说在中美货币政策存在分化的情况下，人民币还是存在贬值的压力，但是这也取决于央行在货币政策和汇率政策之间的平衡。可以看到，在最近这轮贬值过程中，人民币对一篮子货币的汇率指数是保持相对平稳的。如果 2017 年人民币对美元贬值，但对一篮子货币还是保持相对平稳态势的话，这样的格局还会延续，关键是对一篮子货币出现较大波动，央行可能会进行干预。

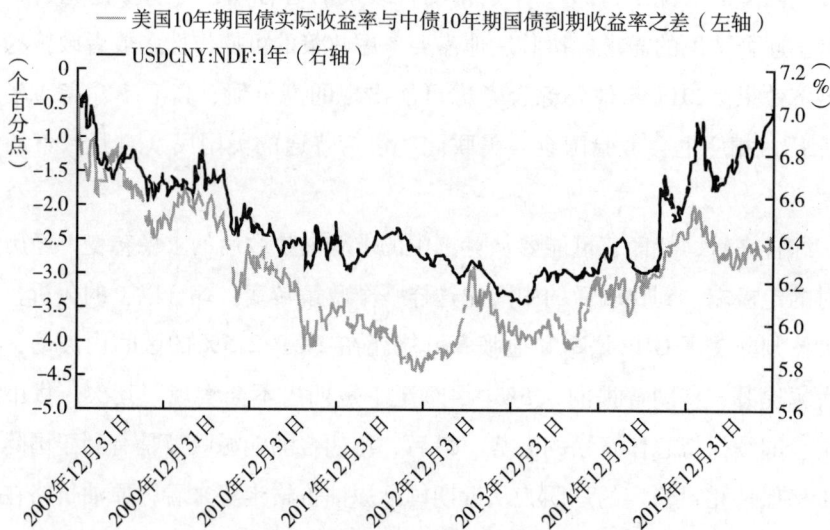

图 2　人民币仍存在贬值压力

资料来源：Wind 数据库。

下篇　供给侧及供给侧改革

・主报告　收入分配与所有制改革・

第7章　21世纪以来我国所有制构成
与收入分配的变化

刘　伟　蔡志洲[*]

引　言

在20世纪90年代的市场化改革之前，我国非农领域经济活动的主体或者说主要的生产经营单位是公有制企业（包括当时称为全民所有制企业的国有企业和集体企业）[①]。党的十四大以后，我国明确提出要以建立社会主义市场经济

---

[*]　刘伟，中国人民大学校长，教授，马克思主义理论研究和建设工程课题"中国特色社会主义所有制理论和分配理论"首席专家；蔡志洲，北京大学中国国民经济核算与经济增长研究中心研究员。

①　农业领域或者是农村的所有制改革早在20世纪80年代初就已经进行，从制度上说，我国农村目前推行的"家庭联产承包责任制"仍然属于集体所有制，因为最基本的生产资料"土地"从所有权上说仍然是属于集体的，而且新的合作经营模式又在不断发展，但是从绝大多数承包家庭经营活动的特点看，我国的农业生产活动主要属于个体经营。

为经济体制改革的目标，而在党的十四届三中全会上通过的《中共中央关于建立社会主义市场经济体制若干问题的决定》则更进一步提出坚持以公有制为主体、多种经济成分共同发展的方针。在积极促进国有经济和集体经济发展的同时，鼓励个体、私营、外资经济发展，逐渐建立和发展了以公有制为主体、多种经济成分并存的经济体制。

2004 年，我国以当年 12 月 31 日为标准时点，进行了第一次全国经济普查，并且决定在逢 8、3 的年份，每 5 年进行一次全国经济普查。到现在为止，我国已经成功地进行了三次大规模的全国经济普查（2004 年、2008 年和 2013 年），为我国的宏观经济管理、经济和社会发展研究提供了大量基础性统计资料。这三次普查中按注册登记类型分类（也就是按所有制类型分类）的大量数据资料（包括法人单位数、有证照个体经营户以及从业人员数的统计数据）为我们观察 21 世纪以来我国所有制构成（包括企业数量、从业人数、投资规模、产出和收入分配等）提供了基础，在这个基础上，我们结合国家统计部门公布的相应国民经济核算数据、固定资产投资统计数据与城乡居民收入调查数据等，对我国 21 世纪以来所有制构成的变化以及收入分配格局变化的数量特点进行分析研究。

研究主要包括四方面内容：其一，21 世纪以来（尤其是 2004 ～ 2013 年）我国各种所有制类型企业的数量及从业人员数量和构成变动的分析；其二，21 世纪以来各种所有制类型尤其是国有经济投资情况的分析；其三，所有制变化对国民收入分配与再分配所带来的影响；其四，21 世纪以来居民收入分配的变化。通过对大量数据的观察、比较和分析，主要得出以下研究结论。

第一，我国在世纪之交进行了以建立社会主义市场经济为目标的经济体制改革，尤其是产权制度改革。改革一方面提升了传统公有制企业的活力，另一方面为民营经济的发展壮大创造了条件。这使我国在进入 21 世纪后，继续保持了改革开放 20 多年来强劲的经济增长态势，经济社会获得全面发展。

第二，从三次全国经济普查所获得的数据看，2004 ～ 2013 年，我国第二产业和第三产业的传统公有制企业（国有企业和集体企业）无论在企业单位数还是从业人数上都是减少的，而非传统公有制经济在这两方面都有非常大的发展。从改善就业的角度看，无论是重新安置传统公有制企业的原有职工，还是安置新增就业人口及接受农业转移劳动力，依靠的主要是非传统公有制经济。目前，在我国的全部就业中，国有经济单位就业人员的比例已经下降到10%左右，90%左右在非国有单位就业。

第三，通过对在第二、第三产业中法人单位从业人员最多的三个行业（工业、建筑业及批发和零售业）和有证照个体经营户从业人员最多的三个行业（批发和零售业，交通运输、仓储和邮政业以及住宿和餐饮业）共五个行业就业情况的分析，可以看出工业和建筑业适合规模经营，在加速工业化时期法人单位的就业发展较快，到了一定阶段后新增就业有可能递减；交通运输、仓储和邮政业及住宿和餐饮业个体经营的发展有较大空间；批发和零售业则比较灵活，交通运输、仓储和邮政业及住宿和餐饮业，既适合法人单位的发展，也适合个体经营规模的扩大。这五个行业在法人单位从业人员中的比重达到69.3%，在有证照个体经营户中的比重达到88.2%，在全部从业人员中的比重达到73.1%，是在三次经济普查期间非传统公有制经济发展最快的行业，也是新增就业最多的行业。

第四，我国产权制度或所有制的改革，首先反映在生产领域中，生产资料尤其是固定资产的投资者及所有者更加多元化。从每年形成的固定资本看，国有经济的投资比重在不断下降。从2004年的近60%下降到2013年的33%左右。分行业看，国有投资数额最大和各个比重均最高的两个行业为水利、环境和公共设施管理业及交通运输、仓储和邮政业；接下来是采矿业和电力、热力、燃气及水生产和供应业，属于自然资源和能源的开采和供应业，国有投资的比重比较高；其他的投资集中在公共服务部门，主要依靠国家的力量来提供社会保障。因此，我国现阶段国有经济的固定资产投资，主要不在直接或竞争性生产领域，而是在为我国现代化建设所需要的自然资源和能源的供给、基础设施建设以及社会服务提供支持，从而为我国实现平稳的、可持续的经济增长和经济发展创造条件。也就是说，现阶段我国生产资料公有制的主体作用，主要发挥在基础性领域，而其他方面的投资尤其是竞争性领域的投资，则主要由非传统公有制经济进行，这是符合中国特色社会主义建设的要求的。从发展看，近年来非传统公有制经济（主要是民营经济）投资的增长率大大高于国有经济，民营经济在固定资产投资中的比重不断增大，必然导致非公经济所拥有的固定资产以及其他生产资料存量在国民经济中的比重不断上升，这是通过市场配置资源的必然结果。对于国有经济而言，在承担了社会责任之后，仍然还需要改善投资效率，在能够降低准入条件的行业，还应该进一步推进混合所有制改革，提高国有经济的竞争力。

第五，生产资料所有制以及财产制度的变化，导致分配领域中国民收入初次分配格局也发生了变化。在"以按劳分配为主，多种分配形式并存"的新制度下，参加国民收入初次分配的各个方面（非金融企业部门、金融机构部门、政府部门和住户部门，统计上称为机构部门）以它们在生产过程中的要素投入作为取得要素收入的重要根据，劳动者取得劳动报酬；企业获得营业盈余和固定资产折旧；政府获得生产税净额（可以视为政府作为广义生产要素参加生产活动所得到的报酬）及其他财产收入（如各级政府批租土地所取得的收入和地方政府贷款平台取得的利息收入等）；各种财产（实物资产和金融资产）的拥有者获得财产收入（红利、利息、地租等）等；而利用他人的财产进行生产活动则要付出财产支出。这就使国民收入初次分配格局发生了很大的变化。2004～2013年，财产收入和财产支出占国民总收入（各个机构部门初次分配总收入之和）的比重由10%左右提升到18%左右。劳动者报酬占国民总收入的比重虽然变化不大，但是在传统公有制下取得的劳动者报酬占总劳动者报酬的比重在减小，由非公经济支付、主要通过市场定价的劳动者报酬占全部劳动者报酬的比重至少是85%。

第六，国民收入经过初次分配后，再经过经常转移收支（主要包括各个机构部门向政府支付的收入税和财产税、政府和其他机构部门之间的社会保障收支等），就形成了各个机构部门的可支配收入。2004～2013年，我国非金融企业部门可支配收入占国民可支配收入的比重由20.9%下降到17.2%，金融机构部门的比重由0.9%上升到2.6%，政府部门的比重由20.9%下降到

18.9%，住户部门的比重由57.8%上升到61.3%。也就是说，非金融企业部门和政府部门的比重是下降的，金融机构部门和住户部门的比重是上升的。

第七，从国民可支配收入的构成变化看，住户（居民）部门的可支配收入的增长率并不低于企业和政府部门，但在可支配收入的使用上，却一直保持着高储蓄的趋势，住户部门的储蓄率（总储蓄占可支配收入的比重）由2004年的31.6%上升为2013年的38.5%，其中大约有一半用于居民部门本身的投资（如个体经营的投资和居民购买的住宅等），另外一半则成为净金融投资，通过银行等金融机构转移成为非金融企业部门的投资。而非金融企业部门的情况则相反，其可支配收入的增长率相对较低，但是资本形成却增长得比较快，2013年非金融企业部门的可支配收入总额为10万亿元，但资本形成总额达到17.3万亿元，其中有7.3万亿元（42%）来自对其他部门（主要是居民部门）的融资，由此产生了大量利息支出，企业生产活动对金融机构的依赖增加了金融机构的收入，也使企业（尤其是国有企业）在生产成本中的融资费用（国有企业更容易获得商业银行的支持）增加，同时也加大了国民经济活动中的风险。

第八，从居民部门内部的收入分配看，近年来，我国城乡居民收入分配差距经过了一个逐步扩大又重新缩小的过程，基尼系数在2008年前后到达高点后开始逐步下降。从城镇居民内部的收入分配差距看，现在的基尼系数其实是在警戒线水平（2013~2014年约为0.35）以下。但城乡合并计算的基尼系数仍然偏高（2013~2014年大约为0.47，2015年下降到0.462）。

第九，劳动者报酬在我国居民可支配收入中占比较大（80%以上）。通过对按国民经济行业分类的从业人员的人均劳动者报酬的分析表明，近年来我国城乡居民收入以及城镇居民内部收入差距扩大的主要影响因素是行业，其一是农业和非农行业之间的就业人员的平均劳动者报酬存在很大的差距；其二是在非农行业内部，传统行业与新兴行业之间存在差异。从产业结构的高度看，一个地区的平均劳动者报酬的水平与其产业结构的水平之间存在明显的联系。产业结构的水平越高，平均劳动者报酬也就越高，收入分配差距也就越小。所以收入分配差距实际上是与一个地区的工业化和城市化水平密切联系的，要提升一个地区的平均劳动者报酬以及居民可支配收入，就必须改善当地的产业结构，首先要促进非农产业的发展和增加非农就业，收入分配差距也将随之缩小。而非农企业的扩张和就业的改善，主要依赖非传统公有制企业的发展，因此，从总体上改善我国居民收入分配结构，包括提高平均收入水平和缩小收入分配差距，必须坚持改革开放的道路，大力发展非传统公有制经济。

第十，随着我国进入上中等收入国家的行列，近年来我国的收入分配格局有了一定的改善，中等收入群体在不断扩大，但是地区间、行业间、不同的收入群体间的居民收入分配差距仍需要调整。从现在的情况看，主要矛盾是农业发展受到限制，农业劳动力向非农产业转移需要经历一个渐进的过程，这也是我国仍然属于发展中国家的原因。从非农产业的发展看，各个行业之间、不同地区之间的发展仍然不平衡，政府应该引导更多的经济资源向更有发展潜力的行业和地区流动，尤其需要为这些行业和地区的民营经济的发展创造更好的条件，通过发展这些行业和地区的经济提高人们的平均收入水平。与此同时，要深入进行国有企业的体制改革，在发展过程中逐步缩小国有经济与社会一般收入水平之间的差距。通过逐步降低低收入人群和高收入人群的比重，来提升中等收入人群的比重。

所有制及产权制度的改革，从对国民经济的影响来看，主要是在生产（供给）领域发挥作用，属于供给领域的改革；而在生产过程中对各种生产要素的投入所带来的收入分配以及收入分配关系的变化，则是连接供给和需求领域的纽带或桥梁。从经济增长的角度看，如果只强调需求拉动而不注重供给和分配领域的改革，经济增长就可能出现总量和结构上的失衡，这也是在经济新常态下要注重供给侧结构性改革的原因。本章通过对所有制结构、国民收入分配、再分配及其作用以及居民收入分配的分析，认为在全面建成小康社会以及未来的发展进程中，在深化我国产权制度改革和改善收入分配结构的过程中，应该加强以下几方面的工作。

第一，公有制尤其是国有制要在经济和社会发展中长期发挥主导作用。在基础设施投资、能源和自然资源的开采及公用事业、教育科学文化医疗等方面，更要强调国有企业和国有经济的基础性作用，为我国经济、社会和环境的可持续发展提供长期的支持和保障。同时，应继续推进国有经济的混合所有制改造，在国有经济占主导地位的行业，条件允许时，要尽可能地引入竞争机制，增强国有企业的活力和效率。

第二，要充分肯定民营经济和个体经济对我国的经济增长和充分就业的积极贡献，通过为它们创造更加公平的发展条件，使其为经济增长做出更大的贡献。尤其是在行业准入、金融服务等方面，要消除对民营经济和个体经济的政策性歧视，为它们提供更大的发展空间。这些企业对改善就业、全面建成小康社会及未来的发展具有重要意义。

第三，在国民收入的初次分配领域中，既要注重劳动者报酬的提升，也要注意减轻企业的负担。要坚持和发展现代产权制度，尤其要重视对私有产权的保护，承认各种生产要素在生产活动中的积极作用及应取得的合理回报。在再分配领域，可以适当地加大政府参与的力度，支持困难群体，平抑收入差异。要注意通过对分配和再分配的调节处理好非金融企业部门、金融机构、政府、居民之间的关系，现阶段尤其应该重视提高非金融企业部门可支配收入的比重、减少金融杠杆和降低居民部门的储蓄率，降低经济增长中的系统性风险。

第四，在新的历史条件下要用新的视角考察我国的居民收入分配，不能把居民的财产分布和收入分布混为一谈，但也要注意它们之间的相互联系，既要肯定产权制度改革后私有产权的形成对经济增长和经济发展的积极促进作用，也要看到财产分布的变化对居民收入分配的影响，处理好二者的关系。

第五，从我国目前的居民收入分配格局看，造成我国基尼系数较高的重要原因是农业和非农行业劳动者报酬之间存在显著差异，改变这种现象的根本途径是通过工业化、城镇化和现代化来改善就业结构，降低农业劳动力在全部劳动力中的比重。这就要鼓励民营经济和个体经济发展，发挥它们在改善非农就业中的积极作用。要扩大中等收入群体规模，缩小低收入和高收入这两端人群所占的比重。对于低收入人群，一方面要保持甚至加大对困难群体的经常转移支出，另一方面要重视提高低收入的农村劳动力的收入，包括通过支持农业的发展提高农业劳动力的收入和继续对外转移农业劳动力来增加农村居民的工资性收入；对于高收入人群，既要强调在现阶段的激励机制下，一部分人取得高收入存在合理性，同时也要看到一部分国有经济占比较大的行业凭借政府的特殊政策保持了较高的平均收入水平，应该随着经济发展水平的提升，不断缩小其与其他行业的差别。

一 新时期不同所有制类型企业的发展及就业变化

（一）不同所有制类型企业法人单位的构成变化

2004 年，我国开展第一次全国经济普查时，以公有制为主体、多种经济成分并存的新型体制已经基本上建立和发展起来。因此，在全国经济普查中对在我国境内从事第二、第三产业的全部法人单位按登记注册类型分组得到的相应数据，反映的已经是在新的产权制度下，不同所有制（公有制、混合所有制、私有制等）企业法人的分组及其发展变化情况。这一分组下的各种数据的变动，实际上是我国 20 世纪 90 年代市场化改革尤其是产权制度改革的结果。

根据三次全国经济普查的数据，2004 年，我国第二、第三产业的企业法人单位数为 325 万个，2008 年增加到 495.9 万个（比 2004 年增长 52.6%），2013 年又增加到 820.8 万个（比 2008 年增长 65.5%）。企业数量的增加提高了我国的生产能力，为经济增长和促进就业做出了贡献。表 1 反映了三次全国经济普查期间，我国按不同所有制类型（普查中所定义的"登记注册类型"）分组的法人单位的数量变化情况。从中可以看出，这期间我国第二和第三产业各类法人单位的结构变化最鲜明的特征是传统的公有制企业减少和新型的非国有经济不断发展。在表 1 中，传统的公有制企业包括两类，即国有企业和集体企业。2004 年第一次全国经济普查开始时，未进行股份制改造并保留下来的传统公有制企业有 52.3 万个①，但到了 2013 年，保留下来的仅有 24.4 万个，还不到 2004 年的一半。具体来看，

---

① 在这些企业中，不包括进行了股份制改造的国有独资或控股企业（分别被列入有限责任公司和股份有限公司），也不包括进行了股份合作制改造的集体企业（被列入股份合作企业）。

国有企业①的数量从 2004 年的 17.9 万个下降到 2013 年的 11.3 万个，比重从 5.5% 下降到 1.4%。集体企业②的数量和比重下降的幅度更大，数量从 2004 年的 34.4 万个下降到 2013 年的 13.1 万个，比重从 10.5% 下降到 1.6%。2004 年，国有和集体企业的数量合计约占全部法人单位数的 16%，但到了 2013 年所占的比重已经下降到 3%，下降了 13 个百分点。与之相对应的是，以非国有经济为主的有限责任公司③与私营企业在这期间得到了迅速扩张，有限责任公司由 2004 年的 35.5 万个增加到 2013 年的 149.4 万个，比重由 10.9% 提高到 18.2%，提高了 7.3 个百分点；私营企业的数量则从 198.2 万个增加到 560.4 万个，比重由 61.0% 提高到 68.3%，同样提高了 7.3 个百分点。在这期间，港澳台商和外商投资企业的数量也有一定的增长，从 15.2 万个增加到 20.3 万个，但比重是下降的，从 4.7% 下降到 2.5%。

表 1　三次经济普查按登记注册类型分组的第二、第三产业企业法人单位的变化

单位：万个，%

企业类型	2004 年		2013 年比 2004 年增长	2013 年	
	数量	比重		数量	比重
国有企业	17.9	5.5	−36.9	11.3	1.4
集体企业	34.4	10.5	−61.9	13.1	1.6
股份合作企业	10.7	3.3	−39.3	6.5	0.8
联营企业	1.7	0.4	17.6	2.0	0.2
有限责任公司	35.5	10.9	320.8	149.4	18.2
股份有限公司	6.1	1.9	101.6	12.3	1.5
私营企业	198.2	61.0	182.7	560.4	68.3

---

① 指企业全部资产归国家所有，并按《中华人民共和国企业法人登记管理条例》规定登记注册的非公司制的经济组织。

② 指企业资产归集体所有，并按《中华人民共和国企业法人登记管理条例》规定登记注册的经济组织。

③ 有限责任公司中，包含国有独资公司和其他有限责任公司，其中国有独资公司占的比重很小。在第一次全国经济普查中，国有独资公司在全部法人单位中所占的比重为 0.3%，其他有限责任公司所占的比重为 10.6%，而到第三次全国经济普查时，国有独资公司的数量和比重已经不再单独列出。

续表

企业类型	2004 年		2013 年比 2004 年增长	2013 年	
	数量	比重		数量	比重
其他内资企业	5.4	1.7	744.4	45.6	5.6
港澳台商投资企业	7.4	2.3	31.1	9.7	1.2
外商投资企业	7.8	2.4	35.9	10.6	1.3
合计	325.0	100	152.6	820.8	100

资料来源：根据第一、第三次全国经济普查公报（第一号）整理。

在三次全国经济普查期间（2004～2013 年），我国的国内生产总值（GDP）由 16 万亿元增加到 57 万亿元（按当年价格），按不变价格计算的年均增长率为 10.2%，其中，第一产业的年均增长率是 4.51%，而第二和第三产业的年均增长率分别达到 10.94% 和 10.61%。也就是说，从价值总量上看，中国的高速经济增长主要来自第二、第三产业的推动。如果把企业看成最基本的生产单位，那么从理论上看，可以通过两种基本途径来实现国民经济产出的增加：一是在企业数量不变的情况下，增加各个企业的产出；二是在企业产出不变的情况下，通过增加企业数量来增加生产。在现实的经济活动中，实际上两种增加是交叉进行的（甚至是多种交叉），即有的企业在发展，但还有的企业在萎缩甚至破产，而新的企业则在不断涌现。从规模经济的角度看，在经济发展的一定阶段，企业的平均规模是相对稳定的（这可以从企业平均就业人数上看出来），因此，在经济高速增长阶段，增加企业的数量是提高整个国民经济综合生产能力以及创造各种投资和消费需求的重要途径。这在三次全国经济普查中我国企业法人单位数量的增长上已经得到了明显的反映。但是各类企业的增长情况是不同的，由此产生了企业法人单位构成的变化。从对表 1 的分析中可以看到，我国经济的高速增长是随着新型企业组织的迅速发展而实现的。而传统的公有制企业在市场经济的新形势下发展反而是迟缓的。这也进一步证明了市场化改革对我国经济增长和经济发展的重要意义。股份制企业、外商投资企业以及个体经营户的发展壮大，为我国的经济增长注入了新的动力。

（二）不同所有制类型下的就业变化

2004 年末，全国第二、第三产业的就业人员数为 26920 万人，2013 年末增加到 44615 万人，累计增长 17695 万人，增长率达到 65.7%（见表2）。按算术平均法计算，每年增长 1966 万人。在这期间，单位就业人员的累计增长率和有证照个体经营户从业人员的增长率是相近的，都为 65% 左右，但是在不同的时期，这两部分就业的表现有所不同，在第一次和第二次全国经济普查期间，增长得比较快的是个体经营户的就业，而在第二次和第三次全国经济普查期间，增长得比较快的是法人单位的就业。虽然两部分就业的长期累计增长率看上去是相近的，但由于法人单位就业所占的比重较大，增加就业主要还是依靠它们；从阶段发展看，第一次和第二次全国经济普查期间，我国就业的增长率较高（4 年增长 31.9%），第二次和第三次全国经济普查期间则有所放缓（5 年增长 25.7%）。

表2　三次全国经济普查中第二、第三产业就业人数变化情况

单位：万人，%

类型	2004 年		2008 年			2013 年			
	人数	占比	人数	占比	比 2004 年普查累计增长	人数	占比	比 2008 年普查累计增长	比 2004 年普查累计增长
法人单位	21460	79.7	27312	76.9	27.3	35602	79.8	30.4	65.9
有证照个体经营户	5460	20.3	8195	23.1	50.1	9013	20.2	10.0	65.1
合计	26920	100	35507	100	31.9	44615	100	25.7	65.7

资料来源：第二次全国经济普查公报（第一号）和第三次全国经济普查公报（第一号）。

在第二、第三产业中，法人单位①的从业人员，2013 年居前三位的是工业（包括采矿业、制造业以及电力、热力、燃气及水生产和供应业）、建筑业及

---

① 法人单位包括企业法人，机关、事业单位法人以及社会团体和其他法人，2013 年末，我国第二和第三产业的法人单位共有 1085.7 万个，其中企业法人 820.8 万个，占 75.6%；机关、事业单位法人 103.7 万个，占 9.6%；社会团体和其他法人 161.1 万个，占 14.8%。

批发和零售业；有证照个体经营户的从业人员，居前三位的行业是批发和零售业，交通运输、仓储和邮政业以及住宿和餐饮业。这五个行业从业人员数在法人单位从业人员总数中的占比达到了69.3%，在有证照个体经营户从业人员总数中的占比达到了88.2%，在全部从业人员中的占比达到了73.1%（见表3）。我们将通过对这五个部门按不同所有制类型分类（登记注册类型）的重点分析，来观察21世纪以来不同所有制类型的单位对就业的贡献。

表3　第三次全国经济普查主要国民经济行业就业情况

单位：万人，%

行业	法人单位		有证照个体经营户	
	从业人员数	占比	从业人员数	占比
工业	14035.3	39.4	951.8	10.6
建筑业	5320.6	14.9	90.8	1.0
批发和零售业	3315.0	9.3	4166.6	46.2
交通运输、仓储和邮政业	1299.5	3.7	1674.5	18.6
住宿和餐饮业	691.6	1.9	1069.4	11.9
以上行业合计	24662.0	69.3	7953.1	88.2
第二、第三产业合计	35602.3	100	9013.4	100

资料来源：根据第三次全国经济普查公报（第一号）中有关数据整理。

（1）工业

在世界各国的国民经济部门或行业分类中，工业已经不再是一个单独的行业，而是先分别列出构成工业的三个大的行业（采矿业、制造业以及电力、热力、燃气及水生产和供应业），再在这些大行业下进一步细分。中国的《国民经济行业分类》（GB/4754－2011）也按照国际标准不再有"工业"这一分类。但是由于在我国的国民经济管理和统计实践中，"工业"是一个被广泛使用的概念，因此在《国家统计局关于印发〈三次产业划分规定〉的通知》（国统字〔2003〕14号）中，工业仍然是第二产业的一个部门，而采矿业、制造业以及电力、热力、燃气及水生产和供应业则成为工业部门下面的第三级分类。工业部门是我国第二产业的主体（还有一个部门是建筑业），无论是增加值还是就业，在第二产业中都占绝大比重（2013年工业增加值占第二产业的比重为84.3%，就业人数占比为73.5%），把工业作为一个广义的行业来进行分析是一种普遍的方法。

从表4中可以看到，2004～2013年这9年间，我国工业部门的就业人数从1.1亿人增加到1.5亿人，增加了4000万人，每年平均增加的人数在400万人以上。工业发展对这一时期的新增非农就业有很大贡献。但分阶段看，两个时期就业增长的幅度有所不同，在第一次和第二次全国经济普查之间，工业就业增加了2146万人，年均增加537万人①；而在第二次和第三次全国经济普查之间，工业就业增加了1837万人，年均增加367万人。也就是说，工业每年平均吸纳的新增就业人数在三次全国经济普查期间是递减的。

表4　三次全国经济普查按登记注册类型分组的工业企业法人单位和有证照个体户及就业人员变化

企业类型	2004 年			2008 年			2013 年		
	企业（万个）	就业人员（万人）	平均就业人数（人）	企业（万个）	就业人员（万人）	平均就业人数（人）	企业（万个）	就业人员（万人）	平均就业人数（人）
国有企业	2.8	921	329	2.6	762	293	2.0	479	239
集体企业	15.2	730	48	6.6	345	52	4.0	174	43
股份合作企业	5.2	212	41	2.6	112	43	2.4	62	26
联营企业	0.7	46	66	0.3	27	88	0.5	20	40
有限责任公司	10.7	1727	161	14.5	1967	136	32.1	3195	100
股份有限公司	1.8	517	287	2.5	593	237	3.0	848	283
私营企业	94.7	3371	36	145.7	5206	36	176.0	6272	36
其他内资企业	2.5	61	25	3.4	97	28	9.3	210	23
港澳台商投资企业	5.9	1070	181	5.7	1252	220	5.7	1343	236
外商投资企业	5.5	988	180	6.5	1379	212	5.9	1424	241
企业法人单位合计	145.1	9644	66	190.3	11739	62	241.0	14026	58
有证照个体经营户合计	217.4	1351	6	227.4	1402	6	176.9	952	5
全部从业人员	—	10995	—	—	13141	—	—	14978	—

资料来源：根据第一、第二、第三次全国经济普查公报（第二号）整理。其中2004年个体经营户的从业人员已经按照第二次、第三次全国经济普查的口径调整（由个体经营户调整为有证照个体经营户），具体数据根据第二次全国经济普查公报公布的增长率推算而得。

---

①　按算术平均法计算。

从表4中还可以看到，有证照个体经营户的数量和从业人员在第一次和第二次全国经济普查之间有小幅的增加，但是在第二次和第三次全国经济普查之间是下降的。在全部就业人员中，有证照个体经营户所占的比重较小而且在逐步下降，从2004年的12.3%下降到2013年的6.4%，这是合乎历史逻辑的，说明平均就业人数仅为5~6人的小作坊是不能适应现代工业发展要求的。到了工业化的中后期，机器大工业的发展势必不断提高规模化经营的水平。工业的特点就是通过应用机器来代替人力、以集体分工协作来代替个体生产，从而大幅度地提高劳动生产率，促进经济发展。经济发展水平越高，工业集约化经营的程度也就越高，所以需要以适度规模进行经营。从三次全国经济普查的结果看，我国国有企业、股份有限公司、港澳台商投资企业和外商投资企业的平均就业人数均保持在180~330人，国有企业的平均就业人数略有减少，外商投资企业的平均就业人数略有增加，而就业人数最多的私营企业的平均就业人数则一直保持在36人。

2004年开展第一次全国经济普查时，我国经过了1998年前后的国有企业改造（包括股份制改造和对大量不能适应市场经济的国有工业企业实行关停并转）以及之后的政策和经济调整，非传统公有制经济（包括私营企业、港澳台商投资企业、外商投资企业等）已经有了很大的发展。伴随着企业产权制度的改革，我国经济增长逐渐走出通货紧缩时代而进入一个新的发展周期。表5和表6分别列出了第三次和第一次全国经济普查期间工业企业不同所有制单位和就业人员的动态增长和构成变化情况。从私营企业和国有企业的比较看，2004年私营企业已经发展成为企业数和就业人数占比最大的企业类型，企业数量在所有法人单位中所占的比重达到65.3%，就业人数占全部从业人员的比重达到30.7%，相应的，国有企业数量所占的比重已经下降到2%以下，就业人员所占的比重已经下降到10%以下。2004~2013年，国有企业数量在所有法人单位中所占的比重进一步下降为0.8%，就业人员数量由921万人下降为479万人（占比为3.2%，下降了5.2个百分点）；而私营企业数量所占的比重则进一步提高到73.0%，就业人员占比提高到41.9%，提高了11.2个百分点。从表5可以看出，在工业部门中，私营企业对新增就业的贡献最大。而在国有企业和集体企业中，不仅就业人员的绝对数在大量减少（第一次和第三次全国经济普查期间，工业部门中国有企业和集体企业的就业人员减少了998万人）。这说明在工业领域鼓励私营经济的发展有助于改善就业。

表5　第三次和第一次全国经济普查期间按登记注册类型分组的工业企业法人单位和有证照个体户及就业人员变化

企业类型	2004 年		2013 年		2013 年比 2004 年累计增长	
	企业（万个）	就业人员（万人）	企业（万个）	就业人员（万人）	企业（%）	就业人员（%）
国有企业	2.8	921	2.0	479	−28.6	−48.0
集体企业	15.2	730	4.0	174	−73.7	−76.2
股份合作企业	5.2	212	2.4	62	−53.8	−70.8
联营企业	0.7	46	0.5	20	−28.6	−56.5
有限责任公司	10.7	1727	32.1	3195	200.0	85.0
股份有限公司	1.8	517	3.0	848	66.7	64.0
私营企业	94.7	3371	176.0	6272	85.9	86.1
其他内资企业	2.5	61	9.3	210	272.0	244.3
港澳台商投资企业	5.9	1070	5.7	1343	−3.4	25.5
外商投资企业	5.5	988	5.9	1424	7.3	44.1
企业法人单位合计	145.1	9644	241.0	14026	66.1	45.4
有证照个体经营户合计	217.4	1351	176.9	952	−18.6	−29.5
全部从业人员	—	10995	—	14978	—	36.2

资料来源：根据表4数据计算。

表6　第三次和第一次全国经济普查期间按登记注册类型分组的工业企业法人单位及就业人员的构成变化

企业类型	2004 年		2013 年		2013 年比 2004 年增加	
	企业法人单位（%）	就业人员（%）	企业法人单位（%）	就业人员（%）	企业法人单位（个百分点）	就业人员（个百分点）
国有企业	1.9	8.4	0.8	3.2	−1.1	−5.2
集体企业	10.5	6.6	1.7	1.2	−8.8	−5.5
股份合作企业	3.6	1.9	1.0	0.4	−2.6	−1.5
联营企业	0.5	0.4	0.2	0.1	−0.3	−0.3
有限责任公司	7.4	15.7	13.3	21.3	5.9	5.6

续表

企业类型	2004 年		2013 年		2013 年比 2004 年增加	
	企业法人单位(%)	就业人员(%)	企业法人单位(%)	就业人员(%)	企业法人单位(个百分点)	就业人员(个百分点)
股份有限公司	1.2	4.7	1.2	5.7	0	1.0
私营企业	65.3	30.7	73.1	41.9	7.7	11.2
其他内资企业	1.7	0.6	3.9	1.4	2.1	0.8
港澳台商投资企业	4.1	9.7	2.4	9.0	-1.7	-0.8
外商投资企业	3.8	9.0	2.4	9.5	-1.3	0.5
有证照个体经营户合计	—	12.3	—	6.4	—	-5.9
合计	100	100	100	100	0	0

资料来源：根据表4数据计算。

显然，工业部门的就业及其增长主要依靠非国有企业发展所形成的贡献①。因此，在我国工业化和城镇化的进程中，当然要发挥国有和国有控股企业尤其是大型国有和国有控股企业在规模、技术、资源上的优势，但更要看到，非传统公有制在这一领域中越来越显示出生命力，它们在经济活动中更为活跃，吸纳就业的能力强，发展潜力更大。我国目前的工业增长正在经历调整（或称为下行），在这种调整中，非国有经济由于发展快、矛盾多，又不享受特殊的优惠政策，遇到的困难也比国有企业多。所以在现阶段，要解决工业发展中的难题，在发挥市场经济自身调节功能的同时，还要帮助仍然有竞争力的非国有企业积极解决遇到的各种难题，把这一部分搞活了，再发挥国有大企业的支柱作用，整个工业发展就有了新的

---

① 还有一些国有控股的公司制企业（如国有独资企业、国有控股有限责任公司、国有控股股份有限公司等）不包括在表3和表4的"国有企业"中，但是这一部分企业占全部国有企业的比重很小，按照《中国统计年鉴》中的数据，2013年工业中的国有和国有控股企业的数量为18197个，低于第三次全国经济普查中的工业"国有企业"的数量（两万个）。这一方面说明全国经济普查中对国有企业的调查更加详尽，数据更加准确，另一方面也可以看出，在工业"国有企业"数量已经如此多的情况下，"国有控股"工业企业数量是很有限的。"国有控股"企业这样一种新型的混合所有制形式，是我国国有企业改革的方向。从目前上市的国有企业的表现来看，大多数企业发展得比较稳定。目前，对上市公司之外的"国有控股企业"，仍然缺乏具体的统计数据。

动力。

（2）建筑业

建筑业是第二产业中的第二大行业。从表7中可以看到，2004年，有限责任公司和私营企业已经是企业法人单位和就业人员数量最多的企业类型。有限责任公司的就业人员数略高于私营企业，但由于私营企业发展得较快，2013年，私营企业已经取代有限责任公司，成为就业人员最多的企业类型。从动态变动情况看，传统公有制企业（国有企业和集体企业）的就业降低了40%左右（与之相关的股份合作企业与联营企业[①]也大幅度下降），在三次全国经济普查期间和工业相类似，建筑业也是不适于个体经济发展的行业，2008年建筑业有证照经营个体户的户数为36.4万个，就业人员为199.9万人，而2013年户数下降为18.5万个，就业人员下降为90.8万人，均下降了50%左右[②]。2013年，建筑业有证照经营个体户就业人数仅为全行业的1.68%，而这一时期我国由于房地产和基础设施建设的带动，建筑业发展很快，但个体经营的就业反而是下降的。

表7　按登记注册类型分组的建筑业企业法人单位和就业人员

企业类型	2004 年		2013 年		2013 年比 2004 年累计增长	
	企业法人单位(万个)	就业人员(万人)	企业法人单位(万个)	就业人员(万人)	企业法人单位(%)	就业人员(%)
国有企业	0.90	448.8	0.55	247.4	−38.9	−44.9
集体企业	1.49	360.7	0.70	181.9	−53.0	−49.6
股份合作企业	0.27	70.6	0.15	17.2	−44.4	−75.6
联营企业	0.06	15.0	0.06	7.8	0	−48.1

① 股份合作企业主要由传统集体所有制改制而来，联营企业则是我国在经济体制改革初期探索和发展的一种与承包制相类似的企业制度，多年来的实践已经证明，在我国目前的市场环境下，其生存和发展的能力较弱。

② 2004年建筑业有证照个体经营户、就业人员分别为56.5万和461.6万人，但统计口径与后两次有所区别。在后两次全国经济普查后，未公布经过调整的第一次全国经济普查的数据（工业及批发和零售业有经过调整的数据）。

续表

企业类型	2004 年		2013 年		2013 年比 2004 年累计增长	
	企业法人单位(万个)	就业人员(万人)	企业法人单位(万个)	就业人员(万人)	企业法人单位(%)	就业人员(%)
有限责任公司	2.67	957.3	8.92	2205.3	234.0	130.4
股份有限公司	0.39	186.4	0.72	347.7	84.6	86.5
私营企业	6.69	726.8	22.61	2263.4	238.0	211.4
其他内资企业	0.20	8.7	0.89	21.0	345	141.4
港澳台商投资企业	0.08	7.7	0.09	17.4	12.5	126.0
外商投资企业	0.08	9.4	0.07	11.4	−12.5	21.3
合计	12.82	2791.4	34.75	5320.6	171.1	90.6

资料来源：根据第一和第三次全国经济普查主要数据公报（第二号）整理。

而传统公有制企业（国有企业和集体企业）的企业法人单位和就业人数，2004 年在建筑业中所占的比重已经很低，近年来占比进一步降低，国有企业的就业人数占比下降了 11.4 个百分点，集体企业的就业人数占比下降了 9.4 个百分点，其他和传统公有制有关的企业类型（股份合作企业、联营企业）的占比也有不同程度的下降（见表 8）。这同样说明，在建筑业这样的行业，只要为市场竞争提供充分的条件，非公有制经济将能够获得较好的发展。

表 8　按登记注册类型分组的建筑业企业法人单位和从业人员构成及其变动

企业类型	2004 年		2013 年		2013 年比 2004 年增加	
	企业法人单位(%)	就业人员(%)	企业法人单位(%)	就业人员(%)	企业法人单位(个百分点)	就业人员(个百分点)
国有企业	7.0	16.1	1.6	4.7	−5.4	−11.4
集体企业	11.6	12.9	2.0	3.5	−9.6	−9.4
股份合作企业	2.1	2.5	0.4	0.3	−1.7	−2.2
联营企业	0.5	0.5	0.2	0.1	−0.3	−0.4
有限责任公司	20.8	34.3	25.7	41.4	4.8	7.2
股份有限公司	3.0	6.7	2.1	6.5	−1.0	−0.1

续表

企业类型	2004 年		2013 年		2013 年比 2004 年增加	
	企业法人单位(%)	就业人员(%)	企业法人单位(%)	就业人员(%)	企业法人单位(个百分点)	就业人员(个百分点)
私营企业	52.2	26.0	65.1	42.5	12.9	16.5
其他内资企业	1.6	0.3	2.6	0.4	1.0	0.1
港澳台商投资企业	0.6	0.3	0.2	0.3	-0.4	0.1
外商投资企业	0.6	0.3	0.2	0.2	-0.4	-0.1
合计	100.0	100.0	100.0	100.0	0.0	0.0

资料来源：根据表 7 数据计算。

（3）批发和零售业

批发和零售业是我国第三产业即服务业中最大的行业，从其增加值占GDP 的比重看，2013 年达到 20% 以上（第二大行业房地产业和第三大行业金融业所占的比重只有 12%）；从行业就业人数看，达到 7481 万人，占全部就业人数的比重达 31%（而第二大行业交通运输、仓储和邮政业和第三大行业公共管理和保障组织分别为 2974 万人和 2707 万人，占比分别为12.5% 和 11.4%），可以说是第三产业的代表性行业。但是与工业在第二产业中的代表性相比，批发和零售业在整个服务业中的代表性要相对弱一些。因为第三产业的生产经营活动类型更多，而且各有特点，既有劳动密集型产业，也有资本密集型产业。而且随着我国改革开放程度的加深、经济发展水平的提高以及世界范围的新技术革命的开展与经济一体化的推进，一大批新的服务性企业在我国发展起来并带来了行业的整体变化。如批发和零售业就属于历史悠久的服务业行业，而金融业、房地产业、信息传输和软件业等是新近发展起来的现代服务业，但随着互联网金融和商业的发展，网上批发和零售业又开始成为新兴行业。服务业是我国当前经济活动中最活跃的部门，是未来中国经济增长的主要方向和趋势。从表 9 中可以看到，与工业相反，批发和零售业的特点在于分散经营，企业数量多，但每个企业的平均从业人数少。2013 年全部法人单位的平均从业人员为 12 人（工业为 58 人），个体经营户的平均从业人员为 1.26 人（工业为 5.38 人）。

表 9　三次全国经济普查按登记注册类型分组的批发和零售业企业
法人单位和有证照个体户及就业人员

企业类型	2004 年			2008 年			2013 年		
	企业（万个）	就业人员（万人）	平均就业人数（人）	企业（万个）	就业人员（万人）	平均就业人数（人）	企业（万个）	就业人员（万人）	平均就业人数（人）
国有企业	7.0	261	37	3.8	157	41	2.7	103	38
集体企业	8.6	144	17	5.1	87	17	3.7	57	15
股份合作企业	2.6	30	12	1.5	21	14	1.6	15	10
联营企业	0.4	8	20	0.3	6	19	0.7	8	12
有限责任公司	10.4	260	25	16.5	344	21	49.0	768	16
股份有限公司	1.6	90	56	2.5	114	45	3.2	150	47
私营企业	55.7	542	10	105.4	1023	10	197.0	1758	9
其他内资企业	1.1	10	9	3.5	40	11	19.8	260	13
港澳台商投资企业	0.3	12	40	0.6	37	62	1.5	89	60
外商投资企业	0.7	27	39	1.1	63	57	1.9	106	56
个体经营户合计	1160.3	2089	2	1549.1	3678	2	3315.0	4167	1
全部从业人员	—	3471	—	—	5569	—	—	7482	—
法人单位合计	88.4	1383	16	140.3	1891	13	281.1	3315	12

资料来源：根据第一、第二、第三次全国经济普查主要数据公报（第三号）整理。其中，2004 年个体户数及从业人员已经按照第二、第三次普查的口径（以有证照为标准）调整。

首先，还是看批发和零售业的发展对就业的贡献。2004～2013 年，批发和零售业法人单位就业总人数由 1383 万人增加到 3315 万人，增加了 1932 万人，绝对规模小于工业，但是增长率远远高于工业，累计增长 139.7%。分阶段看，在第一次到第二次全国经济普查期间，全部从业人员增加了 2098 万人，平均每年增加 525 万人，而在第二次到第三次普查期间，全部从业人员增加了 1913 万人，平均每年增加 383 万人。在三次普查期间，每年的新增就业和工业一样也是递减的。从经济周期的角度看，在第一次到第二次经济普查期间，我国正处于进入21世纪的加速增长时期，较高的年均增长率带动了传统行业就业的增长。而在第二次到第三次普查期间，我国正经历全球金融危机的冲击，经济增长由高速向中高速转化，引起了传统行业的就业回落，这说明经济增长与就业之间有密切的关系。

其次，看企业法人单位与有证照个体经营户之间的就业分布。

从表10中可以看到，与工业部门相反，批发和零售业的个体经营特别活跃，有证照个体户的从业人员占整个行业的比重在一半以上，2004年为60.2%，2008年提升到66%，2013年有所回落，但仍然达55.7%。从就业增长来看，全行业的就业在三次普查之间累计增长了115.6%（年均增长8.91%），为我国就业增长最快的行业之一。其中，法人单位就业增长了139.7%，个体经营增长了99.5%。这说明批发和零售业是最适合个体创业的部门。同时，随着我国经济的增长及经济发展水平的不断提高，批发和零售业的集约化经营水平也在提高。

表10 三次全国经济普查按登记注册类型分组的批发和零售业企业法人单位和有证照个体户就业分布及增长变化

企业类型	2004年			2008年			2013年			2013年比2004年就业人数增长（%）
	企业（万个）	就业人员（万人）	平均就业人数（人）	企业（万个）	就业人员（万人）	平均就业人数（人）	企业（万个）	就业人员（万人）	平均就业人数（人）	
国有企业	7	261	37	3.8	157	41	2.7	103	38	-60.5
集体企业	8.6	144	17	5.1	87	17	3.7	57	15	-60.4
股份合作企业	2.6	30	12	1.5	21	14	1.6	15	10	-50
联营企业	0.4	8	20	0.3	6	19	0.7	8	12	0
有限责任公司	10.4	260	25	16.5	344	21	49	768	16	195.4
股份有限公司	1.6	90	56	2.5	114	45	3.2	150	47	66.7
私营企业	55.7	542	10	105.4	1023	10	197	1758	9	224.4
其他内资企业	1.1	10	9	3.5	40	11	19.8	260	13	2500

企业类型	2004 年			2008 年			2013 年			2013 年比 2004 年就业人数增长(%)
	企业（万个）	就业人员（万人）	平均就业人数（人）	企业（万个）	就业人员（万人）	平均就业人数（人）	企业（万个）	就业人员（万人）	平均就业人数（人）	
港澳台商投资企业	0.3	12	40	0.6	37	62	1.5	89	60	641.7
外商投资企业	0.7	27	39	1.1	63	57	1.9	106	56	292.6
个体经营户合计	1160.3	2089	2	1549.1	3678	2	3315	4167	1	99.5
全部从业人员	—	3471	—	—	5569	—	—	7482	—	115.6
法人单位合计	88.4	1383	16	140.3	1891	13	281.1	3315	12	139.7

资料来源：根据表 9 数据分析计算而得。

最后，比较不同所有制类型企业对就业增长的贡献。

批发和零售业中各类法人单位的就业人数所占的比重虽然还不到全行业的一半，但增长是很快的，2004～2013 年，累计增长 139.7%（年均增长10.2%）；分阶段看，第一次和第二次全国经济普查之间年均增长率为8.1%，而第二次和第三次普查之间年均增长率为 11.9%。也就是说，在整个批发和零售业就业增长放缓的情况下，法人单位的就业增长是加快的。在各类法人单位中，传统公有制企业（国有企业和集体企业）的比重 2004 年时已经很低，单位数在所有法人单位中所占的比重为 17.6%，就业人数占行业全部就业人数的比重为 11.6%，而到 2014 年，单位数的比重已经降到2.3%，就业人数占行业全部就业的比重为 2.2%。国有企业和集体企业的就业人数均累计下降了 50% 以上。这说明传统公有制企业在批发零售这一市场竞争比较充分的领域中，是缺乏竞争力的，就业比重较大而且近年发展较快的法人单位类型是私营企业和有限责任公司，这一点是和工业领域相接近的。从总体上看，2004～2013 年，批发和零售业中的传统公有制经济的单位数和就业人员都在减少，个体经济（从就业看）则在迅速发展后放缓了速度（表现为其就业比重迅速提升又重新回落），而私营经济和有限责任公司等的单位数和就业数都在持续增长。尤其值得注意的是，在全球金融危机之后，非传统公有制企业的数量和就业人数反而加速增长，这说明当经济发展水平提高到一定的程度时，对服务业的发展将会提出新的要求，再加上鼓励消费的政策，就会对与消费有关的行业（如批发和零售业，交通运输、仓储和邮政业等）产生一系列积极影响①。

表 11　三次全国经济普查按登记注册类型分组的批发和零售业企业法人单位和有证照个体户的数量及就业占比情况

单位：%

企业类型	2004 年		2008 年		2013 年	
	法人单位占比	就业占比	法人单位占比	就业占比	法人单位占比	就业占比
国有企业	7.9	7.5	2.7	2.8	1.0	1.4
集体企业	9.7	4.1	3.6	1.6	1.3	0.8
股份合作企业	2.9	0.9	1.1	0.4	0.6	0.2
联营企业	0.5	0.2	0.2	0.1	0.2	0.1
有限责任公司	11.8	7.5	11.8	6.2	17.4	10.3
股份有限公司	1.8	2.6	1.8	2	1.1	2
私营企业	63.0	15.6	75.1	18.4	70.1	23.5
其他内资企业	1.2	0.3	2.5	0.7	7.0	3.5
港澳台商投资企业	0.3	0.3	0.4	0.7	0.5	1.2
外商投资企业	0.8	0.8	0.8	1.1	0.7	1.4
个体经营户合计	—	60.2	—	66	—	55.7
全部从业人员	—	100	—	100	—	100
法人单位合计	100	39.8	100	34	100.0	44.3

资料来源：根据表 10 计算。

（4）交通运输、仓储和邮政业

交通运输、仓储和邮政业（主要是交通运输）是一个比较特殊的行业。一方面，现代化交通运输（高铁、民航、水上运输、公路运输等）的发展依赖于资本密集型和技术密集型大型企业的发展，还需要大量的基础设施建

---

① 这也说明，扩大消费不能仅仅靠工业领域产能的扩大，现阶段工业生产领域的产能过剩的矛盾已经比较突出，因此除了在工业内部进行结构调整外，改善流通环节也对扩大消费具有积极意义。

设的配合，这就在客观上决定了这一行业在一定时期内只能实行有限的市场竞争，一些关键性的国有企业还是要保留下来；此外，基础设施的发展、市场经济的推进以及产业结构的升级又为这一行业的公路运输、快递等领域的民营经济和个体经济的发展提供了极好的条件，使得其民营经济和个体经济迅速发展，成为容纳就业最多的行业之一。由于 2004 年和 2008 年的公报中未列出这一行业的登记注册类型分组数据，表 12 中只列出了 2013 年的相关数据。从表 12 中可以看出，国有企业法人单位数的占比为 3.6%，就业人员占比为 11.7%，均高于工业、建筑业及批发和零售业，而个体经营户就业人员的比重则为 57.3%，也高于上述三个行业（但在具体人数上少于批发和零售业）。国有企业和个体经济同时发展是这个行业的一个鲜明特征。

表 12　2013 年按登记注册类型分组的交通运输、仓储和邮政业企业法人单位、个体经营户和从业人员及占比

企业类型	企业法人单位（万个）	从业人员（万人）	企业法人单位占比（%）	从业人员占比（%）
国有企业	0.9	343.0	3.6	11.7
集体企业	0.5	24.7	2.0	0.8
股份合作企业	0.2	5.3	0.8	0.2
联营企业	0.1	2.5	0.4	0.1
有限责任公司	5.6	379.3	22.2	13.0
股份有限公司	0.5	88.8	2.0	3.0
私营企业	16.0	332.9	63.5	11.4
其他内资企业	1.0	18.6	4.0	0.6
港澳台商投资企业	0.2	30.3	0.8	1.0
外商投资企业	0.2	21.5	0.8	0.8
有证照个体经营户	—	1674.5	—	57.3
合计	25.2	2921.4	100.0	100.0

资料来源：根据第三次全国经济普查主要数据公报（第三号）整理。

（5）住宿和餐饮业

表 13 列出的是 2013 年住宿和餐饮业不同所有制企业法人单位及有证照

个体经营户的就业情况。可以看出，在这一行业中就业人员占比最多的是有证照个体经营户，达60.7%，是各个国民经济行业中个体经营占比最大的行业，就业人员数为1000万人以上；占比第二位的是私营企业，就业占比为18.6%，就业人数为300万人以上；第三是有限责任公司，就业占比为10.2%，就业人数为180万人；传统公有制企业（国有企业和集体企业）的就业占比只有3%，人数不到60万人。在这一行业的就业人数中，个体和私营经济发挥了主要的作用。

表13　2013年按登记注册类型分组的住宿和餐饮业企业法人单位、
有证照个体经营户和从业人员

企业类型	企业法人单位（万个）	从业人员（万人）	企业法人单位占比（%）	从业人员占比（%）
国有企业	0.7	43.7	3.5	2.5
集体企业	0.4	9.5	2.0	0.5
股份合作企业	0.2	4.0	1.0	0.2
联营企业	0.1	1.4	0.5	0.1
有限责任公司	3.3	180.0	16.5	10.2
股份有限公司	0.3	18.5	1.5	1.1
私营企业	13.4	327.4	67.0	18.6
其他内资企业	1.1	20.4	5.5	1.2
港澳台商投资企业	0.2	34.7	1.2	2.0
外商投资企业	0.2	52.0	1.2	3.0
有证照个体经营户	—	1069.4	—	60.7
合计	20.0	1761.0	100.0	100.0

资料来源：根据第三次全国经济普查主要数据公报（第三号）整理。

（6）生产（供给）领域的所有制创新促进了我国的经济增长，极大地带动了非农产业的就业

从以上对五个重要行业的分析情况看，在三次经济普查期间，我国的企业法人单位和就业人员的变化，呈现的特点是传统公有制企业（国有企业和集体企业）的数量和占比在下降（在传统公有制企业最多的工业、建筑业及批发和零售业中尤其如此），就业方面的变化趋势也是类似的。因此，

就我国现阶段的情况看，改善就业在宏观上要依赖经济增长，在微观上则需要民营经济和个体经济有更好的发展。从表 14 中可以看到，2013 年，在全部第二和第三产业中，传统公有制法人单位的比重为 12.6%，在国民经济中的比重已经迅速降低，非国有经济的单位数已经在整个国民经济中占绝大多数。

表 14　2013 年第二和第三产业中传统公有制企业在法人单位中所占的比重

单位：个，%

行业	全部法人单位	国有法人单位	集体法人单位	传统公有制法人单位小计	传统公有制法人单位占全部法人单位的比重
采矿业	89112	1342	2767	4109	4.6
制造业	2252225	11204	31505	42709	1.9
电力、热力、燃气及水生产和供应业	70409	8112	6043	14155	20.1
建筑业	347519	5533	6964	12497	3.6
批发和零售业	2810531	27430	36557	63987	2.3
交通运输、仓储和邮政业	262048	15704	5628	21332	8.1
住宿和餐饮业	199592	6525	4189	10714	5.4
信息传输、软件和信息技术服务业	226107	7007	886	7893	3.5
房地产业	343924	11612	8199	19811	5.8
租赁和商务服务业	916953	40962	30186	71148	7.8
科学研究和技术服务业	455778	72877	6317	79194	17.4
水利、环境和公共设施管理业	84803	35763	3018	38781	45.7
居民服务、修理和其他服务业	190692	7445	4695	12140	6.4
教育	413908	200482	13281	213763	51.6
卫生和社会工作	249567	87618	32010	119628	47.9
文化、体育和娱乐业	230544	40326	3345	43671	18.9
公共管理、社会保障和社会组织	1520075	546138	19670	565808	37.2
总　计	10663787	1126080	215260	1341340	12.6

注：金融业法人单位数（2.9 万个）缺乏按登记类型分组的数据，所以未包含在本表中。国有独资公司也是国有经济的重要组成部门，2013 年为 2.45 万个，也未列入本表的"传统公有制企业"中，如果把这两部分都列入"公有制企业"中，公有制企业占全部法人单位数的比重将提升到 13%。

资料来源：《中国经济普查年鉴 2013》。

从表15中则可以看到，传统公有制法人单位中的从业人员所占的比重为14.6%，也就是说，85%的法人单位就业人员在非传统公有制经济领域。这种生产（或供给）领域的体制创新，推动了我国的经济增长，并带动了我国的非农业就业。在企业法人之外，我国的法人单位还有两类，即机关、事业法人以及社会团体和其他法人，这一部分法人单位较多地承担社会管理和社会服务的职责（如政府管理、科学、教育、医疗、文化等），因此国有成分所占的比重仍然比较大。根据现有的数据，在我国的非农业部门中，非传统公有制单位及其就业的比重已经达到80%左右，这种变化提高了经济活动的效率，减轻了国家财政的负担，同时改善了就业。

表15　2013年第二和第三产业传统公有制单位从业人员在全部从业人员中所占的比重

单位：万人，%

行业	法人单位从业人员数	国有企业从业人员数	集体企业从业人员数	传统公有制企业从业人员数合计	有证照个体经营户从业人员数	全部从业人员数	传统公有制单位从业人员占全部从业人员的比重
采矿业	1035.1	92.6	25.5	118.1	11.7	1046.8	11.3
制造业	12436.7	189.8	139.7	329.6	937.6	13374.3	2.5
电力,热力,燃气及水生产和供应业	485.0	177.5	8.8	186.4	2.5	487.5	38.2
建筑业	5320.7	247.4	181.9	429.4	90.8	5411.5	7.9
批发和零售业	3315.0	103.4	56.9	160.3	4166.6	7481.7	2.1
交通运输、仓储和邮政业	1096.1	212.9	25.4	238.4	1674.5	2770.6	8.6
住宿和餐饮业	691.6	43.7	9.5	53.2	1069.4	1761.0	3.0
信息传输、软件和信息技术服务业	551.7	33.5	1.3	34.7	26.2	577.9	6.0
房地产业	889.0	39.7	18.2	57.9	14.3	903.3	6.4
租赁和商务服务业	1328.9	155.7	58.8	214.5	86.6	1415.6	15.2

续表

行业	法人单位从业人员数	国有企业从业人员数	集体企业从业人员数	传统公有制企业从业人员数合计	有证照个体经营户从业人员数	全部从业人员数	传统公有制单位从业人员占全部从业人员的比重
科学研究和技术服务业	810.3	191.9	9.6	201.5	39.1	849.5	23.7
水利、环境和公共设施管理业	298.0	165.7	8.8	174.6	1.1	299.1	58.4
居民服务、修理和其他服务业	291.7	21.7	8.6	30.3	715.2	1006.9	3.0
教育	1913.8	1389.9	46.2	1436.1	31.7	1945.5	73.8
卫生和社会工作	917.6	676.9	47.8	724.7	58.5	976.2	74.2
文化、体育和娱乐业	309.0	113.5	4.7	118.2	73.6	382.6	30.9
公共管理、社会保障和社会组织	2709.4	1809.6	29.6	1839.3	0.0	2709.4	67.9
总　计	34399.8	5665.6	681.6	6347.2	8999.5	43399.3	14.6

资料来源：《中国经济普查年鉴2013》，金融业从业人员（513.9万人）缺乏按登记类型分组的数据，所以未包含在本表中。国有独资公司也是国有经济的重要组成部门，2013年的就业人员为811万人，也未列入本表的"传统公有制企业"中，如果把这两部分都列入"公有制企业"就业人员数中，公有制企业就业人员占全部就业人员的比重将提升到17.7%。

二　不同所有制类型的投资

（一）21世纪以来不同所有制类型的固定资产投资

登记注册类型也就是所有制类型，是从企业和生产资料之间的经济或法律关系上进行区分的，法律关系是对经济关系的规范。对不同登记注册类型的企业而言，企业的生产资料归属的所有者有所不同，国有企业的资产是属于国家的，集体企业的资产是属于集体的，私营和个体经营户的资产是属于私人的，而在它们之间，还有多种在现代企业制度下形成的所有制形式，如股份有限公司、有限责任公司等。从前文的分析中可以看到，经过多年的改革开放，尤其是经过 21 世纪以来的发展，非传统公有制的企业法人单位和就业人员已经在整个非农产业以至于整个国民经济中占了绝大多数，相应的，企业资产的所有制分布也发生了很大的变化。

表 16 列出了 2004 年和 2013 年按行业和登记注册类型分组的固定资产投资。从 2004 年和 2013 年的比较中可以看出我国固定资产投资的所有制结构的变化有如下几个特征。

第一，传统公有制企业尤其是国有和国有控股企业的投资占全社会固定资产投资的比重有较大幅度的下降，但仍然是固定资产投资的重要主体。2004 年，在我国的全部城镇固定资产投资中，国有和国有控股企业的比重为 57.8%，占当年全社会固定资产投资总额（70477.4 亿元）的48.4%；而到了 2013 年，在固定资产投资总额（不含农户）中，国有和国有控股企业的比重下降到 33.1%，占当年全社会固定资产投资总额（446294.1 亿元）的 32.3%。按同口径计算，国有和国有控股企业的投资比重下降了约 15 个百分点。但如果与表 14 中的企业单位数和就业人数相比较的话，国有企业的投资占比则是非常高的。从表 14 中我们可以看到，我国国有企业的企业数和就业人员的占比在五大行业中已经降至很低，但是在固定资产投资领域，占比仍然为 1/3 左右。按照这样的投资规模推算，我国在由固定资产投资形成的固定资产存量（按原值计算）中，传统公有制企业（国有和国有控股企业、集体和集体控股企业）的固定资产（固定资产原值 – 累计折旧）在全社会固定资产中所占的比重至少在40%。

表 16　2004 年和 2013 年按行业和登记注册类型分组的固定资产投资

单位：亿元，%

| 行业 | | 2004 年 | | | | |
		合计	国有及国有控股	集体	私营个体	其他
1	农、林、牧、渔业	645.1	439.5	20.5	70.1	115.0
	第一产业小计	645.1	439.5	20.5	70.1	115.0
2	采矿业	2126.3	1781.2	46.0	121.2	177.9
3	制造业	14657.2	5867.4	482.1	1689.5	6618.2
4	电力燃气水的生产供应业	5525.1	4480.0	75.9	101.4	867.8
5	建筑业	526.3	366.6	41.6	34.6	83.6
	第二产业小计	22834.9	12495.1	645.5	1946.7	7747.6
6	交通运输、仓储和邮政业	7091.5	6627.9	59.4	50.7	353.5
7	信息传输、计算机服务和软件业	1638.0	1297.4	8.4	4.2	328.1
8	批发和零售业	1117.2	368.5	99.4	176.2	473.1
9	住宿和餐饮业	438.1	124.2	18.1	95.9	199.9
10	金融业	97.6	79.5	9.5	0.5	8.0
11	房地产业	14547.0	3265.3	696.8	3972.8	6612.1
12	租赁和商务服务业	361.7	193.0	31.7	26.3	110.7
13	科学研究、技术服务和地质勘查业	311.8	268.5	2.8	9.9	30.6
14	水利、环境和公共设施管理业	4890.8	4546.1	65.8	31.5	247.5
15	居民服务和其他服务业	107.6	49.0	6.4	17.0	35.1
16	教育	1803.0	1619.1	30.8	64.0	89.1
17	卫生、社会保障和社会福利业	446.9	400.1	12.0	15.9	18.8
18	文化、体育和娱乐业	531.2	410.0	14.2	20.3	86.6
19	公共管理和社会组织	2165.6	1908.4	157.7	16.0	83.5
20	国际组织	0.3	0.1			0.2
	第三产业小计	35548.1	21157.2	1213.2	4501.1	8676.7
	总　计	59028.2	34091.8	1879.2	6517.9	16539.3
	不同类型投资占总计的比重	100.0	57.8	3.2	11.0	28.0

| 行业 | | 2013 年 | | | | |
		固定资产投资总额	国有及国有控股	集体	私营个体	其他
1	农、林、牧、渔业	11401.2	3242.8	979.0	6089.4	1090.1
	第一产业小计	11401.2	3242.8	979.0	6089.4	1090.1

续表

行业		2013 年				
		固定资产投资总额	国有及国有控股	集体	私营个体	其他
2	采矿业	14648.8	6816.6	654.8	6284.2	893.1
3	制造业	147584.4	14402.3	3928.3	109668.7	19585.0
4	电力、热力、燃气及水生产和供应业	19628.9	13356.9	775.0	4202.0	1295.1
5	建筑业	3532.3	2057.1	256.4	868.0	350.9
	第二产业小计	185394.5	36632.9	5614.5	121022.9	22124.2
6	批发和零售业	12601.1	1444.0	878.3	8698.5	1580.3
7	交通运输、仓储和邮政业	36329.4	27948.3	1002.9	5671.4	1706.7
8	住宿和餐饮业	6012.4	778.2	275.8	4125.0	833.3
9	信息传输、软件和信息技术服务业	3084.9	1724.3	68.9	742.5	549.2
10	金融业	1242.0	621.0	118.2	311.1	191.6
11	房地产业	111379.6	26051.2	7533.1	56239.7	21555.6
12	租赁和商务服务业	5874.6	1733.9	588.7	2724.7	827.3
13	科学研究和技术服务业	3133.2	1213.8	237.7	1319.8	362.0
14	水利、环境和公共设施管理业	37662.7	29260.1	2558.8	3925.7	1918.1
15	居民服务、修理和其他服务业	1994.4	589.0	349.4	834.7	221.3
16	教育	5399.9	4000.4	375.6	696.6	327.3
17	卫生和社会工作	3138.3	2258.1	232.3	473.6	174.3
18	文化、体育和娱乐业	5225.5	2372.7	393.3	1934.0	525.5
19	公共管理、社会保障和社会组织	5873.7	4262.8	886.1	340.6	384.1
20	国际组织	0.0	0.0	0.0	0.0	0.0
	第三产业小计	238951.7	104257.9	15499.2	88037.9	31156.7
	合 计	435747.4	144133.6	22092.7	215150.2	54370.9
		100.0	33.1	5.1	49.4	12.5

资料来源：《中国统计年鉴2005》与《中国统计年鉴2014》。其中，2004年数据为固定资产投资总额（城镇），2013年数据为固定资产投资总额（不含农户）。从2011年开始，我国按行业和登记注册类型分组的固定资产投资数据改为按"不含农户"公布，在此之前，则使用城镇固定资产投资指标。因此，2013年的统计口径略大于2004年，包括农村的非农户生产单位所进行的固定资产投资。2004年的固定资产投资（不含农户）为67714亿元，比表16中的城镇投资合计数59028亿元高。因此，两组数据之间变化的比较只是一种近似的比较分析。说明保持时间序列之间的连续性对于统计分析是非常重要的。

第二，随着社会主义市场经济的发展，私营及非传统公有制经济的固定资产投资份额在市场竞争中迅速提升。

虽然从总体上看，传统公有制经济的投资份额在下降，私营及非传统公有制经济的投资份额在上升，但是在各个不同的行业，它们的表现是不同的。从表17中可以看到，2004年，制造业的国有和国有控股企业固定资产投资的比例已经降到了40%，2013年更是下降到9.8%，私营和非传统公有制经济已经在这一行业中占主导地位；而在采矿业和电力、燃气和水生产供应业，虽然比重下降得也比较大，但是由于原来的比重高（80%以上），同时又由于它们在整个国民经济中具有基础性地位（资源和能源），国有经济在其中的份额仍然较高。在其他的部门和行业情况也类似，越是在竞争性的领域，民营经济的投资发展得也就越好，而在基础性部门，由于市场竞争还没有充分放开，仍然是国有经济的投资占据主导。如在批发和零售业中民营经济发展得非常好，但是在交通运输业中铁路、公路等基础设施的建设大多由国有经济进行，仍然是国有经济的投资占主导地位。民营经济在竞争性领域中的投资扩张，反映了在社会主义市场经济条件下，通过市场的力量来改善资源配置，能够有效地提高国民经济的运行效率，促进经济增长和经济发展。

表 17　工业部门国有和国有控股企业固定资产投资比重及其变化

行业	2004 年(%)	2013 年(%)	2013 年比 2004 年增加（个百分点）
采矿业	83.8	46.5	−37.3
制造业	40.0	9.8	−30.2
电力、燃气和水生产供应业	81.1	68.0	−13.1
工业合计	54.4	19.0	−35.4

资料来源：根据表15和表16中数据综合计算。

第三，国有经济的固定资产投资，为我国现代化建设所需要的自然资源和能源的供给、基础设施建设以及社会服务提供了支持，从而为实现平稳的、可持续的经济增长和经济发展创造了条件。表18列出了国有经济投资数额最大的10个行业以及第二、第三产业的固定资产投资情况。从表18中可以看出，国有投资集中于第三产业，所占的比重达72.3%；而第二产业的投资仅占25.4%。分行业看，国有投资数额最大的和各个比重均最高的两个行业为水利、环境和公共设施管理业及交通运输、仓储和邮政业，占全部固定资产投资（不含农户）的比重分别为6.7%和6.4%，占全部国有经济投资的比重分别为20.3%和19.4%，这两个行业的特点是基础设施建设的规模大，而基础设施建设需要的资金多、回报周期长，但是对国民经济的发展具有长远意义。对于私营企业而言，一方面缺乏足够的能力开展这样的建设，另一方面由于见效较慢，它们也缺乏积极性，往往更愿意投资于能够更快见效的行业。所以这两个行业中的固定资产投资主要是由国有经济进行的（占比分别为77.7%和76.9%）。2004年，这两个行业同样是国有经济投资最多的地方，所不同的是在交通运输业的投资较大。在房地产业和制造业，从绝对数上看，国有经济的投资也不少，但是就所占的比重看已经比2004年大为降低，非国有经济已经成为这两个行业的主体。经营缺乏力量需要政府投资，是国有经济投资占全行业投资比重最大的行业。接下来是电力、热力、燃气及水生产和供应业，采矿业，属于自然资源和能源的开采和供应业，国有投资的比重也比较高；最后4个行业属于公共服务部门，主要依靠国家的力量来保障。

表18　2013年国有经济投资额占比分析

单位：亿元，%

	行业	固定资产投资(不含农户)	国有经济投资额	国有投资占行业投资的比重	国有投资占投资总额的比重	各行业国有投资占全部国有投资的比重
1	水利、环境和公共设施管理业	37662.7	29260.1	77.7	6.7	20.3
2	交通运输、仓储和邮政业	36329.4	27948.3	76.9	6.4	19.4
3	房地产业	111379.6	26051.2	23.4	6.0	18.1
4	制造业	147584.4	14402.3	9.8	3.3	10.0
5	电力、热力、燃气及水生产和供应业	19628.9	13356.9	68.0	3.1	9.3
6	采矿业	14648.8	6816.6	46.5	1.6	4.7

续表

行业		固定资产投资(不含农户)	国有经济投资额	国有投资占行业投资的比重	国有投资占投资总额的比重	各行业国有投资占全部国有投资的比重
7	公共管理、社会保障和社会组织	5873.7	4262.8	72.6	1.0	3.0
8	教育	5399.9	4000.4	74.1	0.9	2.8
9	文化、体育和娱乐业	5225.5	2372.7	45.4	0.5	1.6
10	卫生和社会工作	3138.3	2258.1	72.0	0.5	1.6
	合　计	435747.4	144133.6	33.1	33.1	100.0
	第三产业合计	238951.7	104257.9	43.6	23.9	72.3
	第二产业合计	185394.5	36632.9	19.8	8.4	25.4

资料来源：根据表16计算。

从以上特点来说，以公有制为主体的、多种经济成分并存的中国特色的社会主义制度，是符合我国生产力发展尤其是现代化建设要求的。从表面上看，有一些国有和国有控股企业的效率（如当前的资产回报率）比较低，但实际上它们所提供的服务为其他经济成分企业的发展创造了条件，从而提升了中国整体的经济效率，这是我国经济能够实现长期高速增长的重要原因。在很多实行市场经济的发展中国家，正是由于基础设施建设的投入不足，经济长期发展不起来。而在中国，由于以国有经济为主体开展的大量基础建设投资为各行各业的发展提供了支持，再加上市场经济的激励机制，多种经济成分（私营经济、有限责任公司、个体经济、外商投资企业等）能够各自发挥自己的优势不断发展壮大，从而实现了持续的高速发展。

（二）不同所有制的发展优势

根据第三次全国经济普查公报（第一号），2013年末，全国第二产业和第三产业企业资产总计466.8万亿元。其中，第二产业企业资产总计占全部企业资产总计的26.1%（121.8万亿元），第三产业企业资产总计占73.9%（345万亿元）；普查后修订的2013年国内生产总值为588019亿元，其中，第一产业增加值为55322亿元，比重为9.4%；第二产业增加值为256810亿元，比重为43.7%；第三产业增加值为275887亿元，比重为46.9%①。也就是说，全国第二产业和第三产业的增加值总计为53.27万亿元，第二产业增加值占比为48.21%，第三产业增加值占比为51.79%。可以看出，两大产业的产出（以增加值反映）和企业资产总额之间的关系是非对称的，第二产业以26.1%的资产创造了48.21%的增加值，第三产业以73.9的资产创造了51.79%的增加值，第二产业的资产效率明显高于第三产业②。从具体数值看，第二和第三产业用每100元资产创造的增加值是11.41元，其中，第二产业为每100元创造21.08元，第三产业为每100元创造8元，第二产业为第三产业的2.64倍。第三产业的整体资产效率之所以低，其重要原因在于第三产业中国有部门的投资较高而产出较低。对于这种现象，还应具体情况具体分析。

　　表19列出的是2013年各行业全社会固定资产投资总额与国内生产总值（GDP，即各行业或三大产业增加值合计数）以及各行业投资与增加值的比较。从表19中可以看出，2013年，我国的全社会固定资产投资总额占GDP的比重达到了75.9%③。从表18与表19的比较中可以看出，凡是表18中国有经济投资数额较大而且比重较高的行业，在表19中固定资产占增加值

---

① 国家统计局：《中华人民共和国国家统计局关于修订2013年国内生产总值数据的公告》，2014年12月19日。

② 严格地说，这两组数据的口径还存在差别，这里的资产为"企业"资产，而增加值中还包括非企业法人的部分，但由于非企业法人的部分规模相对较小，进行比较不会出现较大的误差。

③ 我国政府统计中的"固定资产投资总额"（包括城镇、不含农户及全社会等口径）属于财务指标，指各个单位用于固定资产投资以及相关的财务支出，和GDP中的"固定资本形成"是有联系但不完全相同的指标，"固定资产投资"的行为导致了"固定资本形成"，但是包括一些不计入"固定资本形成"的项目（具体的差别可参见许宪春《准确理解中国经济统计》，《经济研究》2010年第5期），2013年，我国支出法GDP中的"固定资本形成"为263027.9亿元，占GDP的比重为44.7%，占全社会固定资产投资总额的比重为58.9%。一般地说，一个企业或行业的"固定资产投资"（生产方）往往导致本企业或本行业"固定资本形成"（需求方），因此，"全社会固定资产投资总额"与GDP中的"固定资本形成总额"具有很大的相关关系。

的比重也非常高，如水利、环境和公共设施管理业，交通运输、仓储和邮政业，电力、热力、燃气及水生产和供应业这几个国有经济投资占比较高的行业，投资总额都超过了增加值。从资金回报率（投资带来的增加值）来看，这几个部门都是负数。也就是说，国有经济投资占比最大的几个行业，不可能靠本部门创造的价值进行投资和发展，而需要其他行业创造的价值来支持。行业外的主要资金来源无非是两个大的部分，一是政府进行的投资（如在水利、环境和公共设施管理业），二是通过银行贷款进行建设（如在交通运输、仓储和邮政业，电力、热力、燃气及水生产和供应业），而从目前的情况看，这些投资从总体上看是没有近期的直接效益的。但是没有近期的直接效益不等于没有效益，它们可能形成两种效益，一种是间接效益，如水利、环境和公共设施管理业，虽然从行业本身看没有效益，但为其他行业的发展和人民生活提供了服务；另一种是长期效益，如高速铁路和公路的建设，它们正在加速发展和建设的过程中，虽然已经为国民经济提供了间接效益，但直接效益还不能反映出来，当这些建设发展到一定阶段，各种设施进入稳定运营期时，直接效益就可能逐渐扩大。

表19　2013年各行业全社会固定资产投资与增加值的关系

单位：亿元，%

行业		全社会固定资产投资		增加值		全社会固定资产投资占增加值的比重
		总额	占比	总额	占比	
1	农、林、牧、渔业	11187	2.5	56966	9.7	19.6
	第一产业合计	11187	2.5	56966	9.7	19.6
2	采矿业	14603	3.3	25289	4.3	57.7
3	制造业	147123	33.0	177013	30.1	83.1
4	电力、热力、燃气及水生产和供应业	19567	4.4	14962	2.5	130.8
5	建筑业	3521	0.8	40807	6.9	8.6
	第二产业合计	184814	41.4	258071	43.9	71.6
6	批发和零售业	13199	3.0	56284	9.6	23.5
7	交通运输、仓储和邮政业	38054	8.5	26036	4.4	146.2
8	住宿和餐饮业	6298	1.4	10228	1.7	61.6

续表

	行业	全社会固定资产投资		增加值比重		全社会固定资产投资占增加值的比重
		总额	占比	总额	占比	
9	信息传输、软件和信息技术服务业	3231	0.7	13549	2.3	23.8
10	金融业	1301	0.3	41191	7.0	3.2
11	房地产业	116666	26.1	35988	6.1	324.2
12	租赁和商务服务业	6153	1.4	13307	2.3	46.2
13	科学研究和技术服务业	3282	0.7	9737	1.7	33.7
14	水利、环境和公共设施管理业	39450	8.8	3051	0.5	1293.0
15	居民服务、修理和其他服务业	2089	0.7	8625	1.5	24.2
16	教育	5656	1.3	18429	3.1	30.7
17	卫生和社会工作	3287	0.7	10997	1.9	29.9
18	文化、体育和娱乐业	5474	1.2	3866	0.7	141.6
19	公共管理、社会保障和社会组织	6152	1.4	21693	3.7	28.4
	第三产业合计	250293	56.1	272981	46.4	91.7
	合　计	446294	100.0	588018	100.0	75.9

资料来源：全社会固定资产投资总额及三大产业的投资额为《中国统计年鉴2014》中的数值，各行业数值则是对表16中的数据根据三大产业的数额按比例调整而得；国内生产总值及分行业增加值参见《中国统计年鉴2015》。

　　从表19中还可以看到，全社会固定资产投资占比最大的两个部门分别是制造业（占比33%）和房地产业（26.1%）。这两个行业的固定资产投资主要是由非传统公有制部门进行的，尤其是制造业，国有投资占行业的比重已经很低（2013年已经下降到10%以下）；在房地产投资中，国有投资的比重也在下降（2013年为23.4%）。说明在竞争性行业，民营经济（包括私营经济、个体经济、外商投资企业等）已经成为投资和生产的主体。除此之外，在我国原来的计划经济实践中，公有制的范围并不仅仅局限于生产资料领域，城市中公有制企业或单位为其职工住房进行投资所形成的资产，也是公有制的重要组成部分。而1998年我国在进行了住宅商品化改革后，这一部分大多已经转为居民的财产或资产。此后新投资而形成居民住宅，产权也是私有的。这一方面改变了原来的财产关系，另一方面也改变了我国全社会固定资产投资的格局，2013年，居民部门的资本形成总额，占全部资本形成总额的比重高达 26.5%。由于近年来房地产价格迅速上涨，居民部门所拥有的财产的重估价格也在迅速上升。这也改变着全社会财产关系的格局。企业的资产中除了固定资产外还有流动资产，各类企业流动资产总额的变动趋势和固定资产变动的趋势是一致的①。

从整体上看，经过市场化改革后，我国生产资料与其他财产的所有制构成已经发生了巨大的变化，在市场在配置资源中发挥越来越大作用的情况下，传统公有制单位所拥有的资产所占比重逐步降低，而民营经济所拥有的资产所占比重在逐步上升。民营经济通过在市场竞争中发挥活力而获得巨大的发展空间从而为经济增长做出贡献，而国有经济则为整个国民经济的平稳和可持续发展提供了有力的支持。生产资料与其他财产的所有制构成的变化，必然对收入分配产生深远影响。

三　所有制格局的变化导致的国民收入分配变化

在经济学中，"国民收入"是一个理论概念，指的是一定时期经济活动新生产的并用于分配的价值。在国民收入核算的统计实践中，这个概念被具体化并形成了一个由一系列统计指标构成的指标体系，它的关键指标主要有三个，即国内生产总值（反映生产领域的经济总量）、国民总收入（可分解为各个机构部门的初次分配收入总额）和国民可支配总收入（可分解为各个机构部门的可支配总收入）。我们将通过国家统计局公布的国民资金流量表中的数据，对这几个国民收入指标的相互关系进行分析，总结我国宏观收入分配变化的特点。国民收入分配活动的主体与生产活动的主体的分类不同，不是按照生产过程的类型将生产者分成农业、制造业、建筑业、服务业等行业，而是根据各个收入分配活动参加者的财务活动属性进行机构部门分类，按照联合国的标准，一般分成五个部门，即非金融企业部门、金融机

---

① 我国目前只有一部分部门（如工业）公布规模以上企业流动资产的情况，可以看出流动资产和固定资产有相同的变动趋势。

构、一般政府、住户（居民）部门以及民间非营利机构。我国目前采取的机构部门分类（中国国民经济核算体系2014）已经与联合国的分类一致，但是在此之前，我们的机构部门分类只包括四个部门，即非金融企业部门、金融机构、一般政府、住户（居民）部门。目前我国大多数对收入分配的讨论是围绕居民部门的收入分配进行的，如对城乡居民之间收入差异、城乡居民收入内部的差异以及基尼系数的讨论等，但实际上，这只是国民收入分配中的一个组成部分并受国民收入分配整体格局的影响。所以在讨论收入分配时，首先应该关注整个国民收入的分配格局及其变化，然后在这个基础上讨论居民收入分配的格局及其变化。

（一）国民收入的初次分配

随着经济体制改革的推进，我国的经济制度已经由原来的全民所有制和集体所有制这两种形态发展成为以公有制为主体、多种经济成分并存，相应的，我国的分配制度也发生了变化，由原来的按劳分配发展成为以按劳分配为主体、多种分配方式并存的分配制度。在计划经济条件下，由于生产资料是公有的，不能作为分配的依据，因此人们从社会获得报酬的基本标准就是他们的劳动贡献。尽管在实践中很难精确、及时地衡量不同的人劳动贡献之间的差别，但是它仍然可以作为一个理论标准。从国民收入分配的观点看，在生产过程结束后，首先要在国民收入中扣除用于扩大再生产的部分，还要扣除社会和经济管理、社会保障等多方面的支出，剩下的部分才用于对劳动者的分配。由于政府和集体是生产资料的所有者，扣除的规模或比例当然也是由其决定的，所以在计划经济条件下，政府是资源配置的基本或决定性力量，集体所有制企业则发挥辅助性作用。但是在社会主义初级阶段基本经济制度建立和发展的过程中，市场逐渐代替政府，开始在资源配置中发挥决定性作用。在社会主义市场经济的以按劳分配为主体、多种分配方式并存的分配制度下，参加国民收入分配的生产要素就不仅仅是劳动，还包括其他进入市场的生产要素，比如资本、技术、财产等，而在居民的个人收入中，也不仅仅包括劳动收入，还包括其他各种私人所拥有的生产要素带来的收入。新的分配制度扩大了参加分配的生产要素的规模或范围，由此导致了收入分配格局的变化，并对社会的效率和公平产生了一系列的影响。

在生产领域，一个经济体（企业、地区或国家）每个时期（如一年）所新生产的价值在统计上反映为增加值（全国各个行业的增加值即国内生产总值），从收入方看，它包括四个部分，即劳动者报酬、生产税净额、固定资产折旧和企业营业盈余，其中，劳动者报酬归劳动者、生产税净额归政府、固定资产折旧和营业盈余归企业（资本和管理），这是从生产（供给）领域看各大广义生产要素在生产过程中取得的收入。以传统经济学的观点看，政府不属于生产要素，只参加国民收入的再分配。但是以国民收入核算的观点看，政府也是因为对经济活动有贡献才获得生产税收入，所以可以被看成广义的生产要素。从表20中可以看到，劳动者报酬在收入法GDP中所占的比重最大，2013年在50%以上，企业的收入次之（24.5%），政府所获得的收入最少（12.5%）。从动态上看，2013年劳动者报酬的比重比2004年提高了3.7个百分点；由于税收制度的改革尤其是生产领域实施的减税政策（如免征农业税、营改增等），政府直接税的比重有所下降；企业所获得的收入（固定资产折旧与营业盈余）的比重总体上也略有下降。

表20　2004年和2013年GDP收入法国内生产总值及其构成

单位：亿元，%

项目	2004年		2013年	
	总额	占比	总额	占比
收入法国内生产总值	159878.3	100.0	588018.8	100.0
劳动者报酬	75199.5	47.0	297970.4	50.7
生产税净额	23866.3	14.9	73536.4	12.5
固定资产折旧	25199.1	15.8	72283.1	12.3
营业盈余	35613.4	22.3	144228.9	24.5

资料来源：根据《中国统计年鉴》中资金流量表及地区生产总值收入法构成的数据推算。

表20列出的各种收入只是在生产（供给）领域中对不同的广义生产要素的支出，并形成三大产业及各个国民经济行业的生产者、劳动者及政府的收入。在反映生产过程要素的收入时，企业是作为一个整体获得收入的，但是企业在生产中使用的资本、土地、设备等并不完全是自己的，还利用了银行的贷款、租用了土地等进行生产活动，这样，在生产活动完成之后，企业就必须向各种生产要素的提供者支付要素报酬，这就是国民收入的初次分配。在国民收入核算中，由此形成的收入被称为初次分配总收入，而各个机构部门初次分配总收入的总和，就是国民总收入（Gross National Income，简称GNI，也就是过去所称的国民生产总值）。表21和表22分别列出了2004年与2013年我国的资金流量①。从两个表中可以看出，非金融企业部门在生产过程完成形成增加值后，还要向住户部门支付"劳动者报酬"，向政府部门支付"生产税净额"，并且向其他部门支付使用它们的财产（如向金融机构和其他贷款方支付贷款利息、向股东支付红利、为租用土地支付地租等）的费用（统称财产支出）。同时，非金融企业部门也会由于他人使用自己的财产而形成一部分财产收入，在对这些"要素收支"进行净扣除后，剩下的部分才是这个部门的初次分配总收入。从两个表中可以看到，增加值的"国内合计"（GDP）与初次分配总收入的"国内合计"（GNI）的数值是不同的，这是因为GNI中包含了"来自国外的要素收入净额"（这两个表中未列出与国外之间的收支情况），但这两个指标之间的差别并不仅仅是总量之间的差别，更重要的是它们反映问题的角度不同，GDP反映的主要是生产活动的成果，而GNI则反映了初次分配领域的情况以及各个机构部门要素分配的关系。通过对表21和表22的比较分析，可以看出21世纪以来我国初次分配领域有如下几点变化。

---

① 原表是以会计账户的方式分别列出"来源"和"应用"项，这两个表则通过加减关系反映各个指标间的联系。

表21　2004年中国资金流量表（实物交易）

单位：亿元

项目	非金融企业部门	金融机构部门	政府部门	住户部门	国内合计
增加值	93347.9	5393.0	16371.5	44765.9	159878.3
减：劳动者报酬支出	34472.6	1957.4	10850.0	27919.4	75199.5
减：生产税净额支出	-20267.9	779.1	224.9	2594.4	23866.3
减：财产支出	7169.9	6568.4	1299.9	1672.5	16710.7
加：劳动者报酬收入	—	—	—	75251.8	75251.8
加：生产税净额收入	—	—	23866.3	—	23866.3
加：财产收入	4944.1	6606.8	602.1	4214.1	16367.1
等于：初次分配总收入	36381.6	2694.9	28465.0	92045.6	159587.1
加：经常转移收入	305.6	—	10667.0	8961.5	23198.9
减：经常转移支出	3001.6	1200.2	6216.9	7619.2	21302.8
等于：可支配总收入	33685.6	1494.7	32915.1	93387.9	161483.3
减：最终消费	—	0.0	23199.4	63833.5	87032.9
等于：总储蓄	33685.6	1494.7	9715.7	29554.4	74450.4
加：资本转移收入	3804.1	—	—	—	6538.9
减：资本转移支出	—	—	3809.9	—	6544.7
等于：总投资	37489.7	1494.7	5905.8	29554.4	74444.6
资本形成总额	47269.4	90.0	8226.0	13583.0	69168.4
其他非金融资产获得减处置	—	—	—	—	—
净金融投资	-9779.7	1404.6	-2320.1	15971.4	5276.3

表22　2013年中国资金流量表（实物交易）

单位：亿元

项目	非金融企业部门	金融机构部门	政府部门	住户部门	国内合计
增加值	359277.1	41190.5	42559.7	144991.5	588018.8
减：劳动者报酬支出	147383.1	12090.1	37081.9	101415.3	297970.4
减：生产税净额支出	65701.3	4598.4	286.1	2950.6	73536.4
减：财产支出	48864.3	47284.0	5760.2	7656.3	109564.8
加：劳动者报酬收入	—	—	—	298966.1	298966.1
加：生产税净额收入	—	—	73536.4	—	73536.4
加：财产收入	23497.6	42647.8	15777.2	21824.4	103747.0
等于：初次分配总收入	120826.0	19865.8	88745.0	353759.9	583196.7
加：经常转移收入	1287.2	4274.9	68085.3	44180.3	117827.7
减：经常转移支出	21908.9	9177.4	46454.4	40826.8	118367.5

续表

项目	非金融企业部门	金融机构部门	政府部门	住户部门	国内合计
等于:可支配总收入	100204.4	14963.2	110376.0	357113.4	582657.0
减:最终消费	—	—	81245.9	219762.5	301008.4
等于:总储蓄	100204.4	14963.2	29130.1	137350.9	281648.6
加:资本转移收入	7707.3	—	3857.9	—	11565.2
减:资本转移支出	3196.8	—	7793.6	384.6	11375.0
等于:总投资	104714.9	14963.2	25194.4	136966.3	281838.8
资本形成总额	172643.3	636.3	28262.6	72634.4	274176.6
其他非金融资产获得减处置	30833.3	—	-7461.7	-23371.6	
净金融投资	-98761.7	14326.9	4393.5	87703.5	7662.2

资料来源:《中国统计年鉴2007》与《中国统计年鉴2015》。

第一,各个机构部门的增加值和初次分配总收入的占比以及它们之间的关系发生了变化。

初次分配后,各个机构部门的收入在整个国民经济中的比重将发生变化,非金融企业部门和金融机构部门由于要素净支出为正数(要素净收入为负数),占比将变小;政府部门和居民部门由于要素净收入为正数(要素净支出为负数),占比将变大(见表23)。从表23中可以看到,从增加值构成上看,非金融企业部门所占的比重最大(61%左右),居民部门较小(不到30%),而经过初次分配之后,居民部门成为占比最大的机构部门(60%左右),非金融企业的占比则下降到20%左右。

具体的,从增加值的机构部门占比看,2013年,政府和居民(住户)部门的增加值占GDP的比重是减少的,而非金融企业部门和金融机构的比重是增加的。政府部门占比之所以减少是因为政府部门的增加值主要是以政府部门的雇员报酬来计算的(还包括一部分政府部门直属单位所提供的生产和服务的价值,国有大中型企业的增加值则包含在非金融企业部门中),近年政府雇员报酬的增长低于整个国民经济的增长。居民部门的增加值主要反映的是个体经济的生产情况,从占比变化中可以看出近年个体经济的名义增长低于整个企业部门。金融机构占比的增加说明了21世纪以来随着市场化进程的推进,我国金融业的发展非常迅速，同时也说明了我国经济增长对金融机构的依赖在增加。在这样的情况下，非金融企业部门增加值的比重是扩大的，也就是说，如果从生产领域观察，非金融企业部门的发展相对是比较快的。但是从初次分配总收入来看情况则有所不同，政府部门的初次分配收入占国民总收入的比重仍然是下降的，金融机构的占比仍然是上升的，但是非金融企业部门的占比是下降的，而居民部门的占比是上升的。这其中的重要原因，在于更多的要素收入通过初次收入分配过程，由非金融企业部门转移到了居民部门。

表23　2004年和2013年各机构部门增加值与初次分配总收入的结构变化比较

项目		非金融企业部门	金融机构部门	政府部门	住户部门	国内合计
增加值比重	2004年(%)	58.4	3.4	10.2	28.0	100
	2013年(%)	61.1	7.0	7.2	24.7	100
	2014年比2013年增加（个百分点）	2.7	3.6	-3.0	-3.3	0.0
初次分配总收入比重	2004年(%)	22.8	1.7	17.8	57.7	100
	2013年(%)	20.7	3.4	15.2	60.7	100
	2014年比2013年增加（个百分点）	-2.1	1.7	-2.6	3.0	0.0
初次分配收入比重比增加值比重增加	2004年(个百分点)	-35.6	-1.7	7.6	29.7	0.0
	2013年(个百分点)	-40.4	-3.6	8.0	36.0	0.0

资料来源：根据表20和表21中相关数据计算。

第二，由所有制结构的变化导致的财产制度的变化，使我国财产收支的规模和在国民经济中的比重发生了很大的变化，对初次分配格局产生了重要影响。

在新的所有制结构下，资产成为重要的生产要素。在生产过程中使用他人的资产（如设备、土地和金融资产等）不再是无偿的，而必须支付相应的费用，由此形成了各个机构部门内部以及相互之间的财产收支。表24中列出的是国内生产总值（各机构部门增加值"国内合计"）的要素收支情况，从表中可以看出，经过各种要素收支后的余额，就是国民总收入（各机构部门初次分配总收入"国内合计"）。由于每一笔要素支出都对应着一笔要素收入，在一个封闭的经济中，所发生的要素收入总额和要素支出总额是相等的，但如果加上来自国外的要素收入，要素收支的"国内合计"则可能有一定的差异。2004~2013年，在各项要素收支中占比变化最大的是财产支出和财产收入，分别上升了8.1个百分点和7.4个百分点，说明财产作为一种重要的生产要素，在经济活动中的地位正在不断提升；而劳动者报酬和生产税净额的变化幅度不大，劳动者报酬的收支都增加了3.7个百分点，这说明劳动者报酬在国民收入中的比重有所提高；生产税净额收支的比重下降了2.4个百分点，说明国家在生产领域的减税政策已经显现了一定的效果。相比较而言，财产收支的变化对国民收入初次分配的影响更大。这种变化是与我国的所有制密切联系的。随着财产尤其是私有资产作为一种生产要素进入市场，在生产过程中发挥越来越大的作用，财产收支在各个机构部门中的份额都在增加，由此形成了新时期国民收入分配的一个重要特点。

表24 2004年和2013年国内生产总值要素收支情况

单位：亿元，%

项目	2004年		2013年	
	国内合计	占增加值的比重	国内合计	占增加值的比重
增加值	159878.3	100.0	588018.8	100.0
减：劳动者报酬支出	75199.5	47.0	297970.4	50.7
减：生产税净额支出	23866.3	14.9	73536.4	12.5
减：财产支出	16710.7	10.5	109564.8	18.6
加：劳动者报酬收入	75251.8	47.1	298966.1	50.8
加：生产税净额收入	23866.3	14.9	73536.4	12.5
加：财产收入	16367.1	10.2	103747.0	17.6
等于：国民总收入（初次分配总收入）	159587.1	99.8	583196.7	99.2

资料来源：根据表20和表21中的数据计算。

从表25中可以看到，财产净收入在各机构部门增加值与初次分配总收入中所占的比重，近年来都有了较大幅度的提高。整体上看，是企业（非金融和金融）部门的财产净支出的比重在明显提高，而政府和居民部门的财产净收入的比重在提高。从具体数额看，非金融企业部门财产净支出的规模最大，相当于政府和居民部门财产净收入之和。

表 25　2004 年和 2013 年各机构部门财产净收入占增加值与初次分配总收入的比重

单位：亿元，%

指标		非金融企业部门	金融机构部门	政府部门	住户部门
2004 年	增加值	93347.9	5393.0	16371.5	44765.9
	财产净收入	−2225.8	38.4	−697.8	2541.6
	初次分配总收入	36381.6	2694.9	28465.0	92045.6
	财产净收入占增加值的比重	−2.4	0.7	−4.3	5.7
	财产净收入占初次分配总收入的比重	−6.1	1.4	−2.5	2.8
2013 年	增加值	359277.1	41190.5	42559.7	144991.5
	财产净收入	−25366.7	−4636.2	10017.0	14168.1
	初次分配总收入	120826.0	19865.8	88745.0	353759.9
	财产净收入占增加值的比重	−7.1	−11.3	23.5	9.8
	财产净收入占初次分配总收入的比重	−21.0	−23.3	11.3	4.0

资料来源：根据表 20 与表 21 中数据计算。

　　具体地看，政府部门的财产收入中变动比较大的是地租收入（2013 年达到 5127.9 亿元，约为财产收入的 1/3），使得政府的财产净收入的比重（尤其是占初次分配收入的比重）变化较大。住户部门的财产收入主要来自利息收入，虽然也有一部分利息支出（2013 年为 7598.5 亿元），但利息收入更大（2013 年为 18429.3 亿元）。政府部门和住户部门的另一项财产收入是红利收入（2013 年分别为 3463.5 亿元和 1719.4 亿元），从这一项目的比较中可以看出，国有经济占整个国民经济的比重（包括企业数、就业数、生产和投资规模等）较大，但向所有者（政府）上缴的红利仍然大于民营经济。也就是说，中国的民营经济在取得迅速发展后，在其盈利中分配给家庭的部分仍然很少，盈利大多保留在企业部门而不是通过分配转入住户部门[①]，这也是利息收入而不是红利收入影响

---

① 从所有权看，私营企业赚的钱在依法纳税后都是属于私人的，但是如果企业家不把这些钱转入个人家庭并缴纳个人所得税而是选择将它们留在企业，那么从国民收入核算的角度看，这些钱仍然是企业部门的收入而不是住户部门的收入。通常统计的居民收入分配以及在此基础上计算的基尼系数等指标，也不包含这一部分收入。有一部分企业家把个人消费在企业的账目上支出并计入生产成本，确实会低估真实的收入分配差距，这在世界各国的统计中都是存在的。

了居民的财产收入的原因。2013 年住户部门的财产净收入占初次分配收入的比重由 2004 年的 2.8% 提高到 4.0%，提高的幅度似乎不大，实际上，财产收支中的利息收入和利息支出在居民家庭收入中的性质不同，利息收入主要来自居民的存款或其他金融放贷活动（如购买国债和企业债等）所取得的收入，但利息支出的增加则主要反映了我国近年来居民住房抵押贷款的迅速增长以及相应的利息支出，前者是居民的财产所带来的收入，后者则是居民提前消费（反映为住房投资）出现的支出，事实上是当前消费的一个组成部分，只不过由于住房贷款的性质，被归入财产支出。如果从这个意义看（以财产总收入的观点看），住户部门的财产收入占初次分配总收入的比重将达到 6.16%，把这个指标和净收入所占的比重结合起来分析，将能更好地说明非劳动者报酬收入对居民初次分配收入的影响。

表 26　2013 年各机构部门财产收入情况

单位：亿元

机构部门 交易项目	非金融企业部门		金融机构部门		政府部门		住户部门	
	运用	来源	运用	来源	运用	来源	运用	来源
五、财产收入	48864.3	23497.6	47284	42647.8	5760.2	15777.2	7656.3	21824.4
（一）利息	22246.6	21041.5	44342.1	41887.1	5760.2	5633.8	7598.5	18429.3
（二）红利	19995.6	2378.8	1188.8	760.7	—	3463.5	—	1719.4
（三）地租	5070.1	—	—	—	—	5127.9	57.8	—
（四）其他	1552	77.4	1753.1			1552		1675.7

注：表中"来源"表示收入，"运用"表示支出。
资料来源：《中国统计年鉴 2015》。

第三，随着社会主义市场经济的建立和劳动力市场的发展，不同所有制形式下的劳动者报酬构成发生了很大的变化。

从表 24 中可以看到，近年来，劳动者报酬收入占国民总收入的比重是提高的（如果从具体年份看，2008 年是一个转折点，2008 年以前劳动者报酬的比重是逐渐下降的，2008 年以后则不断提升）。说明随着社会主义市场经济的发展，劳动作为一种生产要素在国民收入初次分配中的地位也在提升，现在占国民总收入的比重已经提升到 50% 以上，从中可以看出我国"按劳分配为主体、多种分配形式并存"的分配制度提高了劳动者在收入分配中的份额。在社会主义市场经济条件下的"按劳分配"与计划经济条件下不同，在计划体制下或者是在现在的国有经济（尤其是政府的企业和事业单位）中，劳动者的报酬是由生产资料的所有者规定或约束的，但是在市场经济条件下，尤其是在非国有企业中，劳动报酬的多少却是在劳动力市场上通过市场形成的（国有企业的劳动者报酬实际上也要参照市场供需价格来决定，政府雇员的报酬也必须根据全社会的平均报酬水平来适时加以调整）。各级政府可以根据当地的实际情况来确定最低工资标准从而引导工资水平的变化，但是决定劳动力价格的最终因素还是要靠市场，这也是 2008 年以后我国的平均工资水平或劳动者报酬在国民收入中的比重不断提升的基本原因。随着经济发展水平的提高，劳动者必然要提出增加收入的要求，反映为劳动力市场上供需关系的变化，从而导致劳动者报酬和份额的提高。

表 27 列出了居民部门 2013 年各种初次分配收入项目在总收入中的比重，可以看出，在我国目前的居民初次收入分配中，劳动者报酬所占的比重达到了 84.5%，个体经济收入所占的比重为 11.5%，财产收入所占的比重为 6.2%，劳动者报酬仍然是住户部门最主要的收入来源。

表 27　2013 年住户部门各种初次分配收入项目及其构成

单位：亿元，%

项目	总额	占初次分配总收入的比重	项目	总额	占初次分配总收入的比重
增加值	144991.5	41.0	减：财产支出	7656.3	2.2
减：劳动者报酬支出	101415.3	28.7	加：财产收入	21824.4	6.2
减：生产税净额支出	2950.6	0.8	加：劳动者报酬收入	298966.1	84.5
等于：个体经济收入	40625.6	11.5	等于：初次分配总收入	353759.9	100.0

根据表 28 中的数据，可以按不同的所有制把所有取得劳动者报酬的从业人员[①]分成四个大类：一是公有制单位的劳动者（包括在国有单位、集体单

---

① 劳动者和从业人员并不是完全相同的概念，从业人员中除了包括企业和其他单位的雇员外，也包括私营雇主，因此，由表 27 中的从业人员估计的不同所有制下的劳动者比重只是近似的估计。

位、国有独资公司和金融业中的国有企业中的从业人员），他们的收入性质与传统公有制条件下的"按劳分配"最为接近，占全部从业人员的比重约为 10%；二是完全的私营企业的劳动者（包括表中的私营企业、港澳台独资企业、外商独资企业中的从业人员），由私有经济支付劳动者报酬，他们的劳动具有雇佣劳动性质，占全部从业人员的比重至少在 20%；三是个体经营者，包括个体经营户和第一产业的从业人员①，在国民经济核算分类中他们的劳动属于自我雇佣劳动，占全部从业人员的比重在 40% 以上；其余不到 30% 的就业人员在其他各种混合所有制企业中工作，其中的绝大多数属于非公有制经济。由于公有制经济的从业人员所取得的平均劳动者报酬略高于全社会平均劳动者报酬，综合考虑它的从业人员的比重和平均劳动者报酬因素来进行推算，那么在所有的劳动者报酬中，传统公有制下劳动者报酬的比重最多只有 15%，其余 85% 以上的劳动者报酬的性质和定价方式与计划经济时期相比已经有了很大的变化。

表28　2013 年三大产业按注册登记类型分组的从业人员

	从业人员数(万人)
第一产业	24171.0
第二和第二产业法人单位(不包含金融业)	34399.8
内资企业	31005.0
国有企业	5665.6
集体企业	681.6
股份合作企业	143.2
联营企业	62.2
国有联营企业	13.6
集体联营企业	18.9
国有与集体联营企业	6.5
其他联营企业	23.3

---

① 在我国最新的投入产出表中，农业增加值中已经没有了"营业盈余"项，农业劳动力的收入全部体现为"劳动者报酬"；而在有证照个体经营户中情况则有所不同，其中既包括个体经营户的雇主，他们的收入包含在住户部门的增加值中（扣除劳动者报酬后），也包括个体经营户中的雇员，他们的收入体现为劳动者报酬；还有一部分无证照的个体经营户，也有类似的收入，但没有包含在第三次经济普查的从业人员中。因此，表 27 中设了其他劳动力一项来反映第三次经济普查中第二、第三产业从业人员数与年鉴中全部就业人员之间的差别。

续表

	从业人员数(万人)
有限责任公司	7892.1
国有独资公司	811.0
其他有限责任公司	7081.1
股份有限公司	1611.0
私营企业	12742.1
私营独资企业	2080.2
私营合伙企业	341.9
私营有限责任公司	9761.0
私营股份有限公司	559.1
其他企业	2207.3
港澳台商投资企业	1642.7
合资经营企业(港、澳、台资)	425.6
合作经营企业(港、澳、台资)	42.5
港、澳、台商独资经营企业	1111.2
港澳台商投资股份有限公司	53.7
其他港、澳、台投资企业	9.7
外商投资企业	1752.0
中外合资经营企业	568.6
中外合作经营企业	42.4
外资企业	1070.3
外商投资股份有限公司	59.5
其他外商投资企业	11.3
金融业	513.9
第二和第三产业有证照个体经营户	8999.5
其他	8892.8
总计	76977.0

资料来源：根据《中国经济普查年鉴2013》与《中国统计年鉴2015》中相关数据整理，其中第二和第三产业就业人员分组数来自《中国经济普查年鉴2013》，第一产业从业人员数及全部从业人员合计数来自《中国统计年鉴2015》。

（二）国民收入的再分配

各个机构部门的初次分配收入，还要通过经常转移收支的再分配，才是可支配收入，也就是可以用于国民收入的最终使用，即投资、储蓄和收入。

经常转移包括：（1）所得税和财产税等经常税，包括政府部门对企业和住户部门征收的企业所得税、个人所得税以及财产税。2004 年和 2013 年，我国的经常税收入分别为 4878.7 亿元和 29030.4 亿元，占政府部门可支配收入的比重由 14.8% 提高到 26.3%；（2）社会保险缴款，包括企业和居民个人向政府（或社会保障机构）缴纳的当前或将来用于社会保险的福利款项。2004 年和 2013 年，政府收入的社会保险缴款分别为 5780.3 亿元和 35993.6 亿元，占政府部门可支配收入的比重由 17.6% 提高到 32.6%；（3）社会保险福利，是各种社会保险福利，主要资金来源就是企业和居民的社会保险缴款。2004 年和 2013 年分别为 4627.4 亿元和 28743.9 亿元，占政府可支配收入的比重由 14% 提高到 26%，而占住户部门可支配收入的比重则由 5% 提高到 8%；（4）社会补助，是政府向困难群体提供的补助，2013 年政府的支出为 9899.6 亿元，占政府可支配收入的比重为 9%，再加上企业部门提供的 1000 多亿元的补助，住户部门所得到的社会补助已经达 1 万亿元；（5）其他经常转移，主要是居民向居民、企业向居民提供的与重要要素无关的资金转移，如企业为居民提供的救助、居民之间的馈赠等。从经常转移所包括的内容可以看出，经常转移发生在生产过程之后，与生产要素无关，主要是政府按照有关法规对企业和个人的收入加以调节，从而调节收入分配差异以及改善社会保障状况。可以看出，随着市场经济的发展，我国的国民收入再分配也表现了新的特点：一是政府的收入税在其可支配收入中的比重提高了，说明如果在生产领域适当减税（从前面可以看到，我国直接税净额占国民总收入的比重在近年下降了 2 个百分点），在其他条件不变的情况下，收入分配领域就可能增收；二是在市场化进程中，社会保障事业在迅速发展，原来由政府包揽下来的社会保障事务，现在已经在很大程度上由企业和居民承担，而且政府还有剩余，这就为改善未来的社会保障做了必要的准备；三是社会补助的规模在扩大，随着政府收入的增加，困难群体得到了更多的照顾和帮助。

从表 29 中可以看出通过国民收入的再分配，各个机构部门的收入（可支配收入）所占的比重进一步发生了变化。其中非金融企业部门和金融机构部门所占的比重进一步降低，政府和住户部门所占的比重则进一步提高。从动态比较上看，2004~2013年，非金融企业部门和政府部门的可支配收入所占的比重是下降的；金融机构和住户部门的比重是上升的。这说明通过政府主导进行的国民收入再分配，住户部门得到的收益更多。同时也要看到，非金融企业部门可支配收入的占比在近年来有较大幅度的下降，这意味着企业用相对少的资金创造了更多的增加值（非金融企业部门的增加值占比是提高的），这一方面表明企业的效率有所提高，另一方面也要考虑企业负担增加所带来的影响。

表29 2004年和2013年各机构部门初次分配总收入、可支配总收入及使用

单位：亿元，%

2004年	非金融企业部门	金融机构部门	政府部门	住户部门	国内合计
初次分配总收入	36381.6	2694.9	28465.0	92045.6	159587.1
加:经常转移收入	305.6		10667.0	8961.5	23198.9
减:经常转移支出	3001.6	1200.2	6216.9	7619.2	21302.8
等于:可支配总收入	33685.6	1494.7	32915.1	93387.9	161483.3
初次分配总收入占国民总收入的比重	22.8	1.7	17.8	57.7	100.0
可支配总收入占国民可支配总收入的比重	20.9	0.9	20.4	57.8	100.0
2013年	非金融企业部门	金融机构部门	政府部门	住户部门	国内合计
初次分配总收入	120826.0	19865.8	88745.0	353759.9	583196.7
加:经常转移收入	1287.2	4274.9	68085.3	44180.3	117827.7
减:经常转移支出	21908.9	9177.4	46454.4	40826.8	118367.5
等于:可支配总收入	100204.4	14963.2	110376.0	357113.4	582657.0
初次分配总收入占国民总收入的比重	20.7	3.4	15.2	60.7	100.0
可支配总收入占国民可支配总收入的比重	17.2	2.6	18.9	61.3	100.0
可支配收入占比变动(个百分点)	-3.7	1.6	-1.4	3.5	0.0

资料来源：根据表21和表22中数据整理计算。

（三）国民可支配收入的最终使用

国民可支配收入的最终使用主要有两个方向，投资资本形成和消费（包括居民消费和政府消费）。但对各个机构部门而言，由于投资中包括了实物投资和金融投资两种不同的行为，而金融投资是跨机构部门的，这就形成了可支配收入在各个部门之间继续转移的现象。表30和表31列出了各个机构部门可支配收入最终使用和构成情况。从表中可以看出我国近年来国民收入的最终使用主要具有如下几个特点。

表30　2004年和2013年各机构部门可支配收入最终使用情况

单位：亿元

项目	2004年				
	非金融企业部门	金融机构部门	政府部门	住户部门	国内合计
可支配总收入	33685.6	1494.7	32915.1	93387.9	161483.3
减:最终消费	—	—	23199.4	63833.5	87032.9
等于:总储蓄	33685.6	1494.7	9715.7	29554.4	74450.4
加:资本转移收入	3804.1	—	—	—	6538.9
减:资本转移支出	—	—	3809.9	—	6544.7
等于:总投资	37489.7	1494.7	5905.8	29554.4	74444.6
资本形成总额	47269.4	90.0	8226.0	13583.0	69168.4
其他非金融资产获得减处置	—	—	—	—	—
净金融投资	-9779.7	1404.6	-2320.1	15971.4	5276.3

项目	2013年				
	非金融企业部门	金融机构部门	政府部门	住户部门	国内合计
可支配总收入	100204.4	14963.2	110376	357113.4	582657
减:最终消费	—	—	81245.9	219762.5	301008.4
等于:总储蓄	100204.4	14963.2	29130.1	137350.9	281648.6
加:资本转移收入	7707.3	—	3857.9	—	11565.2
减:资本转移支出	3196.8	—	7793.6	384.6	11375
等于:总投资	104714.9	14963.2	25194.4	136966.3	281838.8
资本形成总额	172643.3	636.3	28262.6	72634.4	274176.6
其他非金融资产获得减处置	30833.3	—	-7461.7	-23371.6	—
净金融投资	-98761.7	14326.9	4393.5	87703.5	7662.2

表31 2004 年和 2013 年各机构部门可支配收入最终使用占比情况

单位：亿元

项目	2004 年				
	非金融企业部门	金融机构部门	政府部门	住户部门	国内合计
可支配总收入	100.0	100.0	100.0	100.0	100.0
减：最终消费	—	—	70.5	68.4	53.9
等于：总储蓄	100.0	100.0	29.5	31.6	46.1
加：资本转移收入	11.3				4.0
减：资本转移支出	—		11.6	—	4.1
等于：总投资	111.3	100.0	17.9	31.6	46.1
资本形成总额	140.3	6.0	25.0	14.5	42.8
其他非金融资产获得减处置	—		—	—	
净金融投资	-29.0	94.0	-7.0	17.1	3.3
项目	2013 年				
	非金融企业部门	金融机构部门	政府部门	住户部门	国内合计
可支配总收入	100.0	100.0	100.0	100.0	100.0
减：最终消费	—	—	73.6	61.5	51.7
等于：总储蓄	100.0	100.0	26.4	38.5	48.3
加：资本转移收入	7.7	—	3.5	—	2.0
减：资本转移支出	3.2	—	7.1	0.1	2.0
等于：总投资	104.5	100.0	22.8	38.4	48.4
资本形成总额	172.3	4.3	25.6	20.3	47.1
其他非金融资产获得减处置	30.8		-6.8	-6.5	
净金融投资	-98.6	95.7	4.0	24.6	1.3

第一，政府最终消费占可支配收入的比重上升，而居民最终消费的比重在下降。整体上看，社会最终消费支出的增幅低于整体经济增幅。

从表31中可以看到，2004~2013 年，政府最终消费支出占政府可支配收入的比重由 70.5% 上升到 73.6%；而居民最终消费的比重则由 68.4% 下降到 61.5%，考虑到政府的可支配收入占全部可支配收入的比重与政府部门占增加值的比重相比是下降的，而住户部门则是上升的，说明政府最终消费支出占全部生产成果中的比重也是上升的，反映政府提供的公共服务的增幅快于消费增幅，政府的服务有所改善；而住户部门消费的增长幅度也很大，从表 30 中可以看出，从 2004 年的 63833.5 亿元增加到 2013 年的 219762.5 亿元，名义年均增长率达到 14.7%，这已经属于很好的情况，但低于同期的 GDP 名义增长率（15.6%）。这一时期的全部最终消费支出的年均名义增长率是 14.8%，政府最终消费支出比重的提升对促进消费增长有帮助，但是作用较小。

第二，在住户部门投资中，实物投资的比重在上升，金融投资的比重在下降，但金融投资的占比仍然很高，储蓄率长期居高不下。

从表 31 中可以看出，在住户部门的可支配收入中，资本形成所占的比重由 2004 年的 14.5% 提升到 2013 年的 20.3%，总额达 7 万亿元，住户部门的私人实物投资主要是居民家庭购买的住宅（还包括一部分个体经济的生产资料投资），这是 1998 年住宅商品化改革后因住宅所有权的变化而形成的新的居民家庭大项支出，同样是所有制改革带来的变化。居民家庭在进行了投资和实物消费后，再扣除属于调整项的"其他非金融资产获得减处置"，所剩余的可支配收入便形成了"净金融投资"，2013 年的规模达8.77 万亿元，虽然比重较 2004 年有所降低（重要的原因在于居民家庭投资于住宅的比重上升），但占比仍然很高，达 24.6%。这些资金将通过金融机构或者居民的直接投资，转化为企业部门的资本形成。从表 31 中可以看到，住户部门的总储蓄占其可支配收入的比重由 2004 年的 31.6% 转变为 2013 年的 38.5%。这是由投资带动的经济增长的重要资金来源，一方面促进了经济增长，另一方面也可能导致投资和消费的失衡，增加宏观经济的风险。

第三，非金融企业部门在可支配收入占国民经济的比重减少的情况下，其实物投资的规模却在继续扩大，在资金来源中，自有资金的比重在下降，来自其他部门的净金融投资的份额在上升，这类融资提升了非金融企业的扩张能力，也增加了企业的融资成本（利息支出）以及投资风险。

从表 31 中可以看出，非金融企业的资本形成占可支配收入的比重由

2004 年的 140.3% 增加到了 2013 年的 172.3%，提高了 32 个百分点。从增长情况看，2013 年的资本形成是 2004 年的 3.65 倍，年均名义增长率为 15.5%，与同期 GDP 年均名义增长率相仿。在这期间，非金融企业部门可支配收入的名义增长率却是偏低的，年均名义增长率为 12.9%，在这种情况下，非金融企业部门进行投资就越来越多地依赖外部资金。从表 31 中可以看到，2004 年，非金融企业部门的可支配收入占资本形成总额的比重为 71.3%，2013 年下降到 58.0%，在这种情况下，非金融企业部门就要更多地依赖来自其他部门的净金融投资来弥补自有资金的不足。在这些部门中，来自住户部门的净金融投资所占的比重是最大的，而且有较大幅度的提高，从 2004 年的 33.8% 提高到 2013 年的 50.8%。也就是说，非金融企业部门资本形成总额的资金来源，约有一半来自住户部门的储蓄。这也在一定程度上说明了经过所有制改革，国有企业的数量和从业人员数已经大大下降，但投资规模仍然很大的原因。除了政府通过资本转移对国有企业加以支持外，金融机构在存款激增的情况下，也愿意将贷款发放给国有企业[①]，这既有国家政策上的考虑，也反映了商业银行等金融机构对资金安全性的关注。但是在贷款规模如此大的情况下扩张投资，资金成本必然不断增加，从而不断降低企业可支配收入在增加值中所占的份额（因为财产支出在迅速增加），反而可能使企业的经营环境变得困难。高储蓄和高投资会促进经济增长，但如果超出了一定的限度，就有可能出现负面的影响。因此，现阶段适度地放慢企业的投资扩张速度，将一部分居民储蓄引导到消费领域中，短期内可能会对经济增速产生一定的影响，但是长期却有利于中国的经济发展。

---

① 关于国有企业贷款在全部银行贷款中的比重，目前没有公布数据。向松祚曾指出，国有大企业拿的信贷资金接近整个信贷资金的 50%（参见凤凰网财经，向松祚《对中国经济的七个严厉警告》，2016 年 5 月 17 日）。从各国民经济行业的增加值与固定资产投资的关系看，国有经济投资较大的行业，其投资占增加值的比重往往很大，有的甚至超过了 100%，这些不足通常要通过银行贷款（规模较大）及政府的资本转移支付（规模较小）来弥补。

表 32　2004 年和 2013 年非金融机构部门资本形成总额主要资金来源

单位：万亿元，%

项目	2004 年		2013 年	
	数额	占资本形成总额的比重	数额	占资本形成总额的比重
等于:可支配总收入	3.4	71.3	10.0	58.0
资本形成总额	4.7	100	17.3	100
净金融投资	−1.0	−20.7	−9.9	−57.2
其中来自:金融机构	−0.1	−3.0	−1.4	−8.3
政府部门	0.2	4.9	−0.4	−2.5
住户部门	−1.6	−33.8	−8.8	−50.8
国外	0.5	11.2	0.8	4.4

　　资料来源：根据表 20 和表 21 中的数据整理和计算。净金融投资下的各具体项目为负数时表示为非金融企业部门的收入，正数表示其他部门对净金融投资的使用。2004 年政府部门使用的净金融投资为 0.2 万亿元，2013 年政府部门对非金融企业部门的净金融投资为 2.5 万亿元。2004 年和 2013 年，净金融投资用于国外的部分分别为 0.5 万亿元和 0.8 万亿元（用于购买国外政府和企业发行的债券、在国外金融机构的存款等）。

　　从表 33 中可以看出，近年来，住宅商品化改革以及由此拉动的中国房地产的发展，使住户部门在全社会资本形成中的比重有比较明显的上升，非金融企业部门的比重则相应地有所下降，房地产投资对中国居民生活改善和拉动经济增长的贡献是不可否定的。政府部门和金融机构的投资也有较大的增幅，但从比重上看没有发生显著变化。就目前情况看，各个机构部门的投资比例结构已经有了较大的改善，但下一步如何改善投资和消费之间的关系，是值得重视的问题。

表 33　2004 年和 2013 年资本形成总额占比情况比较

单位：亿元，%

部门	2004 年		2013 年	
	资本形成总额	占比	资本形成总额	占比
非金融企业部门	47269.4	68.3	172643.3	63.0
金融机构部门	90.0	0.1	636.3	0.2
政府部门	8226.0	11.9	28262.6	10.3
住户部门	13583.0	19.6	72634.4	26.5
国内合计	69168.4	100.0	274176.6	100.0

　　资料来源：根据表 21 和表 22 数据整理和计算。

四 近年来我国居民收入分配的变化

所有制改革后，居民家庭的收入和财产都发生了很大的变化，收入指的是居民家庭通过生产要素的投入分配得到的可用于消费和储蓄的报酬，其中消费的部分是当期使用，而储蓄（金融和实物投资）的部分则成为居民的财产。居民的财产如果投资在企业部门，就转变为企业部门的财产，并且可能通过生产活动创造利润以及使财产增值。生产资料所有制反映的主要是生产领域中的财产关系，而收入分配反映的则是包括财产在内的各种生产要素投入生产活动所获得的报酬。各个机构部门所拥有的财产，属于国民资产负债表所记录和研究的对象。很多人把财产（财富）分配和收入分配相混淆，这其实是两个相联系但又有区别的领域。从国民经济核算的观点看，收入分配针对的是资金流量表中住户部门的流量，而财富分配针对的则是国民资产负债表中各个机构部门的存量。本部分所分析的是资金流量表中住户（居民）部门所取得的可支配收入的分配情况①。由于在很长一段时期里，我国的城乡居民收支统计与国民经济核算中的资金流量核算是分别进行的，虽然它们的概念是接近的（都是要反映居民的收入及其分配），但计算的口径和取得资料的途径不一样，两方面的数据存在一定的差别。2013 年以后，我国经过城乡住户调查一体化改革，开始公布在概念上与资金流量表中的住户部门可支配收入一致的城乡居民可支配收入的数据（但在具体处理时还是有一些小的差别）。本部分中分别使用了住户调查一体化改革前后不同口径的数据，但根据实际情况进行了调整，使它们动态可比，并且在分析时进行了说明。

---

① 随着我国财产制度的变化，我国居民所拥有的财产规模差距也在不断扩大。居民的财产至少来源于三个大的方面，一是储蓄的积累，如银行存款等的增加；二是实物资产（如住宅）和金融资产（如股票）的增值；三是经营性财产的增加（直接由私人拥有的企业资产带来的营业盈余转化而成，未计入居民部门的可支配收入）。财产制度和财产分布的变化，必然对居民收入造成影响，但目前要进行这方面的研究，基础数据仍然非常缺乏。

（一）基尼系数

基尼系数是用来反映居民收入分配差距的一个重要指标，通常使用居民可支配收入来计算。从表34中可以看到，2004～2013年，我国的基尼系数经历了一个先上升后下降的过程。2004～2008年，我国的基尼系数是逐渐上升的，在2008年达到最高值0.491[①]；2009年以后开始不断下降，2015年下降到0.462。这一趋势性变化，与前面资金流量表中反映的变化是一致的，即在2008年前后，自改革开放以后居民收入分配差异不断扩大的现象出现了扭转。正是在那一时间前后，我国的经济总量超过了日本[②]，按人均国民总收入计算由下中等跨入上中等的行列[③]。显然，中国居民收入分配格局的扭转，是与经济发展水平相关联的。当我们从低收入水平开始起步实现加速增长时，要允许"一部分人、一部分地区先富起来"，但由此可能造成居民收入差距的扩大；而当经济发展水平提高到一定程度时，政策就开始调整，更加强调"共同富裕"。这种政策上的调整是符合客观经济规律的要求的。在发达市场经济国家，经过市场的长期作用，大多会出现这种结果，著名的库兹涅茨曲线所揭示的就是这样的统计规律。但在我国，由于政府政策的积极推动（如调节各个地方的最低工资标准等），这一进程加快了。从变化程度上看，我国的基尼系数在7年间下降了约0.03，居民收入分配差距仍较大。如果按照这个速度，在2020年前后，逐步缩小基尼系数将会下降到0.43左右，虽然与通常所说的0.40的警戒线水平仍然有一定的差距，但是从发展趋势看，我们与这个标准之间的差距不是在扩大而是在不断缩小。表33列示了2004～2015年我国的基尼系数。

[①] 我国官方2003年开始公布基尼系数，如果追溯到更早以前就只有民间的推算数据，这些数据存在较大的差异，但是所反映的趋势是一致的，即从改革开放以来一直到2008年，我国的基尼系数一直是上升的。参见罗日镁《从基尼系数看居民收入差距》，《统计与决策》2005年第6期。

[②] 按照世界银行新公布的数据，我国按汇率法计算的GDP在2009年超过了日本。

[③] 根据世界银行数据，2010年，按汇率法计算中国的人均国民总收入达到4240美元，中国第一次进入上中等收入经济体的行列。

表 34　中国 2004～2015 年基尼系数

年份	基尼系数	年份	基尼系数	年份	基尼系数	年份	基尼系数
2004	0.473	2010	0.481	2007	0.484	2013	0.473
2005	0.485	2011	0.477	2008	0.491	2014	0.469
2006	0.487	2012	0.474	2009	0.490	2015	0.462

资料来源：根据国家统计局历年统计公报整理而成。

（二）从资金流量表看我国居民可支配收入的构成

表 34 显示的是根据资金流量表列出的 2013 年我国住户部门可支配收入，也就是居民可支配总收入的形成以及各个项目的占比。表中第 1 项"增加值"为个体经济当年所创造的增加值，扣除它们向雇员支付的劳动报酬（2），再扣除向政府支付的生产税净额，就是住户部门的个体经济的纯收入（4），占全部居民可支配收入的 11.4%。而它们支付的"劳动者报酬"（2）被扣除后，被包括进第 7 项中，反映为住户部门由本部门以及其他部门（非金融企业、金融机构和政府）所获得的全部劳动者报酬，占全部可支配收入的 83.7%。在居民的初次收入分配中，还要扣除向其他部门支付的财产支出，如为购买住房向银行贷款而支付的利息等；与此同时，居民家庭还从其他部门获得财产收入，如银行存款利息、债券利息、投资企业的分红等；这部分收入较过去有比较大的增加，但是从其占可支配收入的比重看仍然不大，目前只有 6.1%，如果从净收入的角度看，只占 4%。这三部分构成了居民收入的初次分配。说明在居民初次分配收入中，劳动者报酬是主体，个体经营收入的比重开始增加，而财产收入所占的比重仍然不大。虽然国有经济在国民经济中的比重现在已经低于私营部门，但是可以看到，政府部门的红利收入高于居民部门，说明私营企业家在所属企业取得收益后，更愿意将收益留在企业用于扩大再生产（也存在一些家庭支出列入企业成本的现象），而不是进行分配成为居民家庭也就是住户部门的收入，这就出现民营企业在迅速发展后，它们的财产收入（这里主要指红利收入）在住户部门却没有显著增加的现象。初次分配收入还要经过再分配，除了个别居民家庭的经常收支外，主要是通过

政府部门的经常转移收入（所得税和财产税、社会保险的缴款等）和经常转移支出（政府社会保障支出、对困难群体的补助等）进行，从表35中可以看出，这一部分收支在居民可支配收入中的比重达到10%以上。说明政府在再分配领域中的经常转移收支对平抑居民收入差距起了一定的作用。

表35　2013年住户部门可支配收入项目及其构成

单位：亿元，%

项目	总额	占可支配总收入的比重
增加值	144991.5	40.6
减:劳动者报酬支出	101415.3	28.4
减:生产税净额支出	2950.6	0.8
等于:个体经济收入	40625.6	11.4
减:财产支出	7656.3	2.1
加:财产收入	21824.4	6.1
加:劳动者报酬收入	298966.1	83.7
等于:初次分配总收入	353759.9	99.1
加:经常转移收入	44180.3	12.4
减:经常转移支出	40826.8	11.4
等于:可支配总收入	357113.4	100.0

资料来源：参见表26和表28。

（三）城乡居民之间的收入差距

表36列出了城镇居民人均可支配收入、农村居民人均纯收入的名义指数（包括价格变动因素）和实际指数（剔除了价格变动因素）。从公布数据的时点上看，这些数据往往能够当年公布，所以在本部分，我们使用的是2000~2014年的时间序列，个别地方使用了2015年的数据。总体上看，2000~2014年，经济增长（人均GDP年均实际增长9.2%）使我国城乡居民收入有了明显增加，说明经济增长是改善居民收入的基础，如果没有经济增长，那么居民家庭收入是不可能在整体上得到改善的。2004~2013年，从整体上看，我国农村居民收入的增长低于城镇居民收入的增长，但近年这一局面已经开始发生变化。从变化过程看，城乡居民收入之间的差距开始是不断扩大的，到达一定点后又逐渐缩

小。从表35中可以看到，2004～2007年，我国城乡居民的收入比（城镇居民人均可支配收入为农村居民人均纯收入的倍数）是上升的，但上升的幅度已经放慢（2000年是2.79倍），2006～2009年徘徊了4年，从2010年之后开始逐年下降，2013年已经回落到3倍（2014年回落到3倍以下）。与这种变化相对应的是，2004～2008年，我国城镇居民人均可支配收入的实际和名义增长率，都高于农村居民人均纯收入，但2008年后发生了逆转，农村居民收入的增长超过了城镇居民，从而使城乡居民的收入差距重新缩小。这一期间，也是我国的居民可支配收入在全部可支配收入中的比重又重新提高的时期，说明提升农村居民的收入对于改善整体的收入分配结构具有重要意义。

表36　2004～2013年中国城乡居民人均收入情况

年　份	城镇居民人均可支配收入			农村居民人均纯收入			城镇居民人均可支配收入为农村居民人均纯收入的倍数
	绝对数	名义指数	实际指数	绝对数	名义指数	实际指数	
	（元）	上年＝100	上年＝100	（元）	上年＝100	上年＝100	
2004	9421.6	—	—	2936.4	—	—	3.2
2005	10493.0	111.4	109.6	3254.9	110.8	106.2	3.2
2006	11759.5	112.1	110.4	3587.0	110.2	107.4	3.3
2007	13785.8	117.2	112.2	4140.4	115.4	109.5	3.3
2008	15780.8	114.5	108.4	4760.6	115.0	108.0	3.3
2009	17174.7	108.8	109.8	5153.2	108.2	108.5	3.3
2010	19109.4	111.3	107.8	5919.0	114.9	110.9	3.2
2011	21809.8	114.1	108.4	6977.3	117.9	111.4	3.1
2012	24564.7	112.6	109.6	7916.6	113.5	110.7	3.1
2013	26955.1	109.7	107.0	8895.9	112.4	109.3	3.0
年均指数(%)	—	112.4	109.2	—	113.1	109.1	—
2004～2008年	—	113.8	110.1	—	112.8	107.8	—
2008～2013年	—	111.3	108.5	—	113.3	110.2	—

资料来源：《中国统计年鉴2015》。表中居民收入数据由国家统计局公布，数据口径仍然为分别开展的城镇和农村住户调查的传统口径。表中居民收入实际指数根据统计年鉴中城乡居民收入定基指数（1978＝100）推算而得。

从表37中可以看出，在2004～2013年农村居民纯收入各个项目的年均增长率中，比重增加最大的是工资性收入，增加了11.3个百分点，现在已经超过家庭经营纯收入（原来主要是农业经营纯收入）成为占比最大的收入来源（45.3%）。转移性和财产性收入的年均增长率更高（主要是因为转移性支出增长，体现了国家对低收入群体的扶持），但是占比仍然较低。说明农村居民的非农业就业，是提高收入的主要途径。从前面的分析中可以看出，非农就业的扩大，主要依赖非传统公有制企业（传统公有制企业的就业是减少的），也就是说，非传统公有制经济的发展能够缩小城乡居民收入差距。

表37　2004～2013年中国农村居民纯收入变化情况

单位：元，%

项目	2004 年		2013 年		2004～2013 年年均名义增长率
	金额	占比	金额	占比	
农村居民人均纯收入	2936.4	100	8895.9	100	13.1
工资性收入	998.5	34.0	4025.4	45.3	16.8
家庭经营纯收入	1745.8	59.5	3793.2	42.6	9.0
转移性和财产性收入	192.2	6.5	1077.3	12.1	21.1

资料来源：根据2005年与2014年《中国统计年鉴》中有关数据整理计算。表中数据为城乡住户调查一体化改革前的口径。

（四）城镇居民内部和城镇居民之间的收入差距

表38列出了2000～2008年按收入分组城镇居民人均可支配收入，从表中可以看到这一时期全部城镇居民的人均可支配收入的年均名义增长率为12.21%，但是不同收入组的居民家庭收入增长的幅度不同，收入等级越低，收入的年均增长率就越低，这就拉开了收入分配的差距。2000年，最高收入户的收入是最低收入户的5.02倍，到了2008年则上升到9.17倍，接近原来的两倍。收入差距的扩大，必然会在基尼系数上表现出来。这种变化与我国20世纪90年代中后期的市场化改革是有关

的，市场化改革带来的产权制度改革以及相应的分配制度改革，是我国改革开放以来在生产与分配领域里一次深刻的变革，使得原来的"按劳分配"在相当程度上调整为通过市场按生产要素对经济活动的贡献来进行分配，拥有知识、技术、资本等经济增长中的稀缺资源，就可能得到更多的回报。这样，经济活动效率提高（表现在经济增长上），居民收入分配之间的差距也拉开了。

表38　2000～2008年按收入分组的城镇居民人均可支配收入比较

单位：元，%

项目			人均可支配收入			
			2000年	2008年	2008年为2000年的倍数	2000～2008年年均名义增长率
全国			6280	15781	2.51	12.21
按收入等级分	最低收入户	10	2653	4754	1.79	7.56
	低收入户	10	3634	7363	2.03	9.23
	中等偏下户	20	4624	10196	2.20	10.39
	中等收入户	20	5898	13984	2.37	11.40
	中等偏上户	20	7487	19254	2.57	12.53
	高收入户	10	9434	26250	2.78	13.65
	最高收入户	10	13311	43614	3.28	15.99
最高收入户为最低收入户的倍数			5.02	9.17	－	－

资料来源，根据《中国统计年鉴2009》中相关数据整理。

但是从表39中可以看到，自2008年以来，按收入水平分组的城镇居民可支配收入的增长情况比之前（尤其是2000～2008年）有了根本性改善。改变为收入越高的组别的收入增长率越低，收入越低的组别的收入增长率越高，不仅从长期趋势看是这样，而且各年的增长也是如此。这就使城镇居民之间的收入差距开始缩小，从而成为影响我国基尼系数重新走低的主要原因，说明随着经济发展阶段的提升、劳动力供求关系的变化以及国家采取的一系列政策，我国城镇居民的收入分配差距正在得到不断的改善。

表39 2009～2014年城镇居民人均可支配收入增长率

单位：%

年份	低收入户 (20%)	中等偏下户 (20%)	中等收入户 (20%)	中等偏上户 (20%)	高收入户 (20%)
2009	10.7	10.3	10.1	9.2	8.0
2010	13.1	13.0	11.8	10.3	9.9
2011	15.6	14.1	13.5	13.9	14.2
2012	17.8	15.6	14.7	12.8	9.4
2013	10.4	10.3	9.4	8.7	9.6
2014	13.4	11.5	10.2	9.3	6.7
年均增长率	13.5	12.4	11.6	10.7	9.6

资料来源：《中国统计年鉴2015》，表中增长率为名义增长率，2014年增长率根据住户调查一体化改革后数据计算，动态上与传统数据计算的时间序列可比。

表40中列出了2013年和2014年我国在城乡住户调查一体化改革后利用新口径得到的城镇居民可支配收入的分组数据，图1则是2013年和2014年城镇居民可支配收入累积分布的曲线，即洛伦兹曲线。

表40 2013年和2014年按城乡一体化调查口径公布的城镇居民可支配收入情况

单位：元，%

组别	人数占比	2013年		2014年	
		可支配收入	累积人数占比	可支配收入	累积人数占比
低收入户	(20%)	9895.9	20	11219.3	20
中等偏下户	(20%)	17628.1	40	19650.5	40
中等收入户	(20%)	24172.9	60	26650.9	60
中等偏上户	(20%)	32613.8	80	35631.2	80
高收入户	(20%)	57762.1	100	61615.0	100

资料来源：《中国统计年鉴2015》。

从图1中可以看到，2014年的累积分布曲线（右线）基本上是2013年曲线（左线）平移的结果，各个收入组之间的曲线的斜率没有发生显著变化，说明城镇居民的收入分配没有继续变差。但是也要看到，图中最低收入组平移的程度要低于最高收入组的平移程度，这是因为较低的收入组的基数低，较高的收入组的基数高，即使较低的收入组的增长率高于较高的收入组，但是如果增长率没有达到一定的高度，其仍然有可能在数量上高于较高的收入组。图中的两条洛伦兹曲线都是上凸的，说明基尼系数在 0.5 以上。分组别看，较低收入组的斜率较大，组距较短，较高收入组的斜率较小，组距较长，说明收入越高，分布越广，反映了我国城镇居民的收入分配正在趋向合理。如果要继续改善收入分配，就要进一步加大较低收入组之间的斜率，或者说，减少按收入水平分的低收入组的人数（也就是增加低收入人群的收入）。通过对图中面积的简单计算（曲线上方的面积除以曲线上下方的总面积）可以得出我国城镇居民可支配收入的基尼系数大约为 0.35，也就是说，我国城镇居民可支配收入的基尼系数，目前仍然处于国际公认的警戒线水平 0.4 以下。说明我国城镇居民的收入分配差距目前仍然处于合理的区间，虽然仍然需要改善，但是应该对这种差距程度有一个客观的估计。

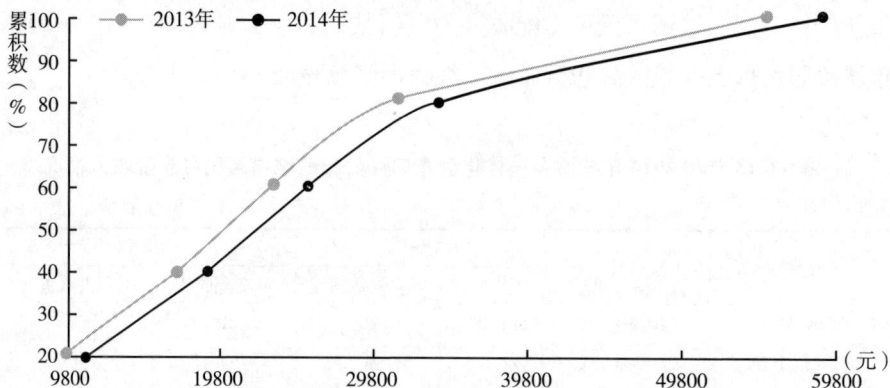

图1　2013 年和 2014 年城镇居民可支配收入累积分布

资料来源：《中国统计年鉴 2015》。

（五）升级产业结构、提高经济发展水平与扩大中等收入群体规模

习近平同志指出，扩大中等收入群体规模，关系全面建成小康社会目标的实现，是转方式、调结构的必然要求，是维护社会和谐稳定、国家长治久安的必然要求。扩大中等收入群体规模，必须坚持有质量有效益的发展，保持宏观

经济稳定，为人民群众生活改善打下更为坚实的基础；必须弘扬勤劳致富精神，激励人们通过劳动创造美好生活；必须完善收入分配制度，坚持按劳分配为主体、多种分配方式并存的制度，把按劳分配和按生产要素分配结合起来，处理好政府、企业、居民三者的分配关系；必须强化人力资本，加大人力资本投入力度，着力把教育质量搞上去，建立现代职业教育体系；必须发挥企业家作用，帮助企业解决困难、化解困惑，保障各种要素投入获得回报；必须加强产权保护，健全现代产权制度，加强对国有资产所有权、经营权、企业法人财产权的保护，加强对非公有制经济的产权保护，加强知识产权保护，增强人民群众财产安全感①。这段话指明了改善收入分配对中国现阶段收入分配的意义，同时也说明了改革必须在新的现代产权制度的框架下进行，通过各种所有制形式的企业及生产者的共同努力，改善我国的收入分配关系。

我国城市中的经济体制改革是从收入分配领域开始的，在企业经营管理中强调"按劳分配"，实际上是通过奖勤罚懒来激励企业职工改变劳动态度和提高劳动技能，从而达到提高劳动生产率的目的，这必然导致企业内部收入差距的扩大。但这种差距扩大的幅度是有限的，因为企业用于分配的成本有限，在劳动力市场形成以后，企业的最低工资标准受市场和政府两方面的限制，企业内部的收入差异实际上是与企业的盈利能力相联系的，而企业的盈利必须在市场竞争中实现。经过 30 多年的发展，企业内部的职工收入差距已经不再是我国收入分配差距继续扩大的主要原因。现在的问题是，在不同的行业之间，由于生产要素投入的结构不同（如高科技企业需要资金、技术、人才的投入）和准入（如一些领域只允许内资或国资进入）等，不同的行业在总生产成本中能够用于支付劳动成本或者是在总收益中用于劳动者报酬的规模也不同。作为一个处于加速工业化和现代化中的发展中国家，一方面我们的新兴产业在迅速发展，另一方面相当一部分传统产业仍在继续，升级缓慢。这就造成了行业之间收入增长的不平衡并由此导致行业之间

---

① 参见《习近平明确供给侧改革路径六个方向扩大中等收入群体》，人民网—中国共产党新闻网，2016 年 5 月 17 日。

劳动者报酬上的差别。而作为居民的家庭主要收入的劳动者报酬差异的扩大化，是居民收入分配差距扩大的主要原因。当然，财产收入作为居民家庭收入中的另一重要来源，尤其是高收入家庭收入的重要来源，也影响着收入分配差距的变化，但目前这一部分收入在住户部门可支配收入中仍然只占较小的比重，所以影响我国收入分配的主因还是劳动者报酬（2013 年劳动者报酬占居民可支配收入的比重约为 83%）。这里将通过对劳动者报酬的行业差异的分析对居民收入分配进行研究。

从表 41 中可以看到，我国 2012～2013 年的全部从业人员（不是全体居民）的人均劳动者报酬约为 38000 元，低于这一平均水平的行业只有两个，即农、林、牧、渔业及批发零售贸易、住宿和餐饮业，其他行业均高于平均水平，收入最高的三个行业分别为金融业、采矿业、电力热力及水的生产和供应业，从前文的分析中可以看出，这都属于国有经济从业人员占比较大的行业。其他行业的人均劳动者报酬为 4 万～6.5 万元。

表 41　2012～2013 年中国各国民经济行业人均劳动者报酬情况

行业	2012 年各行业劳动者报酬总额(亿元)	2013 年各行业从业人员(万人)	2012～2013 年人均劳动者报酬估计值(元)
农、林、牧、渔业	52996	24171	21926
采矿业	10439	1047	99718
制造业	65181	13374	48736
电力热力及水的生产和供应业	3992	488	81883
建筑业	22462	5412	41507
运输仓储邮政、信息传输、计算机服务和软件业	14699	3349	43897
批发零售贸易、住宿和餐饮业	21179	9243	22915
房地产、租赁和商务服务业	9405	2319	40558
金融业	11024	514	214516
其他服务业	52757	8169	64580
合　计	264134	68084	38795

资料来源：2012 年各行业劳动者报酬总额根据 2012 年投入产出表（参见《中国统计年鉴 2015》），2013 年各行业从业人员数根据表 15 和表 27 中数据整理，其中表 27 中的其他项 8892.8 万人未包括在本表中，因此本表合计数中反映的全国人均劳动者报酬可能偏高，如果把这一数值包括到全部劳动力中，则人均劳动者报酬估计值的修正值为 34313 元。

　　图2是按照各个国民经济行业的人均劳动者报酬排序后列出的就业人员分布。由于图中的资料来源于投入产出表，农业和非农业劳动者的报酬使用的是统一口径，与国民收入指标相衔接（属于国内生产总值的组成部分），所以不存在城乡居民收入口径不一致的问题。从图中可以看出，按国民经济行业的平均劳动者报酬分组后形成的就业人员分布是非对称的。收入最高的三个行业（金融业、采矿业、电力热力及水的生产和供应业）的平均劳动者报酬虽然高，但全部从业人员只占很小的比重（3%），所以他们对收入分配的格局在数量上的影响是有限的（当然，在社会舆论上产生的负面影响不小）。收入最低的两个行业（农、林、牧、渔业及批发零售贸易、住宿和餐饮业）的情况就不同了，它们的从业人员在全部从业人员中所占的比重非常大，达到45%以上，对整个收入分配格局的影响非常大。而中等收入的五个部门（按顺序为房地产、租赁和商务服务业，建筑业，运输仓储邮政、信息传输、计算机服务和软件业，制造业，其他服务业）所占的比重为50%左右。我们可以把图2中的行业分成三个组，图2中左侧的两个点为低收入组，分别反映了农、林、牧、渔业和批发零售贸易、住宿和餐饮业的平均劳动者报酬和从业人数，可以看出它们的平均劳动者报酬很低，但人数众多；右侧的三个点为高收入组，分别是金融业、采矿业、电力热力及水的生产和供应业的平均劳动者报酬和从业人数，它们的报酬很高，但人数不多；中间的五个点则是中等收入组，反映了其余五个行业（房地产、租赁和商务服务业，建筑业，运输仓储邮政、信息传输、计算机服务和软件业，制造业，其他服务业）的平均劳动者报酬和从业人数，它们的分布基本上是正常的。其中的其他服务业的平均劳动者报酬之所以较高，主要原因在于它包括政府机构和事业单位（如教育、科学、文化等事业单位）的工作人员，这些人的收入在社会上属于中上水平，人数也较多。显然，中等收入组的分布是比较均衡的，如果要改善行业间的收入分配，一方面要继续提升低收入行业的收入并相应地减少就业人数，另一方面要控制高收入行业的收入。控制高收入行业的收入是相对容易做到的，因为这些行业的高收入本来就是在政府干预的情况下出现的，那么同样可以通过适度的政府干预使之不再增加甚至合理回落；但低收入行

业提高平均劳动者报酬需要经历一个相对长期的过程，尤其是农业，其产量的增长受到自然条件的影响，因此提高劳动生产率既要在分子中提高总产量，又要在分母中减少剩余劳动力，改革开放后我们一直在进行这方面的努力，近年的进步尤其明显，但要真正解决城乡发展二元化的矛盾，仅仅靠农业本身的发展是不够的，更要靠大力推进非农产业的发展并带动相应的就业。而非农产业的就业增长，要靠民营经济的发展。从行业分析中还可以看出，我国各行业之间平均劳动者报酬的差别与经济类型是相关的。收入较高的四个行业，金融业、采矿业、电力热力及水的生产和供应业以及其他服务业，都是传统公有制或者是国有经济从业人员所占比重较高的行业，而民营经济占比较高的劳动者报酬则相对较低，个体经济占比较大的批发零售贸易、住宿和餐饮业和农、林、牧、渔业的人均劳动者报酬最低。但是在批发零售贸易、住宿和餐饮业中的个体经济从业人员，除了取得劳动者报酬外，还有经营性收入（营业盈余），而农、林、牧、渔业从业人员的全部经营收入，在投入产出表中都被归入劳动者报酬，所以从实际平均收入看，批发零售贸易、住宿和餐饮业和其他行业的差距并没有那么大，真正属于低收入的行业只有农、林、牧、渔业。从这个角度看，要加大中等收入人群的数量或比重，一方面要增加农、林、牧、渔业劳动者的报酬，但农、林、牧、渔业本身的发展受自然条件、技术因素等多方面的限制，所以更重要的是在另一方面，通过非农产业的发展使更多的农、林、牧、渔业劳动者转移到非农产业中去。从前文的分析可以看到，我国非农产业的新增就业主要依靠民营经济的发展。因此，民营经济的发展在改善我国的收入分配方面具有举足轻重的作用。

整体上看，我国当前较大的收入分配差距，主要不是因为少数人的高收入，而在于自 20 世纪 90 年代初期以来，收入中等的这些行业的平均劳动者报酬的增长一直高于低收入行业的增长，因此在中等收入和低收入行业之间拉开了差距，在统计上表现为双峰分布的峰值之间的差距不断拉大，方差与离散系数不断提升，导致包括城乡在内的全国居民收入的基尼系数提升。

这种差异是我国工业化、城镇化和现代化进程中城乡二元化结构所带来的结果或者是阵痛。由于我国各个地区的经济发展程度不同，二元化结构的

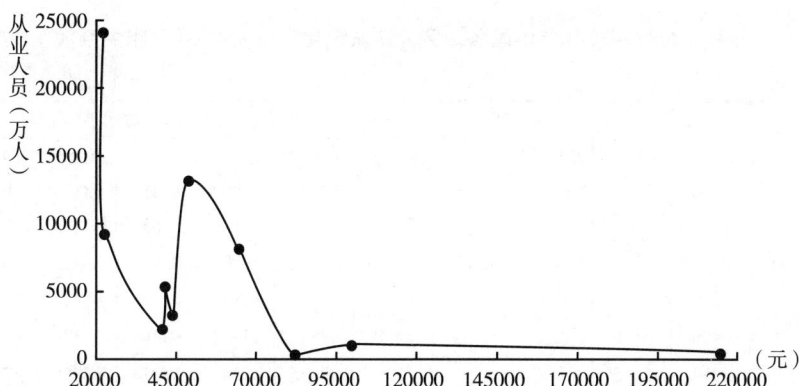

图2　2012～2013年按人均劳动者报酬排列的各国民经济行业的从业人员分布

程度也不同，所以人均收入也不同，因而造成收入分配的差异。一个地区的城镇化水平越低，人均GDP也越低，由此决定的人均可支配收入也就越低，由城乡收入差距造成的全体居民的收入差距也就越大（基尼系数也就越高）。所以，从地区比较来看，收入分配差距是与各个地区的经济发展水平和城镇化程度相关的，经济发展水平越高，收入差距也就越小，对中国大多数地区而言，改善收入分配的根本途径，是通过非农产业的发展和提高在国民经济中所占的比重促进经济发展。从表42中可以看到，我国各个地区的人均GDP水平与常住人口城镇化率之间，存在高度的相关关系，相关系数达到92%以上（见表42最后一行）。也就是说，一个地区常住城镇人口占总人口的比重越高，其人均GDP水平也就越高。而一个地区的人均GDP水平越高，其一体化的居民可支配收入水平也就越高。虽然目前的人口城镇化率已经有了很大的提高，但是与发达国家普遍高达80%的水平相比，仍然还有很大差距。在中国，能够达到这一水平的也只有北京、上海、天津等。而在其他省份中，2013年人口城镇化率达到60%以上的，只有5个经济发达省份（江苏、浙江、辽宁、广东、福建），还有13个省和自治区的城镇化率在50%以下。由于农村居民的人均可支配收入明显低于城镇，一个地区的人口城镇化水平越低，利用一体化计算的人均可支配收入也就可能越低。因此随着发展水平较低的地区的城镇化进程的推进，我国的收入分配差距将会进一步缩小。

表 42　2009～2013 年中国各地区人口城镇化率与人均 GDP 相关系数

单位：%，元

地　区	人口城镇化率					人均 GDP（按人均水平排序）				
	2009 年	2010 年	2011 年	2012 年	2013 年	2009 年	2010 年	2011 年	2012 年	2013 年
天　津	78.0	79.6	80.5	81.6	82.0	62574	72994	85213	93173	99607
北　京	85.0	86.0	86.2	86.2	86.3	66940	73856	81658	87475	93213
上　海	88.6	89.3	89.3	89.3	89.6	69164	76074	82560	85373	90092
江　苏	55.6	60.6	61.9	63.0	64.1	44253	52840	62290	68347	74607
浙　江	57.9	61.6	62.3	63.2	64.0	43842	51711	59249	63374	68462
内蒙古	53.4	55.5	56.6	57.7	58.7	39735	47347	57974	63886	67498
辽　宁	60.4	62.1	64.1	65.7	66.5	35149	42355	50760	56649	61686
广　东	63.4	66.2	66.5	67.4	67.8	39436	44736	50807	54095	58540
福　建	55.1	57.1	58.1	59.6	60.8	33437	40025	47377	52763	57856
山　东	48.3	49.7	51.0	52.4	53.8	35894	41106	47335	51768	56323
吉　林	53.3	53.5	53.4	53.7	54.2	26595	31599	38460	43415	47191
重　庆	51.6	53.0	55.0	57.0	58.3	22920	27596	34500	38914	42795
陕　西	43.5	45.8	47.3	50.0	51.3	21947	27133	33464	38564	42692
湖　北	46.0	49.7	51.8	53.5	54.5	22677	27906	34197	38572	42613
宁　夏	46.1	47.9	49.8	50.7	52.0	21777	26860	33043	36394	39420
河　北	43.7	44.5	45.6	46.8	48.1	24581	28668	33969	36584	38716
黑龙江	55.5	55.7	56.5	56.9	57.4	22447	27076	32819	35711	37509
新　疆	39.9	43.0	43.5	44.0	44.5	19942	25034	30087	33796	37181
湖　南	43.2	43.3	45.1	46.7	48.0	20428	24719	29880	33480	36763
青　海	41.9	44.7	46.2	47.4	48.5	19454	24115	29522	33181	36510
海　南	49.1	49.8	50.5	51.6	52.7	19254	23831	28898	32377	35317
山　西	46.0	48.1	49.7	51.3	52.6	21522	26283	31357	33628	34813
河　南	37.7	38.5	40.6	42.4	43.8	20597	24446	28661	31499	34174
四　川	38.7	40.2	41.8	43.5	44.9	17339	21182	26133	29608	32454
江　西	43.2	44.1	45.7	47.5	48.9	17335	21253	26150	28800	31771
安　徽	42.1	43.0	44.8	46.5	47.9	16408	20888	25659	28792	31684
广　西	39.2	40.0	41.8	43.5	44.8	16045	20219	25326	27952	30588
西　藏	22.3	22.7	22.7	22.8	23.7	15295	17319	20077	22936	26068
云　南	34.0	34.7	36.8	39.3	40.5	13539	15752	19265	22195	25083
甘　肃	34.9	36.1	37.2	38.8	40.1	13269	16113	19595	21978	24296
贵　州	29.9	33.8	35.0	36.4	37.8	10971	13119	16413	19710	22922
相关系数	—	—	—	—	—	0.93	0.94	0.94	0.93	0.92

资料来源：《中国统计年鉴 2014》。

从产业结构的高度看，一个地区的高收入及中等收入行业的比重越大，其平均收入就越高，其收入分配差距也就越小（因为严重影响收入分配均衡的低收入行业尤其是农业劳动力所占的比重低），反之，一个地区的农业从业人员比重越大，收入分布中双峰的现象也就越严重，收入分配差距以及反映这种差距的基尼系数也就越大。如果从产业结构高度看，越是传统和低端的产业或行业劳动者的平均报酬越低，越是新兴的和高端的产业或行业劳动者的平均报酬越高，那么一个地区的产业结构高度越高，它的收入分配差距也就越小，反之就越大①；从准入条件上看，准入条件越高的产业或行业的劳动者报酬越高，准入条件越低的企业或行业的劳动者报酬越低，那么在高准入条件企业或单位聚集的地区或城市（尤其是北京）的收入分配差距也就越小，反之也就越大。由此得出的结论是，一个地区的居民家庭平均收入是与这个地区由产业结构高度所决定的平均收入（主要是平均劳动者报酬）相关的。而在中国的城镇化和现代化进程中，发达地区通常有较高的产业结构高度，主要表现为新兴和高端产业在不断发展，而欠发达地区通常只有传统和低端的产业其产业结构高度较低。所以地区之间居民收入的差距，从根本上说还是由地区间产业结构高度的差别造成的。所以就全国而言，要改善当前的收入分配状况，关键是要加快欠发达地区和中等发达地区的工业化和城市化进程，促进非农产业的发展，提高这些地区的产业结构高度和非农就业水平，各级政府尤其是中央政府要创造各种条件（尤其是市场条件）合理地引导各种资源向欠发达地区和中等发达地区流动，通过这些地区和发达地区之间的互补来全面地提高我国的经济发展水平。

从以上分析中可以看出，伴随着社会主义市场经济的建立和发展，我们的产权制度和所有制结构已经发生了深刻的变化，并且导致我国收入分配格局发生巨大变化。这种变化在宏观上体现为国民收入分配格局的变化，在微

---

① 产业结构高度表面上是对不同产业的份额和比例关系的一种度量，本质上是对劳动生产率的衡量。一个经济体（国家或地区或城市）新兴和高端行业依次所占的比重越大，其产业结构的高度也就越高。参见刘伟、张辉、黄泽华《中国产业结构高度与工业化进程和地区差异的考察》，《经济学动态》2008 年第 11 期。

观上体现为居民收入分配的变化。这些变化推动了我国的经济增长以及经济社会的全面发展，但在一定时期内，也造成了居民收入分配差距扩大等问题。随着我国进入上中等收入国家的行列，近年来我国的收入分配格局有了一定的改善，中等收入群体在不断扩大，但是地区间、行业间、不同的收入群体间的居民收入分配差距仍需要改善。从现在的情况看，主要矛盾是农业发展受到限制，农业劳动力向非农产业转移需要经历一个渐进的过程，这也是我国仍然属于一个发展中国家的原因。从非农产业发展看，各个行业之间、不同地区经济之间的发展仍然不平衡，政府应该引导更多的经济资源向更有发展潜力的行业和地区流动，尤其需要为这些行业和地区的民营经济的发展创造更好的条件，通过这些行业和地区的经济发展提高人们的平均收入水平。与此同时，要深入进行国有企业的体制改革，在发展过程中逐步缩小国有经济与其他所有制经济收入水平之间的差距。通过逐步地降低低收入人群和高收入人群的比重，来提高中等收入人群的比重。

第8章　博弈与制衡：全球碳减排市场体系从"不均衡"走向"均衡"

吴　琦[*]

应对气候变化已成为关系人类命运和可持续发展进程的核心任务之一。构建全球碳减排市场体系、实现气候变化的国际合作和全球治理，是应对全球气候变化的客观要求和必经之路。2015 年 12 月，巴黎气候大会达成的《巴黎协议》，是继 1992 年达成《联合国气候变化框架公约》、1997 年达成《京都议定书》之后，人类历史上应对全球气候变化的第三个里程碑式的国际法律协议。2016 年 9 月初的 G20 杭州峰会上，各国元首第一次就气候变化问题专门发表声明。美国和中国共同宣布完成《巴黎协议》的国内审批，并向联合国交存相关法律文书，彰显了以美国为首的发达国家和以中国为代表的发展中国家共同构建全球碳减排市场体系的信心和决心。

一　全球碳减排市场体系构建进程中的收获与教训

气候变化已成为全球化的现象和国际社会面临的共同挑战。据统计，自工业革命以来，地球表面平均温度上升超过 1 摄氏度，而且随着世界各国经济社会的发展，全球气候变暖的进程正在日益加快。虽然世界各国已在碳减排方面做出很多努力，但要确保在 21 世纪内将全球平均气温升高控制在工

---

* 吴琦，恒丰银行研究院商业银行研究中心负责人。

业化之前水平的 2 摄氏度之内，并且朝着不超过 1.5 摄氏度的目标努力，必须从全球层面构建绝大多数国家共同参与、统一协调的碳减排市场体系。

1979 年，在第一届世界气候大会上，气候变化首次作为一个受到国际社会关注的问题提上议事日程，而针对气候变化的国际响应机制，即全球碳减排市场体系，随着《联合国气候变化框架公约》的发展而逐渐成形：1992 年，《联合国气候变化框架公约》的制定，阐明了全球应对气候变化的行动框架；1995 年，首次缔约方大会共同签署《柏林授权书》，首次提出了全球碳减排市场的概念，表明各缔约国同意以国际谈判的形式进行减排义务协商；1997 年，《京都议定书》的通过，明确了发达国家的量化减排指标，标志着全球碳减排市场的框架初步成型；2005 年和 2007 年，各参会国分别通过"控制气候变化的蒙特利尔路线图"和"巴厘路线图"；从 2009 年的哥本哈根，到 2011 年的德班，再到 2014 年的利马，在巨大的利益鸿沟和分歧面前，各参会国的气候谈判进展缓慢，全球碳减排市场体系的发展进程有所放缓；2015 年，历经延期一天、激烈博弈、多次暂停的艰苦谈判，各参会国终于达成《巴黎协议》，也标志着世界各国朝着最终建立全球碳减排市场体系又迈出了坚实的一步。

从 1979 年到 2015 年，全球碳减排市场体系的构建经历了一个长期而复杂的过程，也是一个充满博弈与制衡的过程。各种利益相关者，尤其是发达国家和发展中国家的权力、利益交织在一起，多元化的利益主体、多样化的利益需求、多途径的利益实现方式构成了一个错综复杂的利益网络，也造成了各种各样的矛盾和冲突。以 2016 年的 G20 杭州峰会为新起点，全球碳减排市场体系从"不均衡"走向"均衡"，需要发达国家和发展中国家做出更多的妥协，付出更大的努力。

二 全球碳减排市场体系构建进程中的博弈与制衡

博弈论是研究决策主体的行为发生直接相互作用时候的决策以及决策均衡问题的理论。博弈论中决策主体的行为策略主要包括"合作"和"非合作"

两类，而构建全球碳减排市场体系的关键在于发达国家和发展中国家采取"合作"或"非合作"策略的决策行为的博弈与制衡，由此在不同的发展阶段形成"均衡"或"非均衡"的博弈态势，进而实现最大程度的碳减排效果。因此，从博弈论的角度分析发达国家和发展中国家关于碳减排的博弈过程，有利于发现和协调双方的利益诉求和权利义务，也有助于规范并明确双方的决策动机和决策行为，对构建全球碳减排市场体系具有重要的启示和借鉴意义。

以《京都议定书》和《巴黎协议》为节点，全球碳减排市场体系的进程可以分为三个发展阶段。在每个发展阶段，发展中国家和发达国家都具有不同的利益诉求和权利义务，也就形成了不同的博弈模型。

（一）前《京都议定书》阶段的"囚徒困境"

在《京都议定书》签订之前，世界各国已经于 1992 年达成《联合国气候变化框架公约》，发达国家和发展中国家之间关于碳减排的利益诉求构成了经典的"囚徒困境"的博弈模型：第一种情况，假设发展中国家不减排，而发达国家减排，则发展中国家将无偿分享发达国家减排所带来的生态环境改善的收益 B，发达国家将承担碳减排成本 C，但将获得国际社会的认可 R，双方将承受气候变化造成的环境负外部性成本 M（包括对生态环境、经济发展以及人类健康的威胁等）；第二种情况，假设双方都不减排，则双方都将承受气候变化造成的环境负外部性成本 M_1，以及国际社会谴责（$-R$）；第三种情况，假设双方都各自进行碳减排，则发达国家和发展中国家将共享生态环境改善的收益 B_1 和国际社会的认可 R，同时也将分别承担减排成本 C_1 和 C_2，以及共同的环境负外部性成本 M_2。由于发展中国家减排的前提条件是发达国家减排，因此发达国家不减排而发展中国家减排的情况不存在。

表 1 前《京都议定书》阶段发达国家和发展中国家博弈策略

	发达国家减排	发达国家不减排
发展中国家减排	$B_1 + R - C_2 - M_2, B_1 + R - C_1 - M_2$	—
发展中国家不减排	$B - R - M, B + R - C - M$	$C_2 - M_1 - R, C_1 - M_1 - R$

由上表可知，双方各自减排的环境收益 B_1 > 发达国家单独减排的环境收益 B，而且在取得同等环境收益的前提下，双方各自减排的成本（C_1 + C_2）<发达国家单独减排的成本 C。但在当时的历史背景下，发展中国家认为全球气候变暖主要是发达国家前期排放所致，而且当前发达国家的消费结构和全球贸易结构也导致其当前的人均排放量远远超过发展中国家，考虑到各国在发展阶段和发展目标方面的差异，发达国家应当独自承担碳排放的历史和现实责任。但发达国家却认为，发展中国家"高耗能、高污染"的产业结构才是造成现阶段气候变化加剧的主要因素，像中国、印度、巴西等新兴市场国家已成为世界资源消耗大国和碳排放大国，因此也应当承担相应的减排责任。另一方面，全球生态环境属于非排他性使用的公共资源，而且实施碳减排政策有可能削弱国家竞争力，在缺乏有效的国际协调机制情况下，发达国家和发展中国家都将经济利益置于环境利益之上，倾向于保持现在的经济发展方式和社会消费方式，即不减排或者是进行较低程度的减排，从而造成了生态环境持续恶化的"公地悲剧"。从这个意义上来说，在《京都议定书》签订之前，全球碳减排市场体系处在非合作博弈阶段，也是一种不均衡的状态。

（二）《京都议定书》实施期间的"智猪博弈"

随着气候变暖进程加快，气候变化造成的环境负外部性成本越来越高，全球生态环境、经济发展以及人类健康都面临越来越大的威胁，世界各国政府尤其是发达国家政府也受到日益加大的国际舆论谴责。1997 年 12 月，《联合国气候变化框架公约》各缔约国共同达成《京都议定书》，成为全球关于气候治理和国际合作的起点。在《京都议定书》规则下，发达国家和发展中国家关于碳减排的利益诉求和权利义务构成了"智猪博弈"模型，即发达国家独自承担减排责任的相对均衡博弈：弱势的小猪（即发展中国家）在 2012 年之前不承担减排义务，而相对强势的大猪（即发达国家）从2005 年开始承担减少碳排放量的义务。

《京都议定书》最大的贡献之一是确立了碳减排量交易和抵消的机

制，形成了以欧盟为主导、亚欧非国家参与的碳减排市场体系，也是全球碳减排市场体系的雏形：发达国家可以通过排放权交易、净排放量、绿色机制以及"集团方式"等方式完成强制性的碳减排任务，双方取得的环境收益 B_2 > 各自减排的收益 B_1，取得相同环境收益的碳减排成本 C_3 < 各自减排的成本（$C_1 + C_2$）；此外，发达国家还获得了碳减排带来的综合收益 R_1（包括政治、经济和社会效益，比如国际社会认可，使用发达国家货币尤其是欧元结算的经济利益等）。而在绿色机制下，发展中国家通过节能减排和发展清洁能源获得了来自发达国家的资金扶持 S。在《京都议定书》实施期间，发达国家和发展中国家都在一定程度上参与了全球碳减排市场，实现了初步的合作共赢，全球碳减排市场体系处于不完全合作博弈阶段。

表2　《京都议定书》实施期间发达国家和发展中国家博弈策略

	发达国家不完全合作	发达国家不合作
发展中国家不完全合作	$B_2 + S - M_3$，$B_2 + R_1 - C_3 - M_3$	—
发展中国家不合作	—	—

在"智猪博弈"模型下，发达国家和发展中国家貌似找到了共同应对气候变化的有效途径，但这种脆弱的平衡很快就被内外部环境的变化打破。作为协议签署国之一，美国在2001年3月以"减少温室气体排放将会影响经济发展"和"发展中国家也应该承担减排和限排温室气体的义务"为借口，拒绝批准《京都议定书》。作为当时全球温室气体排放量最大的国家，美国的退出对全球碳减排市场体系的进程是一个沉重的打击。虽然在欧洲以及其他发达国家的积极努力下，《京都议定书》于2005年2月开始强制生效，但2008年呼啸而来的全球经济危机又彻底摧毁了发达国家参与全球碳减排市场的信心和基础。2009～2014年，历年的联合国气候大会都没有达成具有法律约束力和明确执行力的协议文件，全球碳减排市场体系处于事实上的停摆期。

（三）《巴黎协议》签订后的"猎鹿博弈"

历经数年的艰苦谈判和谨慎前行之后，国际社会迎来了巴黎气候大会。会议规模为历次最大，参会领导人为历次最多，尤其是美国和中国表现出的更负责任、更具诚意、更加坚决的态度和努力，让国际社会对本次大会充满憧憬。会议达成的《巴黎协议》，凝聚了与会各方的智慧和力量，开启了全球关于气候治理和国际合作的新进程：在尊重各国主权、兼顾各国国情的基础上，发达国家和发展中国家将基于自主贡献的方式，构建全球碳减排市场体系，即各国提交本国预期的碳减排量，在此基础上，对2020年后国际合作应对气候变化做出整体性的制度设计和安排。由此实现了全球绝大多数国家的广泛参与，形成了发达国家和发展中国家间最大限度的微妙均衡，也是有可能实现帕累托效率的完全合作博弈模型——"猎鹿博弈"：发达国家和发展中国家只有进行合作打猎（合作减排），才能通过更少的付出（碳减排成本）成功捕获鹿（获得最大的碳减排回报）。

"猎鹿博弈"模型中，发达国家和发展中国家合作减排，分别承担减排成本 C_4 和 C_5，共同承担环境负外部性成本 M_4，取得共同的环境收益 B_3，以及各自的综合收益（包括政治、经济和社会效益）R_2 和 R_3。显然，完全合作的环境收益 B_3 >不完全合作的环境收益 B_2 >各自减排的环境收益 B_1，完全合作的综合效益（$R_2 + R_3$）>不完全合作的发达国家综合收益 R_1 >各自减排的国际认可 R，而在取得同等环境收益的前提下，完全合作的减排成本（$C_4 + C_5$）<不完全合作的碳减排成本 C_3 <各自减排的成本（$C_1 + C_2$）。在这种情况下，发达国家和发展中国家可以实现碳减排的合作共赢，全球碳减排市场体系将实现整体效率的最优，进入完全合作博弈状态。

表3　《巴黎协议》下预期的发达国家和发展中国家博弈策略

	发达国家完全合作	发达国家不合作
发展中国家完全合作	$B_3 + R_3 - C_5 - M_4$，$B_3 + R_2 - C_4 - M_4$	—
发展中国家不合作	—	—

但"猎鹿模型"的均衡实现有个基本原则：发达国家和发展中国家实施碳减排的努力或贡献要大致相当，也就是说 $C_4 = C_5$，如果一方的努力更多，贡献更大，这一方会要求获得更多回报（即综合收益），而另一方就会觉得利益受损则选择不合作。反过来说，在双方碳减排贡献相当的情况下，碳减排带来的综合收益要进行平均分配，即 $R_2 = R_3$。虽然当前世界各国已认识到全球碳减排市场体系所蕴含的巨大资源和利益，但受体制、技术、资金等多种因素的限制，各国实施碳减排的努力或贡献难以确保绝对的公平一致。

2015 年 4 月 22 日，全球超 175 个国家元首和代表在纽约联合国总部正式签署《巴黎协议》。目前除美国和中国以外，《巴黎协议》其他的签署国正处于国内批准阶段，预计协议最快将在 2017 年初开始生效。当前发达国家和发展中国家的利益博弈仍在持续，如果后续缺乏更合理有效的制度设计和安排，就有可能会重蹈《京都议定书》的覆辙。

三 全球碳减排市场体系构建进程中的展望与思考

习近平总书记在巴黎气候大会上，前瞻性、战略性、系统性地阐释了中国对全球气候治理的看法和主张：一是应当立足于"合作共赢、公平合理"的核心理念；二是应当着眼于"强化应对气候变化行动、实现公约目标"的行动准则；三是应当致力于"探索未来全球治理模式、推动建设人类命运共同体"的战略远景。从这个意义上来说，构建全球碳减排市场体系对推动人类迈向可持续发展进程意义重大：一方面将为世界各国绿色发展和能源转型指明方向，对各国制定能源和环境政策产生深远而广泛的影响；另一方面将为国际社会探索未来全球治理模式、推动建设人类命运共同体提供启示和契机。

但我们也应当清醒地认识到，在全球经济复苏乏力的大背景下，发达国家与发展中国家之间仍存在利益分配、历史责任、资金扶持与技术转让等方面的分歧。根据联合国环境规划署统计，目前各缔约国提交的自主贡献的减排量并未体现出自身减排的最大能力，而且距实现 21 世纪末将升温幅度控制在 2 摄氏度以下的目标仍有一定差距。从这点来说，《巴黎协议》的达成只是开始，最终的生效和落实仍将面临发达国家和发展中国家之间激烈的利益博弈。构建全球碳减排市场体系，实现发达国家和发展中国家的均衡博弈，需要双方通力合作，共同提出一份公平、合理、有效的全球应对气候变化解决方案。

首先，将实现碳减排的整体效率最优和收益公平分配作为前提条件，在联合国环境署的统一协调下，持续完善全球碳减排市场的法律框架和制度体系，有效保障发达国家和发展中国家的碳减排权益。

其次，立足全球减排目标和各国国情，持续完善国际合作和碳市场交易机制，发达国家在节能环保技术共享和资金扶持方面做出更多贡献，充分促进发达国家和发展中国家致力于碳减排。

最后，在"共同但有区别的责任"的国际合作框架下，发达国家和发展中国家都要正视合作应对气候变化的现实重要性和紧迫性，制定并提交更具"侵略性"的自主贡献目标。切实履行减排承诺，通过碳减排推动本国经济结构的转型升级，实现经济、能源和环境的协调发展。

第9章 "十三五"煤电发展前景和政策建议

袁家海*

本章在电力过剩的背景下讨论了"十三五"煤电前景。我们认为,"十三五"期间电力需求年均增速高于4.2%的可能性很小,而2020年中国人均GDP跨进高收入国家行列后电力需求增长还会进一步放缓。综合考虑电力需求、保障最大负荷要求和系统灵活性要求,可将9.2亿装机作为我国电力行业煤电装机的峰值目标。但目前的实际在建规模高达2亿千瓦,将煤电实际规模控制在此目标内难以实现。本章进一步测算了各种情景下煤电过剩对煤电经济的巨大负面影响。最后提出通过最严格的调控政策、淘汰(封存)落后机组、实施灵活性改造等政策组合拳,行政手段、监管手段与市场手段相结合,实施煤电调控,严控产能过剩。这是"十三五"期间电力行业供给侧改革的重点问题,对电力行业低碳转型意义重大。

一 电力发展现状

我国经济发展进入新常态的同时,电力行业生产与消费也呈现出新的特征,最直接的体现就是发电设备利用小时数下降,尤其是火电设备。2015年,全国6000千瓦及以上电厂发电设备利用小时3969小时,比上年降低349小时,是1978年以来的最低水平。其中,水电3621小时,比上年降低48小时;火电4329小时,比上年降低410小时,为1978年以来的最低水平;核电7350小时,比上年下降437小时;风电1728小时,同比下降172

---

* 袁家海,华北电力大学经济管理学院教授。

小时，是"十二五"期间年度下降幅度最大的一年[①]。事实上，火电利用小时数的下降从 2014 年就已经初见端倪，根据中电联公布的数据，2014 年全国发电设备利用小时 4286 小时，为 1978 年以来的年度最低水平，同比降低 235 小时，其中火电设备利用小时 4706 小时，同比降低 314 小时，比上轮低谷 1999 年的 4719 小时更低。

发电设备利用小时数的持续走低，折射出电源增长与电力需求增长脱节这一事实。这一现象从 2014 年开始，2015 年和 2016 年持续恶化。从 2015 年来看，截至 2015 年底，全国全口径发电装机容量 152527 万千瓦，比上年增长 10.62%，增速比上年提高 1.67 个百分点。其中，水电 31954 万千瓦（其中抽水蓄能 2305 万千瓦），比上年增长 4.82%；火电 100554 万千瓦，比上年增长 7.85%，其中煤电 90009 万千瓦，增长 7.02%，燃气 6603 万千瓦，增长 15.91%；核电 2717 万千瓦，比上年增长 35.31%；并网风电 13075 万千瓦，比上年增长 35.40%；并网太阳能发电 4218 万千瓦，比上年增长 69.66%。

然而火电设备发电量并不能保持与装机容量同步增长，于 2015 年出现负增长情况。2015 年，全国全口径发电量 57399 亿千瓦时，比上年增长 1.05%。其中，火电 42307 亿千瓦时，比上年下降 1.68%，是自改革开放以来首次年度负增长。

此外，截至 2015 年底，全国共有 2 亿千瓦煤电项目在建；2015 年审批高峰过后，即使在严控之下，仍有 1.6 亿千瓦的新煤电项目有可能获得批准。在电力需求增速放缓的大环境下，如此大规模煤电新建项目的投产必然会导致煤电整体平均利用小时数进一步走低。根据初步测算，2016 年、2017 年、2018 年火电利用小时数很有可能会继续下跌，2018 年火电利用小时数可能会跌破 3800 小时，而这与煤电项目做可行性分析时所设定的 5500 小时数已相差太远。

煤电产能过剩已成为当下亟须解决的难题，这对"十三五"期间电力优化发展乃至 2030 年我国电力行业的低碳转型都至关重要。

[①] 国家能源局网站，http://www.nea.gov.cn/2016-01/29/C-135056890.htm。

二 "十三五"电力需求展望

结构分解模型表明，如果高能耗行业"去产能、去库存"政策有效，在高能耗行业电力需求零增长的情景下，即便是传统制造业、新型制造业、三产和居民用电均保持高增长，"十三五"期间全社会用电量增速也不会超过4.2%。只有"电能替代"取得显著进展，甚至能拉动高能耗行业电力需求微增长的情境下，"十三五"电力需求增速才可能接近或高于4.5%。而2020年后，随着我国人均GDP进入高收入国家行列，电力需求增长还将进一步放缓。

随着电力供应结构持续优化，电力消费增长减速换挡、结构不断调整，电力消费增长主要动力呈现由高耗能向新兴产业、服务业和居民生活用电转换，电力供需形势由偏紧转为宽松。2015年，全社会用电量同比增长0.96%、增速比上年降低3.8个百分点。具体来看，第一产业用电量1040亿千瓦时，比上年增长2.55%；第二产业用电量41442亿千瓦时，比上年下降0.79%；第三产业用电量7166亿千瓦时，比上年增长7.42%，城乡居民生活用电量7285亿千瓦时，比上年增长5.01%[①]。

考虑到不同行业其电力增长特性的差异，本章采用情景分析法来讨论未来电力需求的发展空间。由于当前阶段高能耗行业的影响最大，本章将第二产业划分为采掘业、四大高耗能产业、传统制造业和新兴制造业四个部分来讨论其用电需求的结构性变化。

情景设定主要考虑：第一产业的用电量增长相对比较稳定，并且对未来电力需求的影响很小。第二产业中，采掘业用电量增长相对稳定且与四大高耗能行业有一定同步性；针对黑色、有色、建材、化工四大高载电产业设定了微增长、零增长和负增长三种趋势，传统制造业和新兴制造业在正常增长的基础上设定了高速增长情景。第三产业和居民生活用电量在正常增长的预期下还考虑了高速增长的情况（见表1）。

---

① 中电联网站，http://www.cec.org.cn/guihuayutongli/gongzuodongtai/2016-09-24/157409.html。

表 1 电力需求参数假设与情景设定

	变化趋势	情景1	情景2	情景3	情景4	情景5	情景6
第一产业	正常增长	√	√	√	√	√	√
采掘业	正常增长	√	√	√	√	√	√
四大高耗能产业	微增长					√	√
	零增长			√	√		
	负增长	√	√				
传统制造业	高速增长		√		√		√
	正常增长	√		√		√	
新兴制造业	高速增长		√		√		√
	正常增长	√		√		√	
第三产业	高速增长		√		√		√
	正常增长	√		√		√	
居民生活	高速增长		√		√		√
	正常增长	√		√		√	

通过对不同参数及其变化趋势的不同组合，设定了 6 个情景（见表 1）：情景 1、3、5 中传统制造业、新兴制造业、第三产业与居民生活用电均设定为正常增长，主要是比较四大高耗能产业的三个不同增长趋势的差异；情景 2、4、6 中传统制造业、新兴制造业、第三产业与居民生活用电均设定为高速增长，同时可以与情景 1、3、5 进行对比。

表 2 电力需求参数的设定

单位：%

	变化趋势	2016 年	2017 年	2018 年	2019 年	2020 年	2021 年~2025 年	2026 年~2030 年
第一产业	正常增长	1.0	1.0	1.0	1.0	1.0	0.8	0.8
采掘业	正常增长	1.0	1.0	1.0	1.0	1.0	0.8	0.8
四大高耗能产业	微增长	2.0	2.0	1.8	1.8	1.6	1.0	0.6
	零增长	0.0	0.0	0.0	0.0	0.0	0.0	0.0
	负增长	-2.0	-2.0	-1.8	-1.8	-1.6	-1.2	-1.2
传统制造业	高速增长	4.0	3.9	3.9	3.8	3.8	2.4	1.5
	正常增长	2.0	1.9	1.9	1.8	1.8	1.6	1.2

	变化趋势	2016 年	2017 年	2018 年	2019 年	2020 年	2021 年 ~ 2025 年	2026 年 ~ 2030 年
新兴制造业	高速增长	8.0	7.8	7.5	7.3	7.0	5.0	4.0
	正常增长	4.0	3.9	3.8	3.7	3.6	3.4	3.0
第三产业	高速增长	10.0	9.8	9.6	9.3	9.0	6.0	4.6
	正常增长	8.0	7.8	7.6	7.4	7.2	4.6	3.6
居民生活	高速增长	8.0	7.8	7.6	7.4	7.2	6.0	4.6
	正常增长	6.0	5.8	5.6	5.6	5.4	4.6	3.6

　　电力需求情景分析的输出结果如图 1 所示。从情景分析的结果中可以清楚地看到，情景 1 是所有情景中增速最小的情景，主要是与其他情景进行对比，情景 6 是增速最大的情景，主要是来探讨电力需求增长可能的上限（见图 2）。从各情景的分析结果来看，2020 年全社会用电量为 6.22 万亿 ~ 6.99 万亿千瓦时，2030 年全社会用电量达到 7.52 万亿 ~ 9.41 万亿千瓦时。

　　选取情景 4 作为基准情景：2020 年全社会用电量 6.83 万亿千瓦时，2030 年全社会用电量为 9.10 万亿千瓦时。基准情景以一个较乐观的电力需求增长为基础，这样电力规划方案具有较高的可靠性，在考虑了各产业用电量正常增长的同时还预留了一定的增长空间。

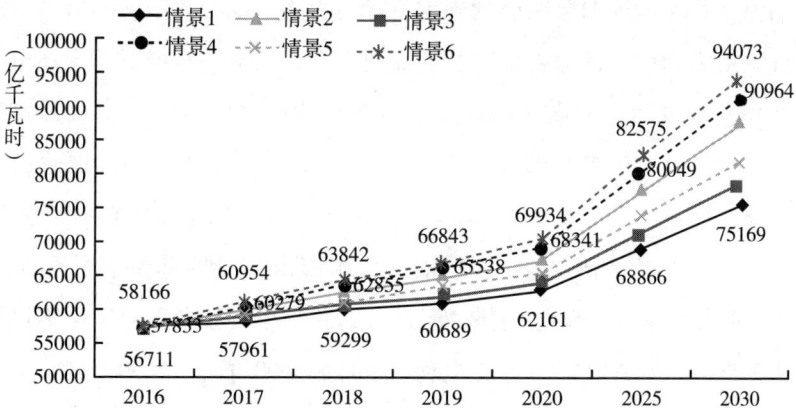

图1　不同情景下电力需求的综合比较

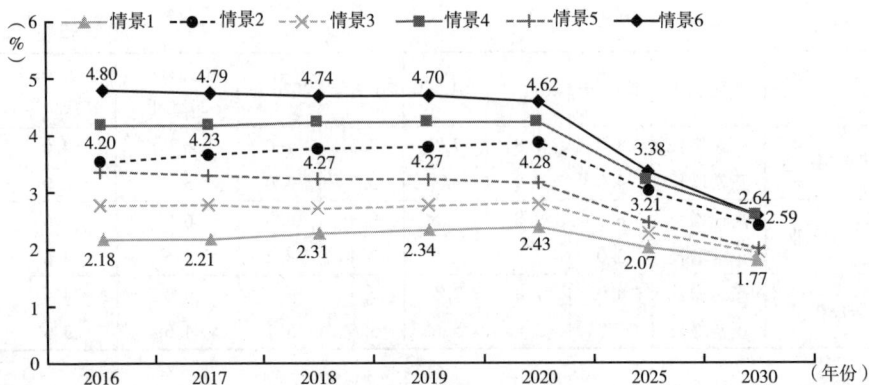

图2　不同情景下电力需求增速比较

三　"十三五"煤电发展目标论证

"十三五"煤电规划目标设定为9.2亿千瓦，完全可满足电量、电力平衡，并有效保障可再生能源并网的灵活性需求。确保"十三五"期间煤电装机规模尽快达峰，是"十三五"能源规划保障能源生产革命的核心要素。

在电源规划方案中，2020年，水电、核电、气电等大型化、长建设周期的电源项目均以国家已明确的规划目标为主，风电、太阳能等可再生能源考虑资源潜力和经济性改善情况适度加速发展，煤电则是考虑了上述电源后的平衡项；2030年，假设水电开发基本接近我国水电经济技术可开发规模的上限，而核电、气电、可再生能源要沿着2015～2020年的发展轨迹加速发展，煤电也是在优先考虑了上述电源后的平衡项，然后纳入规划（见表3）。

考虑煤电由电量型向电力型电源转型能够提供灵活性和备用服务的因素，年利用小时数应呈稳步降低趋势，但过低的利用小时数则需要完全不同的盈利模式来支撑。本章取2020年煤电利用小时数4500小时，2030年煤电利用小时数4300小时，据此规划出高需求情景下的煤电装机规模是2020年达到峰值9.2亿千瓦，随后进入平台期，2020～2030年将持续保持9.2亿千瓦的规模。

表3 2016～2030 年电力装机规划

单位：万千瓦

年份	2016	2017	2018	2019	2020	2025	2030
水电	30500	31400	32300	33200	34000	39000	44000
抽蓄	2500	2800	3200	3600	4000	11000	15000
煤电	85049	87274	88675	90255	92000	92000	92000
气电	7200	7800	8500	9200	10000	15000	20000
核电	3450	3600	4300	5000	5800	12500	19000
风电	15000	17500	20000	22500	25000	35500	43000
太阳能（PV）	6400	8600	10800	13000	15000	21000	30000
太阳能（CSP）	50	100	300	600	1000	4800	7600
生物质	1150	1200	1280	1340	1400	1700	2000
合 计	151299	160274	169355	178695	188200	232500	272600

接下来，从满足电量平衡、保障最大负荷和满足可再生能源并网的灵活性需求三个角度来论证 2020 年 9.2 亿千瓦煤电规划目标的合理性与可行性。

（一）从电量平衡看煤电规划目标

从需求侧来看，"十三五"期间最低情景对应的年均全社会用电量增速是 2.29%，2020 年全社会用电量 6.2 万亿千瓦时；基准情景中年均增速为 4.25%，全社会用电量 6.8 万亿千瓦时；最高情景中年均增速为 4.73%，全社会用电量达 7.0 万亿千瓦时。以基准情景的电力需求为电量平衡依据进行电源规划，2020 年煤电规划目标为 9.2 亿千瓦，而此时对应的平均利用小时数仅为 4500 小时。即使出现用电需求超预期，全社会用电增速由 4.25% 提升到 4.73%，煤电也能轻易地把年利用小时提高 200～300 小时，以填补 2000 亿～3000 亿千瓦时的电量缺口（如图 3）。

（二）从资源裕度角度看煤电规划目标

从资源裕度角度分析，会进一步揭示当前电源装机过剩的实际状态。近期睿博能源智库从这一角度开展了研究。本章假设了 3 个情景来讨论我国最大负荷的变化以及备用率的差异（见表 4），分别为最大负荷低速增长情景

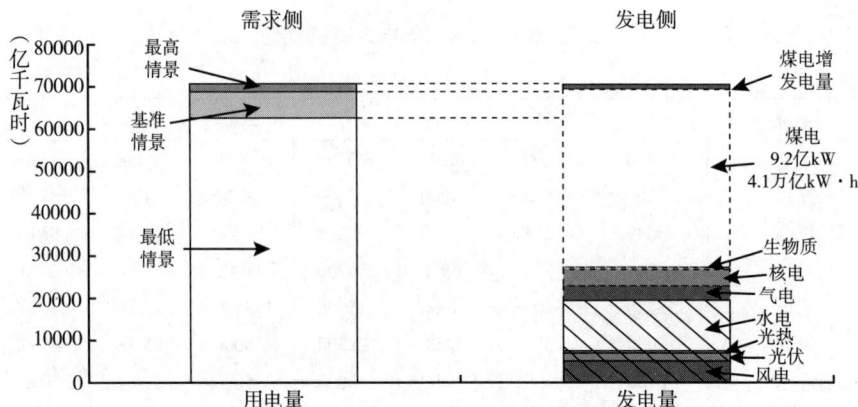

图3　从电量平衡角度看2020年煤电规划目标

S1、推荐情景 S2 和高速增长情景 S3。各类电源满足最大负荷的等效可用系数参照睿博能源智库报告中的假设，由此可以分别核算出 2014 年、2020 年与 2030 年的等效可用容量。

表4　最大负荷年均增速情景设定

单位：%

年度	S1	S2	S3
2015～2020	2.0	3.5	5.0
2021～2030	2.0	3.5	3.5

从 2014 年来看，全国最大负荷约为 8.4 亿千瓦，现役机组的等效可用容量约 10.9 亿千瓦，其中煤电装机 8.3 亿千瓦，可估算出 2014 年的系统备用率约为 30.9%。根据电源规划的结果以及等效可用系数的假设，核算出 2020 年和 2030 年我国发电侧等效可用容量分别为 13.8 亿千瓦和 18.9 亿千瓦。

S1 情景（年均增速 2%）下，备用率逐步攀升，由 2014 年的 30.9% 到 2020 年的 46.6%，2030 年备用率已经超过 65%，说明在较低的负荷增长情况下，电源过剩问题将日趋严峻（如图4）。

S2 情景（年均增速 3.5%）下，最大负荷较 S1 情景有了更快的增长，

□煤电 □生物质 ■核电 ■燃气 ⬚抽蓄 ▨水电 ▨光热 ▨光伏 □风电

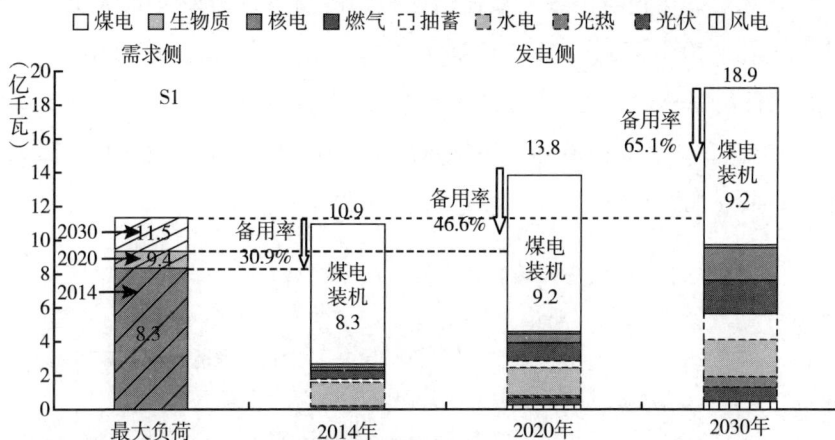

图 4 S1 情景下最大负荷增长与等效可用容量比较

2020 年最大负荷约 10.3 亿千瓦，2030 年达到 14.5 亿千瓦。从系统备用率来看，2014～2030 年备用率处于一个相对稳定的状态，但是依然维持在 30% 的较高水平。在规划方案中，2020 年我国煤电规划装机 9.2 亿千瓦，倘若煤电装机容量保持 2014 年 8.3 亿千瓦的水平不变，此时对应的系统备用率约为 25.6%，从满足最大负荷的角度，2014 年的煤电装机容量已经能够满足 2020 年的最大负荷要求（如图 5）。

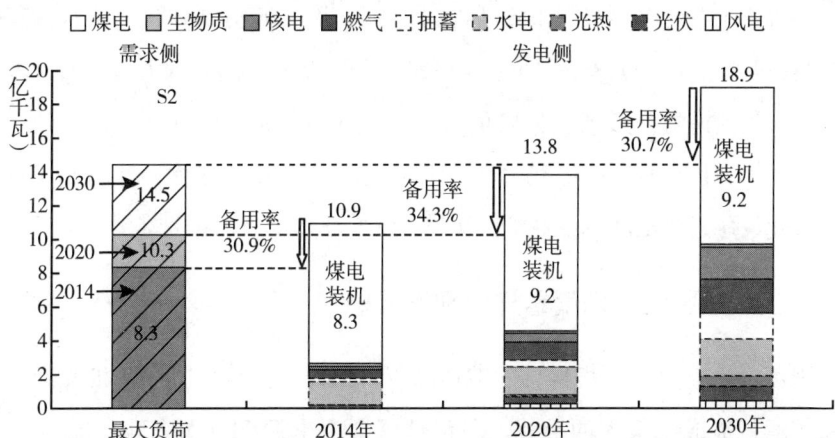

□煤电 □生物质 ■核电 ■燃气 ⬚抽蓄 ▨水电 ▨光热 ▨光伏 □风电

图 5 S2 情景下最大负荷增长与等效可用容量比较

S3 情景是 3 个情景中最大负荷增速最快的情景，2020 年最大负荷约为 11.2 亿千瓦，2030 年最大负荷达到 15.8 亿千瓦。该情景下，2014～2030 年，系统备用率呈现出逐步下降的趋势，备用率由 2014 年的 30.9% 下降至 2020 年的 23.2%，到 2030 年，系统备用率仍在 20% 左右，完全可保障系统可靠性要求（如图 6）。

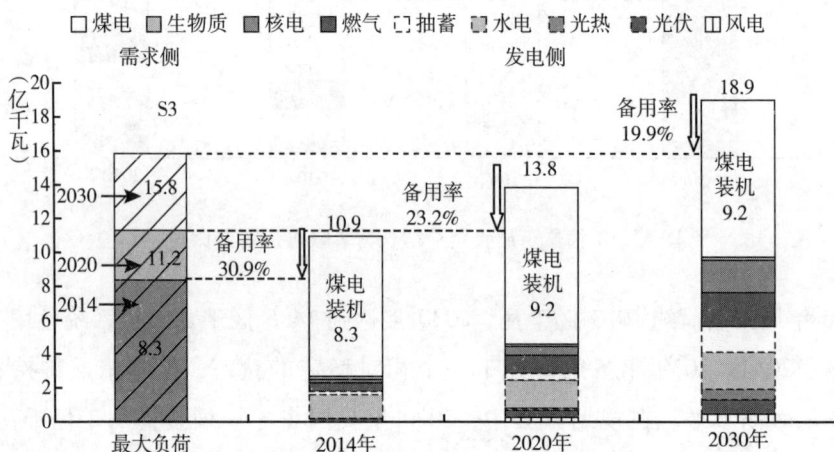

图 6　S3 情景下最大负荷增长与等效可用容量比较

因此，从保障系统最大负荷的需求来看，把煤电规划目标设定为 9.2 亿千瓦，清洁非化石机组按照已明确的规划目标建设，到 2030 年电力系统可靠性是有充分保障的。一方面，"十三五"期间应加大需求侧管理力度，通过各种临时和永久性措施有效削减尖峰负荷；另一方面，如果煤电规模得不到有效规控，用年运行小时数应达到 4500 小时以上的煤电机组来保障年不足 100 小时的尖峰负荷，无论从机组经济性还是系统效率角度看，都是非常不合算的。

（三）从灵活性角度看煤电规划目标

因可再生能源的随机性、间隙性和不可精确预测性，其大规模并网对电力系统运行造成了很大的挑战。灵活性资源由电源侧（如气电、抽蓄等灵活性电源，改变煤电的运行方式等）、负荷侧（如需求响应、热负荷参与调度、电动汽车等)、电网侧(如跨区资源共享、动态输电能力评估与调整、动态无功控制、动态潮流控制等)、电力市场和系统运行(如实时电力交易、缩短市场关闸时间、向所有负荷和资源开放电力辅助服务等)等多方面构成,需要考虑不同时间尺度、不同类型的最优经济组合。图7显示了可再生能源电源间隙性与灵活性措施。

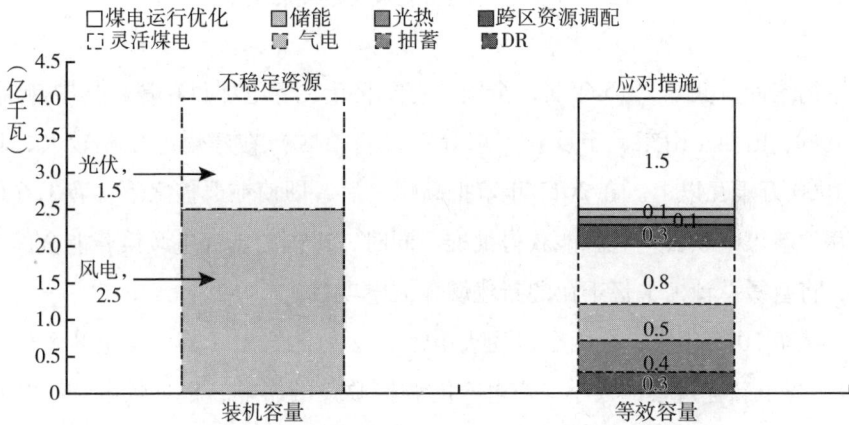

图7 可再生能源电源间隙性与灵活性措施

按照规划,2020年我国风电装机容量为2.5亿千瓦,光伏装机容量为1.5亿千瓦。由于风、光的随机性、间隙性和不可精确预测性,需要通过其他灵活性资源来应对。图7中列出了几项主要的灵活性资源,并进行了量化比较。除了煤电深度调峰外,需求响应(Demand Response,简称DR,按最大负荷的3%预计2020年至少可形成3000万千瓦的资源)、抽水蓄能(4000万千瓦)、灵活煤电(8000万千瓦)、跨区灵活性(3000万千瓦)、光热(不低于1000万千瓦)、电网储能(不低于1000万千瓦)等资源能够提供约2.5亿千瓦的灵活性。这表明,除了个别省区(如甘肃)因供应严重过剩、电源结构严重不合理、电网送出通道受阻等原因短期内无法根本解决"三弃"问题,总体来看,我们提出的方案基本可保障全国整体可再生能源发展的灵活性需求。倘若出现极端情况,电网灵活性缺口尚可通过常规煤电机组运行灵活性改善来应对。当前我国常规煤电机组最小运行方式核定普遍过高（一般区间为50%～60%）。有关研究和实践已表明，将30万～60万千瓦机组的最小运行方式核低15%～20%，不需要额外的机组技术改造，仅通过运行方式调整和少量增加运行成本即可实现。因此，煤电为可再生能源发展让路和铺路，技术不是核心问题，协调利益机制是关键。

四 煤电产能过剩及其影响

据统计，截至2015年底，全国共有2亿千瓦煤电项目在建，其中新疆、内蒙古、山西、山东、宁夏和广东等省（自治区）在建煤电规模较大，均在1000万千瓦以上。在2015年审批高峰过后，即使在严控之下，有1.6亿千瓦的新煤电项目仍有可能获得批准。同时，中国的新煤电政策若能全面实施，将暂缓总计1.1亿千瓦的新建燃煤火电项目。

截至2015年底，全国全口径火电装机9.9亿千瓦（其中煤电8.8亿千瓦），煤电新建规模的大小受煤电产能调控政策的影响，根据煤电调控政策的力度不同，煤电发展大致可预见的路径有以下3种（见图8）。

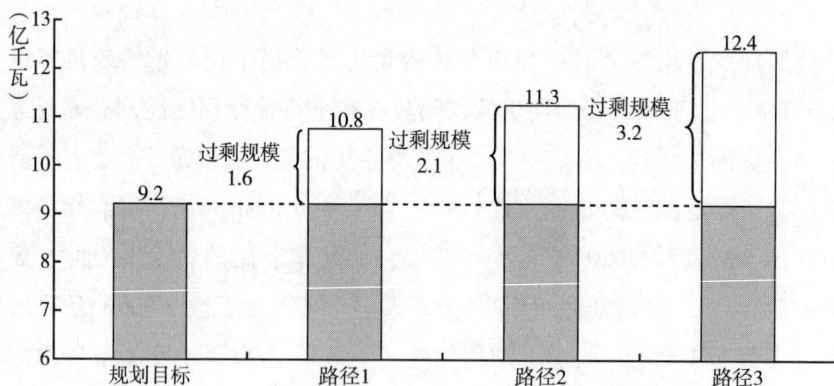

图8 2020年煤电不同发展路径与规划目标比较

（1）路径1：所有待建项目均停止，仅2亿千瓦在建煤电项目有序投产。该情景下，实施的是最严苛的煤电调控政策，从煤电总规模和调控结果来讲,该情景是相对理想的煤电发展路径。

(2)路径2:对于煤电3.6亿千瓦(2亿千瓦在建项目+1.6亿千瓦待建项目)的潜在新建容量,除了受"急刹车"文件影响的1.1亿千瓦煤电项目,其余2.5亿千瓦煤电项目将陆续投产。该情景下,实施的是相对温和的煤电调控政策,对于控制煤电产能过剩程度加深以及煤电利用率进一步恶化有一定的效果。

(3)路径3:共计3.6亿千瓦的煤电新增容量在未来将陆续投产,这是煤电发展最糟糕的情景。从目前主管部门密集发布的调控政策来看,该情景不太可能出现,本报告仅从研究角度来讨论其发展路径。

以最理想的路径来对各省份的煤电过剩规模进行测算,从测算结果来看,山西、山东和新疆三个省份的过剩情况最为严重,过剩规模均超过了1700万千瓦,同时新疆、山西和山东三个省份均有大规模的煤电项目尚处于在建状态。其次,广东和内蒙古两个省份也存在较大规模的煤电过剩情况,过剩规模超过1000万千瓦,宁夏、华东地区(除上海外)以及华中部分省份也出现了超过400万千瓦的过剩规模。

通过对比在建煤电项目分布与煤电过剩规模分布不难发现,过剩规模多集中在建煤电项目较多的地区。从2016年上半年来看,全国电力供需总体宽松、部分地区过剩,而过多的煤电项目投产无疑不利于化解该地区的过剩产能。

我国正在大力推进大气污染防治及节能减排工作,并计划在2017年启动全国碳交易市场,2016~2017年将成为全国市场筹备期,逐步将全国31个省(区、市)纳入全国碳排放交易范围,完成碳配额的初始分配。国家提出的超低排放改造工作也在加速推进,即东部、中部和西部地区分别要在2017年、2018年和2020年前总体完成燃煤机组超低排放改造工作。另外,我国电力市场改革的力度也在加大,2014年以来直购电工作发展较快,该年全国大用户直购电交易电量为1540亿千瓦时,约占全社会用电量的3%;2015年直购电占比达到了全社会用电量的5.4%。与此同时,电力销售体制正在发生重大变革。这些政策将对煤电项目的发展产生重要而长远的影响。

基于此，本章设定两种情景对 2020 年煤电项目的发展进行分析。

情景 1：考虑超低排放改造（60 万千瓦燃煤电厂需要增加 4000 万元的脱硝装置投资和 7000 万元的脱硫装置投资，脱硝率和脱硫率从 80% 分别上升到 95% 和 90%；同时考虑超低排放改造补贴 0.5 分钱/千瓦时）；全国碳市场运行（设定碳价 30 元/吨，其中电厂消化 30%）；直购电量比例进一步提高、直购电价水平进一步降低等因素（直购电比例由 10% 上升为 80%）。

情景 2：除了上述政策因素外，还考虑了在建项目全部建成对煤电利用小时数的影响。

本章以 2020 年为预警年份，结合测算结果将预警划分为重度预警、中度预警和轻度预警三个层级。全投资内部收益率低于国债利率（4.2%）的视为重度预警地区；高于国债利率（4.2%）且低于全投资行业基准回报率（6.6%）的省份视为中度预警地区；高于全投资行业基准回报率（6.6%）但低于自有资金行业回报率（8%）的省份视为轻度预警地区（见表5）。

表5　不同情景下全国各省（区、市）全投资内部收益率

单位：%

省份	情景1	情景2	省份	情景1	情景2
北京市	<0	<0	河南省	4.76	4.18
天津市	5.59	4.93	湖北省	7.82	6.15
河北省	9.40	7.85	湖南省	8.94	8.18
山西省	5.86	3.02	广东省	11.37	8.80
内蒙古自治区	4.62	2.75	广西壮族自治区	<0	<0
辽宁省	5.43	4.22	海南省	12.82	12.14
吉林省	3.67	2.96	重庆市	3.26	1.55
黑龙江省	5.32	4.20	四川省	3.42	2.72
上海市	6.60	6.19	贵州省	3.52	2.27
江苏省	9.08	7.67	云南省	<0	<0
浙江省	7.11	5.92	陕西省	8.07	6.93
安徽省	5.13	3.19	甘肃省	0.62	<0
福建省	4.93	4.59	青海省	<0	<0
江西省	7.49	6.60	宁夏回族自治区	1.52	<0
山东省	6.78	3.80	新疆维吾尔自治区	3.35	0.09

在情景 1 中，10 个地区（重庆、甘肃、广西、贵州、吉林、宁夏、青海、四川、新疆和云南）煤电项目的全投资内部收益率跌破国债利率（4.2%），这些重度预警省份主要集中在西北地区和西南地区。其中，广西、青海和云南 3 个省份的投资收益更是为负。中度预警地区为黑龙江、辽宁、内蒙古、山西、天津、安徽、河南和福建 8 个省份。轻度预警地区为山东、湖北、上海、江西和浙江 5 个省（市）。情景 1 下全投资内部收益率大于 8% 的有 6 个省份——广东、海南、河北、湖南、江苏和陕西，这些省份的投资收益虽然较为可观，但也仅仅处于自有资金行业回报率 8% 的边缘。由较为乐观的情景 1 估算出的投资效益来看，继续投资煤电项目已经不具有高额经济回报。

在考虑了在建项目全部建成的情景 2 中，煤电项目投资收益进一步降低。全国 15 个省份煤电项目全投资内部收益率跌破国债利率（4.2%），其中，河南、内蒙古、山东、山西和安徽 5 个省份为新增重度预警省份，宁夏和广西为新增负收益省份。维持在 8% 以上收益率的省份由 6 个减少为 3 个（广东、海南和湖南），这些地区在建煤电项目规模相对较小（如图 12）。由此得出结论，无论是煤电基地省份还是负荷中心省份，在建规模与项目投资回报率之间均存在高度负相关关系。

通过煤电发展前景的分析得出，"十三五"期间煤电投资效益将不再具有竞争力。尤其是目前在建项目全部投产时，火电设备利用小时数会快速下降，从而使煤电项目效益快速下滑，因此采取有力措施抑制煤电项目投资已刻不容缓。

五 研究结论与政策建议

新常态下，经济结构低碳转型升级，用电负荷将大幅走低，大规模新建煤电项目的陆续投产将会导致整个煤电行业利用小时数的持续走低。同时，愈加严格的政策和环境约束、日益加大的碳排放压力、逐步加剧的电力市场化价格竞争，将会导致煤电企业的经济性下降。

根据中电联的最新数据，截至 2016 年 6 月底，规模以上煤电装机规模已达 9.2 亿千瓦。换句话说，按照我们的测算，煤电的装机峰值目标已经达到。然而，根据绿色和平组织的分析，截至目前在建煤电规模仍高达约 2 亿千瓦，核准未建及待核准项目规模约 1.6 亿千瓦。即便是已出台政策"缓核缓建"1.1 亿千瓦，从在建规模看，"十三五"前四年每年新增 5000 万千瓦煤电的势头，无论如何都是挡不住的，至 2019 年我国煤电装机容量将达到 10.8 亿千瓦，建议调控思路如下。

（1）"核准未建机组全部停建"：确保 2016 年新核准未建项目全部撤销，确保 2016 年后不再新核准任何纯凝煤电项目，确保 2019 年及以后不再新投产煤电机组。

（2）"关停 3000 万低效濒临退役机组"：所在省区未来无可再生能源的灵活性保障需求，20 万千瓦及以下能效不达标、濒临退役纯凝机组应到期关停。

（3）"封存 4000 万 20 年以上的低效机组"：所在省区未来有保障可再生能源的灵活性需求，10 万 ~20 万千瓦服役期超过 20 年的低效机组可暂时封存，未来仅作为备用进入辅助服务市场。

（4）"深度调峰改造 8000 万"：改造一批 30 万 ~60 万千瓦主力机组，未来以系统深度调峰为主，作为电力型机组参与电力市场。深度调峰改造，宜选择服役期超过 15 年、固定资产折旧基本回收的机组。

煤电调控的长远方向是加快市场化建设，建立真正市场化的电源投资决策机制。然而，市场不是万能的，调控手段不能简单地交给市场，不能完全靠竞争解决所有问题。解决投资决策盲目性，一方面要加强顶层能力建设，提高国家和跨区域、跨领域规划的科学性和执行力度；另一方面要加快市场监管机制建设，包括行业自律机制、科学预测和优化能力、信息共享能力和机制、必要的公开评价机制、各种利益相关方的参与机制等。

最后，在市场有效竞争和长效监管机制完善之前，行政调控的底线不能放弃、不能放松。实现"十三五"煤电调控目标，任重而道远。有效调控必须充分动员各方力量，打好行政、监管和市场的组合拳。

第10章 供给侧改革下 "十三五"能源展望

林卫斌[*]

一 能源消费展望

（一）综合能源消费

能源是国民经济各行各业生产过程中不可或缺的中间投入品和生产要素，能源的消费侧实际上是国民经济产业体系的供给侧。当前中央着力推进供给侧结构性改革，其中一个很重要的方面就是要加强国民经济生产过程中能源消费的集约化、清洁化管理。

"十三五"是全面建成小康社会的关键时期。随着国民经济发展水平和城乡居民收入水平的进一步提高，能源消费仍有一定的增长空间。实行能源消费总量和强度双控制，是党的十八大提出的大方略，是推进生态文明建设的重点任务。综合考虑我国经济社会发展阶段、能源消费趋势变化等因素，《能源发展"十三五"规划》提出"到2020年把能源消费总量控制在50亿吨标准煤以内"的发展目标。

总体上看，中国经济从过去30多年的高速增长期进入到中高速增长的"新常态"，将深度影响能源消费需求。一方面，能源消费与经济发展密切相关，经济增速的放缓必然导致能源消费增速回落。另一方面，第三产业比重的持续上升和第一、第二产业比重的持续下降是经济新常态在产业结

* 林卫斌，北京师范大学教授，北京师范大学能源与战略资源研究中心副主任。

构方面的表现特征。经济新常态还意味着经济结构的优化升级，经济增长动力从要素驱动、投资驱动转向创新驱动。不管经济结构的调整还是技术创新，都将深刻改变经济增长与能源消费之间的关系，进而影响未来能源消费需求。"十二五"期间能源消费年均增长3.6%，增速由2010年的7.3%逐年下降到2015年的0.9%。考虑到"新常态"下经济增速放缓、能源结构调整不断深入等因素，"十三五"期间能源消费将维持低速增长，预计年均增速为1%～2%，2020年能源消费总量为46亿～47亿吨标准煤。

一次能源消费结构方面，《能源发展"十三五"规划》提出，"十三五"时期，非化石能源消费比重提高到15%以上，天然气消费比重力争达到10%，煤炭消费比重降低到58%以下。近年来在国内大气污染防治和国际上应对气候变化的双重压力下，各级政府加大力度构建清洁低碳、安全高效的现代能源体系，预计到2020年煤炭消费比重可以降低到55%左右，非化石能源消费比重可以提高到15%以上，天然气消费比重达到8%以上。

能耗强度方面，按照《能源发展"十三五"规划》确定的目标，"十三五"期间单位GDP能耗下降15%以上。随着产业结构调整升级，预计"十三五"期间能耗强度累计下降20%左右，按照2015年不变价格计算，到2020年，单位国内生产总值能源消费量在0.5吨标准煤/万元左右。

分行业看，随着中国步入工业化进程后期，产业结构持续升级，预计"十三五"期间工业用能需求将趋于饱和，工业用能峰值在30亿吨标准煤以下。未来能源需求的主要增长点是第三产业和居民生活用能。预计到2020年第三产业能源消费量将超过10亿吨标准煤，生活用能将达到6亿吨标准煤。

（二）煤炭消费

中国煤炭消费量于2013年达到42.4亿吨后逐年减少，2014年和2015年煤炭消费分别下降3%和3.7%。"新常态"下经济增速放缓，产业结构调整深入，基础投资建设规模进入饱和期。在国内大气污染防治和全球控制温室气体排放的压力下，以气代煤、以电代煤等"减煤"行动将会成为长期趋势。据此判断，中国煤炭消费峰值可能已经过去。

国家发展改革委、国家能源局在2016年12月印发的《煤炭工业发展"十三五"规划》中提出，到2020年，煤炭消费总量要控制在41亿吨左右，占一次能源消费比重控制在58%左右。结合近年来各地区加快推进能源结构调整及煤炭消费走势，预计2020年煤炭消费总量将不足40亿吨，煤炭消费比重由2015年的64%下降到2020年的55%左右。

分行业看，"十三五"期间，新型煤化工可能成为煤炭消费的主要增长点，发电及热电联产用煤需求有小幅增长空间，而钢铁、建材等行业用煤需求则会显著下降。预计到2020年，电力行业用煤量在20亿吨左右，占煤炭消费总量的比重提高到50%左右。钢铁、建材及其他终端消费用煤量分别减少到5.9亿吨、4.9亿吨和3.8亿吨左右。煤化工用煤可能增至1.8亿吨左右。受油气价格波动影响，新型煤化工的经济性和市场结构问题仍存在较大的不确定性。

（三）石油消费

"十二五"期间中国石油消费增长较快，汽油、煤油和柴油的年均增长率分别为10.4%、7.4%和3.3%。根据《能源发展"十三五"规划》确定的目标推算，2020年石油消费总量约为5.95亿吨，占一次能源消费的比重约为17%。

展望"十三五"，柴油消费趋于饱和，汽油、煤油和化工用油需求仍将保持较快增长态势。但随着中国工业化和城市化进程逐步放缓、石油替代的大力发展以及燃油经济性的不断提高，石油消费增速将进一步放缓，预计"十三五"期间石油消费年均增速将降至2%左右，到2020年，石油消费总量约为6.1亿吨。其中，汽油、煤油和柴油消费量分别为1.5亿吨、3600万吨和1.7亿吨，柴汽比进一步降至1.1左右。

分行业看，"十三五"期间，受汽油和煤油消费增长较快支撑，交通运输业石油消费占比将继续提升；受乙烯原料多元化替代影响，工业石油消费占比将继续下滑；因天然气及电力替代，居民生活石油消费占比或有所下降。

（四）天然气消费

从 2013 年起，中国成为全球第三大天然气消费国。但人均消费水平仍然偏低，天然气在一次能源消费中的比重也远低于世界平均水平，天然气消费增长空间巨大。根据《能源发展战略行动计划（2014—2020 年）》确定的目标，到 2020 年，天然气在一次能源消费中的比重提高到 10% 以上。考虑到经济增速以及能源消费增速放缓的趋势，《能源发展"十三五"规划》确定了更加务实的目标，天然气消费比重力争达到 10%。

受经济增速放缓影响，"十二五"期间，天然气消费增速呈现下降趋势，从 2011 年的 24.1% 降到 2015 年的 3.3%。在消费增速放缓的情况下，天然气消费量从 2015 年的 1930 亿立方米增至 2020 年的 3600 亿立方米难度较大。预计 2020 年天然气消费量接近 3000 亿立方米，在一次能源消费中的比重由 2015 年的 5.9% 提高到 8% 以上。

分行业看，"十三五"期间天然气消费增量主要来自：一是发电用气，预计 2020 年天然气发电装机容量将增至 1 亿千瓦以上，用气量接近 600 亿立方米；二是交通用气（LNG 车辆、船舶），预计 2020 年交通用气需求将增至近 400 亿立方米；三是"煤改气"带动制造业用气持续增加，预计 2020 年中国制造业用气将增至近 1200 亿立方米；四是居民生活用气保持刚性增长，预计 2020 年居民生活用气将增至近 500 亿立方米。

（五）电力消费

"十二五"期间，中国电力消费增速总体趋缓，年均增长 6.3%。2015 年人均用电量和人均生活用电量分别为 4142 千瓦时和 530 千瓦时，与发达国家相比较仍存在较大差距。长期看，中国电力需求仍有较大增长空间，但增速会进一步趋缓。根据《电力发展"十三五"规划（2016—2020 年）》确定的目标，2020 年全社会用电量 6.8 万亿~7.2 万亿千瓦时，年均增长 3.6% ~

4.8%。

考虑到中国将在 2020 年左右进入后工业化发展阶段，预计"十三五"期间，全社会用电量年均增长 4%。到 2020 年，全社会用电量 6.8 万亿千瓦时左右，人均用电量和人均生活用电量分别约为 5000 千瓦时和 840 千瓦时。

分行业看，"十三五"期间电力消费主要增长空间在于居民生活用电和第三产业用电。2015 年居民生活用电量和第三产业用电量分别为 7285 亿千瓦时和 7166 亿千瓦时，占全社会用电量比重分别为 12.8% 和 12.6%。预计到 2020 年，居民生活用电量和第三产业用电量将分别达到 1.2 万亿千瓦时左右和 1 万亿千瓦时左右，占全社会用电量的比重分别提高到 17.4% 和 14.6%。工业用电趋于饱和，2015 年工业用电量为 40743 亿千瓦时，占全社会用电量的比重为 71.6%。预计到 2020 年，工业用电比重将下降至 66%。

二 能源投资与建设展望

"十三五"期间，为满足"立足国内"战略及提高能源安全保障能力的要求，中国的能源生产、加工转换和储运能力建设方面都将得到稳步提升，但在优化能源消费及供应结构与去产能的背景下，能源工业投资将向非煤能源尤其是天然气及非化石能源倾斜。生产能力方面，在"去产能"及"停审批"的背景下，预计 2020 年煤炭产能 50 亿吨/年，产能利用率将长期维持低位；水电、核电、风电、太阳能发电总装机容量 8.43 亿千瓦。加工转换能力方面，预计到 2020 年炼油能力将突破 8 亿吨/年；火电装机容量将达11.6 亿千瓦。运输及存储能力方面，《中华人民共和国国民经济和社会发展第十三个五年规划纲要》中明确要统筹推进煤电油气多种能源输送方式发展，加强能源储备和调峰设施建设，加快构建多能互补、外通内畅、安全可靠的现代能源储运网络。预计到 2020 年，天然气主干管道里程将达 12 万公里以上，LNG 接收能力将达 1 亿吨/年；石油储备能力将提升至 6.25 万桶（约 8500 万吨），约为 90 天石油净进口量，天然气地下储气库形成有效工作气量 148 亿立方米左右。

（一）煤炭投资与建设

《煤炭工业发展"十三五"规划》提出，"十三五"期间，化解淘汰过剩落后产能规模8亿吨/年，通过减量置换和优化布局增加先进产能规模5亿吨/年。"十三五"期间，煤矿数量将由9700处减少到6000处（下降39%），煤炭企业数量控制在3000家以内（下降50%以上）。另外，严格控制新增产能，有序退出过剩产能，积极发展先进产能，推进企业兼并重组。除大幅度压缩已有煤炭产能，从2016年起，3年内原则上停止审批新建煤矿项目、新增产能的技术改造项目和产能核增项目；鼓励在建煤矿停建缓建，暂不释放产能，对不能停建缓建的，按一定比例关闭退出相应规模煤矿或核减生产能力进行产能置换。

按照国家发展改革委核定的2005年煤矿产能、国家统计局公布的累计新增煤矿产能和国家能源局公布的淘汰产能累加进行计算，2015年末中国煤矿核定生产能力为43.5亿吨/年。"十三五"期间，煤炭生产能力将持续过剩，预计到2020年煤炭产能将增加到50亿吨/年。

（二）石油投资与建设

"十二五"期间中国石油探明地质储量稳定增长，油气开采业投资增速明显放缓，炼油能力不断提高，石油管网基本实现全面覆盖，石油储备能力粗具规模。展望"十三五"，为践行"立足国内"战略，中国将进一步加强国内石油资源勘探开发。预计到2020年石油剩余经济储采比提高到14～15。为增强石油供应能力，"十三五"期间将建设大庆、辽河、新疆、塔里木、胜利、长庆、渤海、南海、延长等9个千万吨级大油田。

"十三五"期间中国将加强石油战略进口通道、国内陆路战略通道、上产油田外输通道、沿海炼化基地至内陆市场腹地成品油管线、跨区成品油长输调运管线等管道建设，逐步形成覆盖全国主要油田、炼化企业、储备基地和成品油消费市场，资源灵活调配的石油运输系统。随着原油进口使用权及原油非国营贸易进口资质的放开，淘汰落后炼化产能的同时，地方炼厂改建扩能的积极性很高，加之前期规划项目逐步投产，预计2020年全国炼油能力将突破8亿吨/年。

储备应急体系方面，"十三五"期间将逐步建成国家石油储备三期工程，预计到2020年石油储备能力将提高至6.25亿桶（约8500万吨）。

（三）天然气投资与建设

《能源发展战略行动计划（2014～2020年)》要求大力发展天然气，按照陆地与海域并举、常规与非常规并重的原则，加快常规天然气增储上产，尽快突破非常规天然气发展瓶颈，促进天然气储量产量快速增长。

常规天然气方面，以四川盆地、鄂尔多斯盆地、塔里木盆地和南海为重点，到2020年，累计新增常规天然气探明地质储量5.5万亿立方米。

页岩气方面，"十三五"期间页岩气开发利用将继续享受中央财政补贴政策，补贴标准从0.4元/立方米调整为2016～2018年0.3元/立方米、2019～2020年0.2元/立方米。根据《页岩气发展规划（2016—2020年)》，以涪陵、长宁、威远、昭通、富顺—永川勘探开发区为重点建产区，努力推进和扩大产能建设，发挥这些地区大幅提高页岩气产量的主力军作用。

煤层气方面，根据《煤层气（煤矿瓦斯）开发利用"十三五"规划》的目标，"十三五"期间，将建成沁水盆地和鄂尔多斯盆地东缘煤层气产业化基地，实现产量快速增长；新建贵州毕水兴、新疆准噶尔盆地南缘煤层气产业化基地；在内蒙古、四川等地区建设煤层气开发试验区；在辽宁铁法、黑龙江鹤岗、安徽两淮、河南平顶山、湖南湘中等矿区，加大煤矿区煤层气资源回收利用力度。

天然气基础设施方面，《能源发展战略行动计划（2014—2020年)》要求，按照西气东输、北气南下、海气登陆的供气格局，加快天然气管道及储气设施建设，形成进口通道、主要生产区和消费区相连接的全国天然气主干管网，到2020年，天然气主干管道里程达到12万公里以上。此外，根据《中国天然气发展报告（2016)》，"十三五"期间，将通过优先扩大已建LNG接收站的储转能力，适度新建LNG接收站，到2020年，形成LNG接收能力 1 亿吨/年左右；通过加快建设地下储气库，形成环渤海、东北、长三角、西南、中部和中南六大区域联网协调的储气库群，到 2020 年，形成有效工作气量 148 亿立方米左右。

（四）电力投资与建设

"十二五"期间，中国电力投资与建设规模保持快速增长，尤其是核电、风电、太阳能等新能源与可再生能源的投资与建设规模不断扩大。"十三五"期间，能源革命将推动新能源和可再生能源快速发展。根据《电力发展"十三五"规划（2016—2020 年）》，2020 年全国发电装机容量 20 亿千瓦，年均增长 5.5%。

"十三五"期间，发电装机规模的主要增长空间来自核电、风电和太阳能发电。根据《电力发展"十三五"规划（2016—2020 年）》确定的目标，到 2020 年非化石能源发电装机比重达到 39%，其中，核电装机容量达到 5800 万千瓦，风电装机达到 2.1 亿千瓦，太阳能发电装机达到 1.1 亿千瓦，常规水电装机达 3.4 亿千瓦，抽水蓄能装机 4000 万千瓦；化石能源发电装机比重为 61%，其中煤电装机力争控制在 11 亿千瓦以内，气电装机达到 1.1 亿千瓦。

考虑到风电、太阳能发电等新能源发电装机将在"十三五"期间继续快速增长，预计到 2020 年，风电装机为 2.5 亿千瓦左右，太阳能发电装机为 1.6 亿千瓦左右。

在经济增长与能源消费增长减速、化石燃料价格低位徘徊的情况下，第三代核电技术的经济性相对传统火电的综合优势在下降，而日本福岛核电站事故引发的民众对核电安全性的担忧也将制约核电进一步发展。预计到 2020 年，核电装机容量 5300 万千瓦左右。

从结构上看，"十三五"期间，火电装机占比将由 2015 年的 65.9% 降至 2020 年的 57.9%，水电装机占比将由 2015 年的 20.9% 降至 2020 年的 19.0%，核电装机占比将由 2015 年的 1.8% 升至 2020 年的 2.6%，风电装机占比将由 2015 年的 8.6% 升至 2020 年的 12.5%，太阳能装机占比将由 2015 年的 2.8% 升至 2020 年的 8.0%（见表 1）。

表1 2015 年、2020 年分电源发电装机结构

	2015 年		2020 年	
	规模（亿千瓦）	占比（%）	规模（亿千瓦）	占比（%）
火　电	10.1	65.9	11.6	57.9
水　电	3.2	20.9	3.8	19.0
核　电	0.27	1.8	0.53	2.6
风　电	1.3	8.6	2.5	12.5
太阳能	0.42	2.8	1.6	8.0

数据来源：2015 年数据来自中国电力企业联合会《2015 年电力统计基本数据一览表》；2020 年数据为预计数。

（五）非化石能源投资与建设

根据《可再生能源发展"十三五"规划》，"十三五"期间水电新增装机约 6000 万千瓦，新增投资约 5000 亿元；风电新增装机约 8000 千瓦，新增投资约 7000 亿元；新增各类太阳能发电装机投资约 1 万亿元。加上生物质发电投资、太阳能热水器、沼气、地热能利用等，"十三五"期间可再生能源新增投资约 2.5 万亿元。考虑到在能源转型大背景下可再生能源行业将得到快速发展，预计到 2020 年，非化石能源发电装机达 7.43 亿千瓦左右。其中，可再生能源发电装机达 7.9 亿千瓦左右，核电装机 5300 万千瓦左右。

三　能源生产展望

（一）综合能源生产

在能源消费增速逐年下降的背景下，"十二五"期间中国一次能源生产总量年均增速降至 3%。《能源发展战略行动计划（2014—2020 年）》提出，坚持立足国内，将国内供应作为保障能源安全的主渠道，到 2020 年，基本形成比较完善的能源安全保障体系，国内一次能源生产总量达到 42 亿吨标准煤，能源自给能力保持在 85% 左右。考虑到经济增速放缓、资源环境约束增强等因素，"十三五"期间能源需求总量将进入低速增长阶段，能源生产也将保持相应的低速增长态势。预计一次能源生产年均增长2.1%；到2020年一次能源生产总量41亿吨标准煤左右，能源自给率保持在87%左右。

分品种看，中国的能源资源禀赋决定了以煤为主的一次能源生产结构，长期以来原煤产量占一次能源生产总量都保持在70%以上。为缓解资源环境制约、推进大气污染防治及应对国际气候变化，中国政府积极推进能源供给革命，建立多元供应体系，着力发展非煤能源，形成煤、油、气、核、新能源、可再生能源多轮驱动的能源供应体系。《能源发展战略行动计划（2014—2020年)》中明确要增强能源自主保障能力，推进煤炭清洁高效开发利用，稳步提高国内石油产量，大力发展天然气，积极发展能源替代。随着关键能源技术的发展和突破，能源生产尤其是可再生能源开发将得到质和量的双重提升。预计到2020年，原煤生产占一次能源生产的比重将下降至70%以下，原油比重为8%左右，天然气和非化石能源生产比重有所提高，特别是非化石能源，预计到2020年非化石能源生产比重将提高至18%左右。

（二）煤炭生产

"十三五"期间，各级政府将加快推进经济结构供给侧改革，加大力度淘汰煤炭行业过剩生产能力，积极推进煤炭清洁、高效生产，严格规范煤炭生产能力管理。根据《煤炭工业发展"十三五"规划》确定的目标，到2020年，全国煤炭产量39亿吨。分地区看，"十三五"期间，全国煤炭开发总体布局是压缩东部、限制中部和东北、优化西部。中东部地区资源禀赋差、成本高、持续亏损的煤矿将退出市场，煤炭生产将逐步向内蒙古、陕西、宁夏和新疆等地区集中。《煤炭工业发展"十三五"规划》提出，到2020年，煤炭生产开发进一步向大型煤炭基地集中，14个大型煤炭基地产量37.4亿吨，占全国煤炭产量的95%以上，大型煤炭基地外煤炭产量控制在2亿吨以内。

（三）石油生产

"十二五"期间中国原油生产量小幅增长；成品油生产保持较快增长，但汽油、煤油、柴油生产增速分化明显。《能源发展"十三五"规划》提出，要夯实油气供应基础，加大新疆、鄂尔多斯盆地等地区勘探开发力度，加强非常规和海上油气资源开发，提高资源的接续和保障能力。

展望"十三五"，原油生产方面，东部地区将以渤海湾盆地、松辽盆地为重点，深化精细开发，积极发展先进采油技术，实现挖潜稳产；西部地区将以鄂尔多斯盆地、准格尔盆地、塔里木盆地、柴达木盆地为重点，加大开发力度，推广应用先进技术，逐步成为上产接替区；海域方面将按照"以近养远、远近结合，以浅养深、深浅结合"的原则，以渤海、南海北部为重点，自主开发与对外合作并举，大力提升海域原油产量。预计"十三五"期间原油生产将趋于平稳，到2020年原油产量2.2亿吨左右。

成品油生产方面，尽管中国以成品油质量升级为契机，加快淘汰石油炼化行业落后产能。但随着石油进出口权的全面放开，地方炼厂扩能增产的积极性较高，加之随着行业转型升级，炼厂规模化水平不断提升，炼油技术不断优化，轻油收率不断提高，预计"十三五"期间成品油产量将大于消费量，到2020年中国成品油产量达4亿吨。分品种看，预计"十三五"期间，汽油、煤油产量将保持较快增长，到2020年产量分别增至1.6亿吨、6000万吨；柴油产量趋于平稳，维持在1.8亿吨左右。

（四）天然气生产

根据《能源发展战略行动计划（2014—2020年）》提出的天然气生产目标，到2020年，年产常规天然气1850亿立方米，页岩气产量力争超过300亿立方米，煤层气产量力争达到300亿立方米。《能源发展"十三五"规划》要求加大天然气包括页岩气、煤层气等非常规天然气资源的勘探开发以及海域天然气的勘探开发，提高天然气生产增速。非常规天然气方面，2016年，国家能源局针对页岩气、煤层气提出了更加务实的发展目标。其中，《页岩气发展规划（2016—2020 年）》提出，2020 年力争实现页岩气产量 300 亿立方米；《煤层气（煤矿瓦斯）开发利用"十三五"规划》将煤层气产量目标下调到 100 亿立方米。

"十二五"期间天然气产量年均增速仅为 6%。为达到 2020 年 2450 亿立方米的产量目标，"十三五"期间年均增速须达到约 14%。实现这一增速困难较大，保守估计 2020 年常规天然气产量能达到 1500 亿立方米，煤层气 200 亿立方米，页岩气 150 亿立方米，总计 1850 亿立方米。

（五）电力生产

"十二五"期间，中国发电量累计增加 1.51 万亿千瓦时，2011 年超越美国成为全球第一大电力生产国。从增速上看，发电量增速逐年放缓，由 2010 年的 14.8% 下降到 2015 年的 1.05%，年均增长 6.3%。但长期看，电力生产仍有较大增长空间。预计到 2020 年，发电量将达到约 6.8 万亿千瓦时，日均发电量为 186 亿千瓦时。

从结构上看，"十三五"期间，随着发电装机结构向一次电力装机倾斜，相应的核电、风电、太阳能发电量占比将持续上升。预计到 2020 年，火电发电量、水电发电量、核电发电量以及风电太阳能等可再生能源发电量占比分别为 65%、20%、5.6%、10%。

（六）非化石能源生产

2015 年，非化石能源生产总量为 5.25 亿吨标准煤，占一次能源生产总量的 14.5%。"十三五"期间，在大力推进能源革命背景下，非化石能源将得到快速发展。预计到 2020 年，非化石能源生产总量将达到 6 亿吨标准煤左右。

根据《可再生能源发展"十三五"规划》的发展目标，到 2020 年，水电（不含抽水蓄能）发电量达到 12500 亿千瓦时，并网风电发电量达到 4200 亿千瓦时，光伏发电量达到 1245 亿千瓦时，太阳能热发电达到 200 亿千瓦时，生物质发电达到 900 亿千瓦时。为构建清洁低碳的现代能源体系，"十三五"期间，可再生能源发电将得到快速发展，同时，核电发电量也将保持较快增长，预计到2020年，非化石能源发电量达到2.34万亿千瓦时左右。其中，核电、水电（不含抽水蓄能）、风电、太阳能发电的发电量分别为0.38万亿、1.3万亿、0.46万亿、0.2万亿千瓦时左右。

四　能源贸易展望

"十二五"期间，中国能源净进口量及对外依存度逐年增长。展望"十三五"，中国能源贸易将在立足国内的基础上，加强国际合作，提高优质能源保障水平，加快推进油气战略进口通道建设，在开放格局中维护能源安全。综合来看，虽然煤炭进口将逐步下降，但随着石油和天然气进口的持续增长，中国的能源净进口量仍将继续增长，能源对外依存度仍将继续走高。

（一）煤炭贸易

"十三五"期间，考虑到"新常态"下经济增速放缓，煤炭需求将有所下降，同时国内产能过剩状态下煤炭行业供应充足，净进口量将有所下降，预计到2020年，煤炭净进口量为8000万吨左右。

进口方面，"十三五"期间煤炭产能将大幅释放，预计到2020年实际产能将达到50亿吨，煤炭供过于求将成常态，煤炭进口量将持续下降。根据国际煤炭市场格局判断，国内外煤炭的比价关系将有利于中国减少煤炭进口，但澳大利亚、印尼、美国、加拿大、俄罗斯等国的过剩煤炭产能也将逐步消化，这会对中国向国际市场释放产能形成较强制约，据此判断，中国煤炭进口量的下降将是一个渐进过程。预计到2020年，煤炭进口量回落到1亿吨左右。

出口方面，考虑到国内煤炭供应能力充足，控制煤炭消费总量成为长期趋势，煤炭出口可以得到保障。政策层面上，煤炭出口关税税率自2015年起已经由10%下调至3%，预计"十三五"期间政策层面对煤炭出口的支持力度还将有所加大。随着国内煤炭供需形势和亚太煤炭市场格局的转变，中国对东北亚煤炭市场的出口量可能会增加，预计出口量在2016～2018年将有所回升，到2020年回落至2000万吨左右。

（二）石油贸易

"十二五"期间中国石油进口持续增加，对外依存度累计上升 4.8 个百分点。展望"十三五"，石油消费将保持低速增长，石油储备建设稳步推进，原油产量趋于平稳，石油进口量将继续增加以满足国内供需缺口，石油对外依存度将进一步上升。预计"十三五"期间石油净进口量年均增加 1500 万吨左右，到 2020 年石油净进口量达 4 亿吨，对外依存度上升至 66% 左右。

原油方面，预计"十三五"期间国内产量增长有限。终端石油需求的增长将带动原油加工量增加，进而拉动原油进口量增加，且原油非国营贸易进口资质及进口原油使用权的放开将刺激地方炼厂的原油进口需求，预计"十三五"期间原油净进口量保持较快增长。

石油制品方面，本已过剩的炼油能力将继续扩张，石油制品产量将继续大于需求量，预计"十三五"期间石油制品进口量或将下滑。而随着石油制品出口资质的逐步放开，地炼石油制品出口通道被打开，富余的石油制品产量将更多地流入国际市场，预计"十三五"期间石油制品出口量将逐步增加。

（三）天然气贸易

"十二五"期间，中国天然气对外依存度持续提高。根据前文对天然气消费量和产量的展望，到 2020 年，中国需净进口天然气 1150 亿立方米，对外依存度也将提高到 38%。预计到 2020 年，进口天然气管道设计能力达 1050 亿立方米/年；考虑到供气渐增期的因素，实际进口管道天然气的能力应该在 600 亿~700 亿立方米/年。LNG 方面，预计到 2020 年能够落实长贸资源约 4000 万吨/年（折合 550 亿立方米/年）。

五 能源市场与绩效展望

（一）煤炭市场与绩效

"十三五"期间，煤炭行业面临需求总体偏弱、化解过剩产能和消化库存任务加重、资源环境约束不断强化、产业结构调整任务艰巨等形势,煤炭行业规划发展目标以控制总量、消化过剩、优化结构为主。《煤炭工业发展"十三五"规划》提出,到2020年,煤炭开发布局科学合理,供需基本平衡,大型煤炭基地、大型骨干企业集团、大型现代化煤矿主体地位更加突出,生产效率和企业效益明显提高,安全生产形势根本好转,安全绿色开发和清洁高效利用水平显著提升,职工生活质量改善,国际合作迈上新台阶,煤炭治理体系和治理能力实现现代化,基本建成集约、安全、高效、绿色的现代煤炭工业体系。"十三五"期间,煤炭行业将遵循"四个革命,一个合作"的能源发展战略思想,以提高发展的质量和效益为中心,以供给侧结构性改革为主线,坚持市场在资源配置中的决定性作用,着力化解煤炭过剩产能,着力调整产业结构和优化布局,着力推进清洁高效低碳发展,着力深化体制机制改革,实现煤炭工业由大到强的历史跨越。

预计到"十三五"末,煤炭产能仍然过剩,但经过"十三五"期间的去产能后,产能过剩程度会有所降低,煤炭价格有可能小幅回调。

(二)石油市场与绩效

"十二五"期间,全球石油供需形势在2014年经历深刻变化,由供给不足转为供给过剩,国际原油价格由高位经历断崖式下跌。展望"十三五",全球石油市场方面,2016年供给过剩持续,但随着北美、中国等地区产量下滑,过剩局面有所缓和。2017年,随着OPEC与非OPEC减产协议开始执行,且全球经济增长稳健带动石油需求稳步增加,预计全球石油市场将回归平衡。2018~2020年间,尽管由于价格回升以及技术进步驱动成本下降,北美地区石油将主要贡献非OPEC地区供应增量,但随着OPEC富余产能的不断下滑,OPEC地区供应增量将相应下滑,且近年石油行业上游投资的大幅削减导致的供应能力不足将逐步显现,石油供应或逐渐趋紧。

中国石油市场方面,2016年伊始,国家发展改革委发布《关于进一步完善成品油价格形成机制有关问题的通知》(发改价格〔2016〕64号),放开液化石油气出厂价格。2016年5月,国务院发布《关于印发2016年推进简政放权放管结合优化服务改革工作要点的通知》（国发［2016］30 号），要求加快建设统一开放、竞争有序的市场体系。预计"十三五"期间中国将继续以市场化为方向，促进市场参与主体多元化并形成有效竞争，逐步形成市场化的石油价格形成机制，预计到 2017 年，石油领域竞争性环节价格基本放开。到 2020 年，市场化价格机制基本完善。

（三）天然气市场与绩效

"十三五"期间，中国天然气市场改革将继续推进。根据 2015 年 10 月《中共中央国务院关于推进价格机制改革的若干意见》确立的改革目标，到 2017 年，竞争性领域和环节价格基本放开，政府定价范围主要限定在重要公用事业、公益性服务、网络型自然垄断环节。

门站价格方面，"十二五"末确立天然气基准门站价格管理方式。自 2016 年 11 月 20 日起，天然气供需双方以基准门站价格为基础，在上浮 20%、下浮不限的范围内确定具体门站价格。预计"十三五"中后期，供需双方在政府指导的基准门站价格上将逐步扩大浮动空间。终端价格方面，预计"十三五"期间全国主要城市都将实施居民用气阶梯价格制度；非居民用气价格市场化程度也将进一步提高。天然气进口价格方面，随着管道气和 LNG 现货的进口气源不断增加，"十三五"期间，进口管道气与进口 LNG 的价差有望逐渐缩小。

（四）电力市场与绩效

由于前期在建规模和已获得审批的装机规模较高，"十三五"期间电力供应过剩压力将逐渐加大，预计发电设备平均利用小时数将维持在 3400 小时左右的低位。

电力价格方面，2016 年开始，全国燃煤发电上网电价平均每千瓦时下调约 0.03 元，全国一般工商业销售电价平均每千瓦时下调约 0.03 元。由于煤价下跌幅度过大，各地 GDP 走低，地方政府希望通过降低电价来缓解工商业的盈利压力。随着新电改方案各项配套文件出台，电价也迎来了调整窗口，预计"十三五"期间，燃煤发电上网电价和一般工商业销售电价将会进一步下调。

新能源发电价格方面，"十三五"期间，陆上风电、光伏标杆上网电价预计将逐年下调。《能源发展战略行动计划（2014—2020 年）》要求风电、光伏电价 2020 年实现平价上网，《可再生能源发展"十三五"规划》再次强调，到 2020 年，风电项目电价可与当地燃煤发电同平台竞争，光伏项目电价可与电网销售电价相当。根据"十三五"期间新能源产业技术进步和成本降低情况，国家将逐步调整标杆电价，以实现平价上网的目标。

第11章　"十三五"时期地方政府债券市场的发展

温来成 *

一　"十二五"时期我国地方政府债券市场发展的情况

从严格意义上来说，规范的地方政府债券是从 2015 年新修订的《预算法》允许地方政府发债开始。在此之前为过渡期。2008 年我国为了应对金融危机，决定从 2009 年开始，财政部代发地方政府债券。和以前国库券转贷地方不同，地方发债的时候就明确是给新疆发的还是给河北发的。但是，代发债券存在财政部的隐性担保，即偿还的过程当中，如果地方政府还不了，财政部也脱不了干系。2009～2011 年间，这个额度每年是 2000 亿元，到了 2012 年，扩大到 2500 亿元，2013 年是 2848 亿元，2014 年是 2900 亿元。

在财政部代发地方政府债券的同时，我国也做了一些试点，即允许个别地区自主发债。2011 年，上海、浙江、广东和深圳四个省市实行自发自还的试点。2011 年发债规模是 229 亿元，2012 年是 289 亿元，2013 年的时候扩大到六个省市，除了前面这四个省市以外，追加了江苏和山东两省。2014 年的时候，扩大到了十个省市，以前是由省一级政府自发，但是，财政部要求把还本付息款打到其指定的账户上，再付给债权人。试点有一个特点，由

---

* 温来成，中央财经大学中财 – 鹏元地方财政投融资研究所执行所长、教授、博士生导师。

各个省自行发债，但财政部事实上提供了隐性担保。2014 年财政部不再承担隐性担保，款项由发债省市自发自还，这为 2015 年地方政府正式发债奠定了良好的基础。

我国从 2014 年修改了《预算法》，2015 年开始正式由省一级政府发债。从债券市场发展的角度来讲，这是一个革命性的突破。因为 1995 年实施的《预算法》明确规定，地方政府未经国务院同意，不得发行债券来筹集资金，包括不能举债。自 1995 年以来，理论界、实务界进行了大量的研讨，但始终没有获得突破。2014 年全国人大审核《预算法》时，第二稿规定允许地方政府发债，到第三稿时又倒退回去了，回到了 1995 年的条款。在各方面的努力下，终于在第四稿把原条款推翻了，允许地方政府发债，但发债的主体只能放到省一级。经过 20 多年的努力，终于在 2014 年把这个实行问题解决了。实际上，虽然《预算法》不允许地方政府发债，但是地方政府照样举债。《预算法》明确不让地方政府发债，而地方政府成立投融资平台，按照《公司法》的要求，筹集资金，建设地方各项设施。在 2010 年国家审计署第一次审计时，地方政府性债务余额已经达到 10 万亿元，而当年中央政府债务余额才 7 万亿元。可见，仅靠《预算法》阻挡地方政府举债是不现实的。

投融资平台名义上是企业、是独立法人，实际上是准政府机关。因为从其结构分析，它们不可能成为一个自主经营、自负盈亏的市场主体。首先，从法人结构上来讲，投融资平台和一般国资委管的国有企业有很大的区别，其法人代表、董事长、总经理，都是现任的公务员，比如说投融资平台是市政府管理的，一般来讲，董事长就是主管财经工作的副市长，如果这个投融资平台是财政厅办的，董事长一般是财政厅的厅长，主要的工作人员是在任的公务人员，其他工作人员是聘用的。也就是说，我们可以把设立这个投融资平台认为是地方政府规避《预算法》的一种典型做法。因此，国家地方政府债券市场的发展，就是要解决投融资平台的问题。《预算法》决定允许地方政府发债，就等于投融资平台的历史作用结束了，或从职能上来讲应该逐步退出历史舞台。投融资平台在 2015 年以后继续存在，实际上是国家财政的一大隐患。2015 年财政部开了三条出路：要么撤销；要么变成 PPP 的项目公司；要么转型商业化，希望在 2015 年把这个问题解决。但是由于经济下滑，财政部不敢下狠手，国家发改委又"放水"，批了不少项目建设债券。现在把这些投融资平台救活以后，就是政府的一大隐患。其名义上是具有法人资格的企业，实际上就是准政府机构，它破产了，实际上破产的是地方政府。

二 "十三五"时期对于政府债券的需求

从债券市场发展的角度来讲，我们希望通过债券市场来代替投融资平台的功能。

从我国"十三五"时期经济建设的需要看，对政府债券还是有很大的需求。到 2020 年的时候，新型城镇化带来的投资需求有 40 多万亿，财政部的预测和其他部门的预测有一些出入，但大致上比较相近。

还有一点，我国现在是世界第二大经济体，人均国民生产总值大约为 8000 美元，如要在 2020 年实现小康社会建设目标，各项事业的发展对政府资金需求量都比较大，特别是一些基础公共服务要实现均等化，压力还是比较大的。尤其是医疗卫生，经过这么多年的努力，还是没有解决看病难、看病贵的问题。到三甲医院一看，感觉政府所提供的服务和庞大的社会需求之间的差距仍然很大，这其中需要投入巨额的资金。2014 年，我国人均卫生总经费为 2000 多元，但是到了农村，新农合提供的保障人均只有 400 多元，公共卫生领域的城乡差距更大，这个缺口很大程度上得靠财政资金去补。这两年，县级公立医疗卫生机构的改革非常缓慢，很大程度上也是受制于地方财政。

三 "十三五"时期我国地方政府债券市场 发展面临的挑战

"十三五"期间，地方政府还面临着债务置换和借新债还旧债的压力。目前，有些地方政府债务率已经超过了 100%，甚至更高。2015 年我们在一个西部中等城市调研，该市财政总收入不到 40 亿元，但债务存量已达 100 亿元。这些地方政府靠自身的能力去还债是非常困难的，要么依靠上级政府转移支付，要么借新债还旧债去维持，给政府带来很大的压力，如果把城投公司切断的话，只能靠发债去解决。

另外，从国内的情况来看，现在经济社会发展的水平和 1978 年改革开放初期相比，已经有了很大的变化，经过这么多年发展，政府提供公共服务仍然缺少资金，但从民间的情况来看，资金还是比较宽裕的。根据有关统计，2015 年，全年新增人民币存款达 14 万亿元，全社会的人民币存款余额是 135 万亿元。鄂尔多斯和温州，为什么出现全民去放高利贷的情况呢？因为国家已经明确规定，高于官方利率四倍的利率都叫高利贷，高利贷不受国家保护，像鄂尔多斯、温州这些地方，老百姓拿着钱去放高利贷，明明知道有很大的风险，但是在股市、房地产行业发展存在较多问题的情况下，可能没有更合适的选择。高利贷崩盘以后，给一些居民带来毁灭性的打击，老板一跑路，有些老百姓前半生积累的血汗钱都化为乌有。但这个事件也说明地方政府债券在市场上是有需求的。

目前，我国规范地方政府债券，2015 年发了 1000 亿元的专项债，5000 亿元的一般债券，完成了 3.2 万亿元的债务置换。但是，2015 年债券市场上出现了一个比较可怕的现象——整个债券市场的增长率高达 80%！一个债券市场为什么有这么大的增长量？这种情况会对今后债券市场的发展带来很大的隐患。2016 年我们已经看到了，过去所讲的刚性兑付，现在慢慢被打破了，原来一些国有企业发行的债券，有的出现实质性的违约。在这种情况下，从宏观上来讲，对地方政府债券的发行造成了比较大的影响。

具体来讲，有这几个方面的问题。第一个问题，地方政府债券发行的主体还是不够完整。现在只是允许省一级政府发行政府债券，市县政府需要由省一级政府代办，从目前我国地方政府债务存量主体来讲，市县政府是债务的主体，市县政府需要钱，又没有资格发债，省级政府不需要那么多资金，现在只能由省级政府发债，主体和需求之间不匹配。2010 年审计署查地方政府债券的时候，省市县这三级政府，地级市占到了 40% 多，现在真正要钱的，城镇化建设的重点实际上是中心城市、省级城市。我们到河南调研时发现，郑州市的经济总量相当于河南省的一半，还有一些类似的城市如长沙、武汉都面临这样的问题。现在债务资金需求主要是市县这两级政府，但是发债目前只到省一级，两者之间不匹配。根据国务院43号文件规定，以后谁发债谁承担责任，中央政府对地方政府债务实行不救助原则，这个文件发了以后，山东省政府、四川省政府、甘肃省政府也跟着发文件，说以后各级政府发的债自行承担责任，省级政府对所辖市县发行的债券也实行不救助的原则。后来大家就开始推算，中央对省不救助，省对市县不救助，市县政府出现债务危机怎么办呢？到了最后走投无路的时候，除了破产之外还有什么办法呢？也有人说，中国是单一制国家，地方政府是国务院的派出机构，发生危机不可能不救助。无论如何，官方文件里明确规定了双不救助的原则，就是下一步看怎样实施，发债和主体之间也有一个匹配的问题。

第二个问题，地方政府债券利率未能充分体现市场机制。2015年，财政部规定，地方政府债券发债盯住发债当天往前推5天内同期未偿还的国债债券的平均利率。有些地方政府为了压低债券利率，降低发债成本，竟然能做到地方债券的利率比国债还低，这违反市场经济的一般规则。这种状况后来有所改观，一级市场地方政府操作压得很低，但到了二级市场，债券在流转的过程当中，不同地区的债券利率还是有一些区别的。现在地方政府操纵地方政府债券利率的情况，对债券的发行有不良影响。

第三个问题，地方政府债券种类有限，难以满足地方经济社会发展的需要。现在财政部发行的专项债券和一般债券，包括一年期、两年期、三年期、五年期、七年期、十年期，最长是十年期的债券，像保险公司这样的机构有长期资金需求的，可以发行十五年期、二十年期债券，这些机构也愿意购买。为什么2015年把债券期限上限切在十年呢？因为已经积累了15万亿元的债务了，如果2016年发行量更大的话，对地方政府的压力比较大。债券最长的期限是十年，这可能和各方面的需求有一定的差距。当然也要考虑到地方政府一届五年，发债和地方政府的任期尽可能匹配，不能说这一届政府发债花钱，下一届政府去还债，造成一届政府和一届政府之间的利益和责任不匹配。

第四个问题，地方债券发行规模有限，和地方经济社会发展需求不相适应。2015年财政部明确规定，切断投融资平台和地方政府融资之间的联系，按照《预算法》的规定，地方政府举债的形式只有一种，即发行债券，2015年发行了6000亿元，2016年因为把财政赤字率提高到3%，为中央政府和地方政府发债留了一点空间，大体上也就是1万亿元，但是这1万亿元债券和整个地方政府建设需求之间的差距还是很大。2012年城投债发行量最大的时候，发了12000多亿元，存量当时有2万亿元之多。原来地方政府债务存量的80%是银行贷款，城投公司发行的城投债券占地方政府债务的比例不到10%。以前地方政府还通过信托等形式举债，现在都已被禁止，只有发行债券这一种方式，如发行规模过小，和地方政府的需求不相适应，地方政府就会想别的办法去解决。

第五个问题，地方政府债券市场管理法制建设。目前地方政府债券市场管理靠财政部、人民银行的行政法规，因为《证券法》主要以规范股票、公司债券交易活动为主，并涉及有关机构的管理规范，只是一般地适合政府债券，并未做专门规定。随着整个债券市场走向规范化，地方政府债券的法制建设还需要进一步加强。

四　"十三五"时期我国地方政府债券
市场发展的政策选择

对地方政府债券市场发展前景提出一些思考。第一，根据现在我国地方四级政府的情况，需要适当扩大地方政府债券发行主体，至少要把发债主体放在中心城市，即地级市，仅仅是省一级政府发行地方政府债券，难以适应地方经济社会发展需求。

第二，适度扩大地方政府债券发行规模，满足地方经济社会发展的需要。据世界银行测算，在整个社会投资规模中，政府至少要占到20%，如果按这个比例，现在我国地方政府的债券发行量很难满足需要。

第三，丰富地方政府债券种类，满足国内外投资者多元化需求。发债过程中，要考虑到地方政府债券的种类，增加中长期债券的发行，以满足地方政府经济建设的需要。

第四，完善地方政府债券和国债发行流通协调制度，在社会资金量有限的情况下，政府发债、筹资规模过大，会对民间资本形成挤出效应。在2015年债券市场发展增量达到80%的情况下，国债和地方债的发行需要调控发行额度、发行时间，利率上有一个相互协调的问题。财政部已开始公布关键期限国债收益率曲线，将来可能对整个债券市场起到引导作用。地方政府债券发行更需要通过市场机制去解决。比如评级问题，2015年10个省市评级结果都是3A级，大家感觉到很不理解，10个省都是3A级，上海是3A级，宁夏也是3A级，这个评级有什么用呢？还花政府的钱。当时我们跟新闻界解释，这是第一年进行试验，而且是针对省级政府，风险不大，给3A级问题也不大，但是不能长期这样搞，如果每个地方都是3A级的话，就没有意义了。

另外，政府尽快公布全面的资产负债表，要求各级财政部门，特别是发债的部门公布综合财务报告。通过健全市场机制约束地方政府发债。

第五，完善地方政府债券市场化管理机制，规范地方政府举债融资行为。目前最大的问题是，全国人大或人大常委会对地方政府债券发行额实行审批，但又要求双不救助，即中央对省不救助，省对市县不救助，但是总额中央审批，两者之间有矛盾。以后还是应走向市场化发行，各级政府全面自主发债，但是要有破产制度相配合。如果将双不救助原则付诸实施，需要配合破产制度。

第12章　中国政府债务风险分析

杜明艳*

政府适当负债是现代政府执行公共职能的需要。美国联邦政府在大萧条之前的财政收入只占 GDP 的 2%，后来一直执行总需求管理等财政调控政策，到现在为止，美国联邦政府的财政收入已经占国内生产总值的 18% 以上。政府职能扩大和适当负债是一个必然的趋势，只有不可持续的债务积累才是真正的风险。

一　政府债务运动的两种路线

政府债务运动的两种基本路线：一种是可持续的，虽然增长，但是债务上升是可持续的。这往往是由周期性原因造成，政府债务的上升是政府在执行总需求管理的职能，在救助金融体系的周期性危机，而不是结构性原因造成的；另一种是不可持续的，不可持续的债务上升是结构性的，是无法改变的，持续不断的上升，最后以债务违约来结束。债务违约点在不同的国家是不一样的，取决于国家和政府债务承受能力，有的国家政府债务负担率达到 GDP 的 180% 都不违约，有的国家债务只占 GDP 的 30% 都要违约，因为各国的债务承受能力是不同的。

下面按这两种情况分析可持续和不可持续的债务运动是什么样的。首先简单回顾一下经济体系中的五个经济部门之间的债务运动一般规律，政府部门在五个部门里的债务运动特征是什么？一个经济体系内部的私人经济部门

---

* 杜明艳，大公信用研究院副院长。

包括非金融企业、家庭部门、金融部门。非金融企业和家庭部门向金融部门提供资金，同时金融部门也借钱给它们。经济的周期性运动可能造成非金融企业的债务快速积累，也可能造成家庭部门的债务快速积累。家庭部门产生债务快速积累的原因主要跟房地产泡沫相关。多种经济周期都可能造成非金融企业的债务积累，出现经济风险的爆发。很多非金融企业，像我国现在这样，如果债务快速积累，达到不可持续的程度，风险爆发，造成的就是非金融部门债务上升，银行不良率提高。政府为了挽救经济，就需要扩大财政开支，从而导致债务上升。债务的资金来源可能是向国内这些部门借，也可能向国外部门借。政府的债务增长，往往都是具有兜底性质的，是实体经济的反映，是在实体经济出现问题的时候，政府通过扩张性的财政政策来刺激实体经济的增长，缓解私人部门去杠杆化时期的需求不足，达到防止通缩，维持经济发展的作用。一旦私人部门去杠杆化结束，经济出现新的增长点，开始复苏以后，政府就进入了去杠杆的阶段，政府债务会下降，这样的债务增长是可持续的。

以瑞典和芬兰两个国家在20世纪90年代的债务运动为例，当经济开始出现衰退的一到两年内，私人部门还在抱有侥幸心理，希望继续增加债务，争取渡过难关，但是最终没有能够熬过，私人部门开始进入去杠杆的过程。经济一进入衰退，政府债务就开始上升。首先，这是政府财政自动稳定调节器的作用；政府同时又会主动执行积极的财政政策。私人部门开始去杠杆的时候，政府不断扩张债务，在私人部门去杠杆化基本结束时，政府的债务也达到了最高点。然后，私人部门开始重新一轮加杠杆的过程，政府部门则降杠杆，这是一个可持续的政府债务运动轨迹。尽管如此，在可持续中也蕴含着问题。在危机爆发前10年，私人部门的债务增长了约60%，但是在随后的去杠杆化期间，私人部门的债务只下降了26%。这意味着由于政府的托底作用，私人部门并没有实现完全的去杠杆化，然后又进入了下一个加杠杆周期。在下一个加杠杆周期，私人部门的债务增加了约80%，即私人部门的债务虽然有下降，但总的来说是螺旋式上升的。

不可持续的政府债务运动轨迹是什么呢？举一个例子，2008年金融危机爆发的时候，希腊的各级政府债务已经占国内生产总值的110%，金融危机爆发以后，快速上升，到 2012 年，达到了国内生产总值的 165%，这是不可持续的上升。私人部门在这个过程中已经对希腊政府的偿债能力产生了完全的怀疑。2008 年的时候，希腊政府的赤字比国内生产总值达到 -9%。2010 年，希腊政府两年期的国债收益率曾经飙升到 27% ~28%。即使此后欧盟和 IMF 对它进行了两轮的救助，最后还是不得不承认，希腊债务是不可持续的，2012 年 3 月进行债务重组。但债务重组非常不彻底，债务只下降了 2% ~3%。重组后债务持续上升。国际货币基金组织预测希腊在 2014 年（即重组两年以后）债务会见顶，然后会下降。我们认为 2012 年希腊债务重组以后，债务不可能下降，还会继续上升，会一直达到 175% 这样的高度，甚至在这个过程中，可能还需要新一轮的重组。因为债务负担过重，抑制了消费和投资的增长，没有经济增长点，经济增长的速度赶不上债务增速，所以是不可持续的（如图 1）。

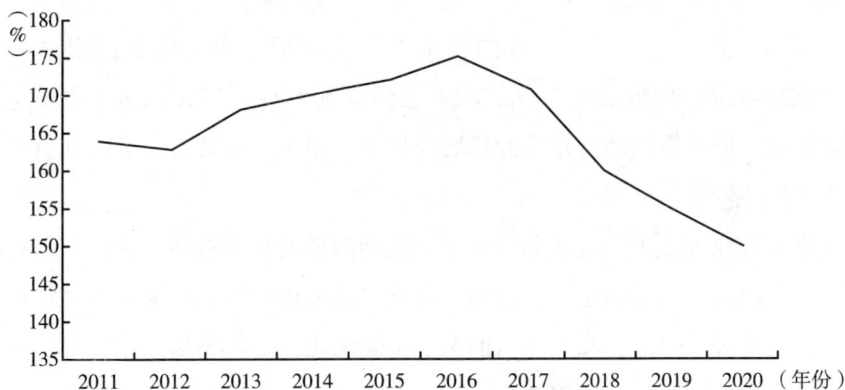

图 1　对希腊各级政府债务/GDP 的预测

数据来源：大公国际。

二　政府债务运动不可持续的三类原因

不可持续的政府债务运动形成的原因是什么？第一种原因，实体经济缺乏足够的经济增长点，对政府刺激性财政政策产生了依赖性。如果经济增长点不够，要想让经济不出现断崖式的下降，就必须依赖政府持续地进行财政刺激，在这种情况下，政府的债务就难以出现拐点，政府的债务就会不断上升。

第二种原因，实体经济有增长点，但是这个国家存在严重的结构性失衡或者是体制性问题，难以自我管理，即使是增长也是失衡的增长，这在低收入国家，尤其是储蓄率很低的这些国家，或者是在一些新兴市场国家都出现过。比如说 1997 年、1998 年的亚洲和中东欧金融危机就是这样的。失衡的增长如果通过内部因素难以调整，最后只能以违约的方式强制纠正。

第一种原因现在明显存在于发达国家，像美国和很多欧洲国家都是这种情况，实体经济的增长是不够的，虽然大家看到这两年美国和英国的经济增长在发达国家里是一枝独秀的，都达到 2% 以上，美国的失业率已经降到了4.6%，但是它的赤字在发达国家中也是最高的，美国的赤字现在还有 3%以上，英国也大概是这个样子。它们经济的增长与政府持续的财政刺激是密不可分的。英国尤其明显。英国自金融危机以后，固定资本形成总额占GDP 比重下降，危机前有 19%，现在已经降到 16%～17%，增长主要是消费拉动的，而消费拉动与政府的托底作用关系很大，靠政府大量的社会福利支出来维持消费的能力。

第三种原因介于可持续和不可持续之间的政府债务运动，是什么呢？实体经济有增长点，可能是人口红利，可能是总的固定资本积累，也可能有创新驱动，等等。但是，私人部门的高负债无法出清，高负债的私人部门耗用了大量的信用，而这些信用都是去进行债务滚动的，而不是去促进经济的，为了拉动经济，政府不得不持续地进行积极财政政策，政府债务也持续增长。如果私人部门的债务无法出清，政府只能一直拉动下去。这种情况是一种比较危险的状态，如果私人部门的债务能够出清，政府债务有可能会迎来拐点。如果私人部门债务无法出清的话，政府债务可能会继续膨胀直至走上确定不可持续的道路。

对于第一种原因造成的不可持续的政府债务，再举一个美国的例子。美国长期存在结构性的财政赤字，图 2 是国际货币基金组织和美国国会预算办公室对 2015～2020 年美国结构性赤字的估计，赤字是不断上升的；L_1 线代表初级结构性赤字（primary fiscal deficit），支付政府债务利息之前就存在赤字，债务利息又使赤字进一步扩大了。美国政府现在 106％的政府债务造成了沉重的债务利息负担，这是结构性赤字的主要原因，L_2 线和 L_1 线之间是政府债务利息造成的结构性赤字，L_1 线之下是其他原因造成的结构性赤字，因为债务太高了，即使美联储不断压低利率，终归也不是零息债务。这样的话，美国政府的债务负担难以出现拐点，这是美国联邦政府的债务预测，从 2015 年到 2020 年，基本上是在高位徘徊。

图 2 长期的结构性财政赤字（美国债务问题）

数据来源：国际货币基金组织、美国国会预算办公室、大公。

三 中国政府债务问题的出路探讨

现在就集中分析中国政府债务的问题，我们把中国政府债务未来可能的发展轨迹大致归类为第三种。

我们认为中国政府债务问题并不在于其自身的债务规模，而在于未来的发展趋势。虽然中国各级政府债务，尤其是地方政府债务在 2008 年以后（2009～2011 年）快速上升，地方政府债务截至 2015 年底的时候达到 16 万亿元人民币，超过了中央政府债务。但中国的政府债务是在非常低的起点上开始上升的，即使速度很快，截至2015年底的时候，各级政府债务负担率还是43.9%，是适中的。国际货币基金组织口径的中国各级政府债务包括四项：一个是中央政府债务，一个是地方政府债务，还有两个是政策性银行，即进出口银行和国开行的债务，这四项加起来的债务负担率一共是43.9%，规模还是比较适中的。

虽然中国政府债务管理很落后，但政府也意识到了问题所在，现在债务管理在逐渐趋于规范化，不过仍有不少问题亟待解决。最显著的进步是《预算法》的修订，承认了跨期平衡，允许地方政府负债，同时对地方政府债务进行分类管理，把地方债务分成两类，即一般性的地方政府债务和专项的地方政府债务，然后对其进行存量限额管理，每年新增多少是有限额的。同时，地方政府债务快速增长这几年所造成的中短期还债压力，通过2015年开始的地方政府债务置换，也得到了明显的缓解，这个置换是在3年内置换掉存量为14.7万亿元人民币的政府债务。

从这个情况看，中国政府债务问题不在于现在的情况，而在于未来的发展趋势是什么。未来的发展趋势核心的问题是什么？政府债务是对经济中出现的产能过剩导致的泡沫破灭的反映，政府救助经济，维持经济不至于出现断崖式下跌，而进行兜底所产生的债务。现在最不明确的就是我们的经济是否已经出清了，政府兜底了吗？事实上还远远没有。最主要是大量的过剩产能并没有被排除出去，过剩产能如何处理？这就涉及政府债务未来的走势问题。

2015年中央经济工作会议有一个说法，第一次将结构性产能过剩表述为"绕不过去的历史关口"，表明中国为了实现经济结构调整目标，决定直面结构性产能过剩的问题。但是这个问题很复杂，解决起来困难很大，需要勇气和能力来驾驭可能爆发的系统性风险。

中国2015年非金融机构和家庭部门总的债务负担率大概是210%。因为中国到现在没有一个完善和及时的国家资产负债表，所以大家通过多种口径在统计，这个统计数据来自国际清算银行。

这里面最主要的是非金融机构的债务，家庭部门的债务相对比较少，

BIS 的数据为家庭部门的债务占 GDP 的 40%，这个数和发达国家比可以说是非常低的水平，但这是从前些年的 20% 多涨上来的，国家统计局曾经统计过，2010 年家庭债务占比约为 28%，现在已经上升到 40% 了，主要都是按揭贷款造成的。

这个数据是 2015 年底的数据，现在肯定有所上升，因为在去产能、去库存、去杠杆的主旋律下，2016 年第一季度社会融资规模出现了爆发式的增长，大概是一季度同比增长了 44%，可以推断，私人部门的债务还是在继续上升的。

去产能，就是要把大量的产能过剩行业的债务挤出去。债券市场的企业以国有大中型企业为主，大概占 70% 以上，大量的产能过剩行业中，很多为国家大型骨干企业，这些企业现在基本上不盈利，甚至是亏损，有的资产负债率达到了 70%，甚至是 80%，已经不盈利了，但是债务还是要还的。这样的企业已经难以产生现金流，很难以自身的现金流来还债，就是不停地倒钱，依赖的主要就是间接融资的银行部门。这个部门长期以来也主要是为国有大中型企业服务的，当然也依赖债券市场，债券市场也主要是为它们服务。如果我们要出清这些过剩的产能，这些企业很可能就会被重组掉，债务重组甚至是破产，带来的就是银行不良率的快速上升，债券市场违约事件的进一步上升。银行不良率在 2016 年第一季度的时候已经上升到了 1.75%，这个数听起来很低，与很多国家相比中国的不良率现在确实并不高，但问题是在持续上升。而且我们现在看到，产能过剩行业基本都没有实现真正的产能出清，现在我们了解到钢铁和煤炭这两个产能过剩行业，在进行重组试点，但是动作并不大，大量的产能过剩行业继续占用大量的信贷资源，维持债务泡沫的循环。银行现在的不良贷款不是真正吸收了产能过剩行业不良贷款以后的不良贷款，银行体系对于未来可能会有的不良贷款也有一个估计，现在比较一致的观点认为不良贷款额可能是 4 万亿元。如果是这个数据的话，大概会使银行的不良率上升到 7%~8% 的水平，其实这也不太可怕，因为 1998 年的时候，20 世纪 90 年代那一轮经济过热产生的大量不良资产，到 2002 年时银行的不良率都上升到近 30% 了，但政府最后还是全部处理掉了。

政府制定了五年的国有企业改革计划，2016年还处于试点阶段，现在并没有什么实质性的举措，可能这个改革会压在后几年，至少我们现在看到的情况是，大量的产能过剩行业还是继续耗用大量宝贵的信贷资源，而真正有可能实现创新的中小企业难以获得实际的、低成本的资金支持，这是改革的难点所在。如果这个情况不改善，非金融企业的债务还会继续上升，家庭部门的债务也会随房价的上升继续上升，家庭部门总有一天会被掏空，政府的债务也会继续上升，政府的债务就会有不可持续的危险。

图3是1970年以来美国和欧元区国家债务增长的情况，这些经济体在1980年后债务都出现了没有逆转的持续上升，2008年危机的时候，美国有一个小幅的下降，现在美国家庭债务与可支配收入之比已经降到了80%以下，美国是家庭部门债务去杠杆最明显的，欧元区家庭债务是继续上升的。非金融企业债务也在20世纪80年代之后出现了持续的上升。政府的债务在每一次救助私人部门债务危机的时候都出现了上升，此后有所下降。图4给出的是美国和欧元区各级政府的债务负担率。美国20世纪八九十年代出现了储贷协会危机，当时政府债务上升到高点，之后在克林顿时期出现了下降，在小布什时期又持续上升，直到现在，上升到了100%以上。欧元区的债务也是持续上升。我们看到的情况是，发达国家的政府、家庭、企业债务在20世纪80年代之后持续上升，虽然危机之后部分国家（比如美国和瑞典、芬兰）的私人部门债务率出现了一定程度的下降，但都没有下降到开始上升之前的水平，实际是稍有下降之后又开始掉头往上，债务是波浪式上升的。

政府债务问题看似是一个债务问题，其实不然，它是一个发展道路选择的问题，需要政府果断地出清过剩产能，打击房地产投机。我们的过剩产能出清还要再果断一些，不能指望保房地产，必须要打击房地产投机，需要有一个根本的思路来解决房地产领域存在的问题，并改变通过证券化和银行债转股等方式来解决金融问题，这是现在提出的折中方式。但是，用这种方式来处理不良贷款，不仅不能从根本上使过剩产能出清，还会因此改变我们的金融结构，导致无穷后患，这是美国金融史留给我们的教训。仅仅寄希望于通过大力开发新的经济增长点来推动创新，使产能过剩行业也跟着起死回

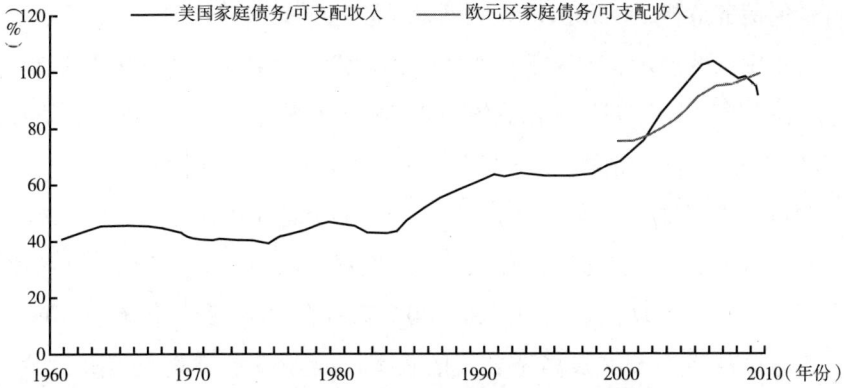

图3 美国和欧元区家庭债务/可支配收入

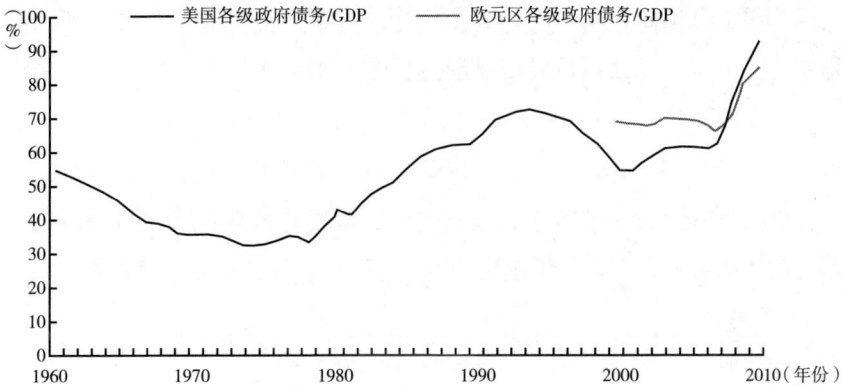

图4 美国和欧元区各级政府债务负担率

生，这是不可能的。引用两句名言：第一句，"鱼和熊掌不可兼得"，过剩行业不出清，继续占用大量的稀缺资源，想让创新行业发展，是不可能的，二者是不可兼得的；第二句，毛主席说过的，"打扫干净房子再请客"。

可以回顾一下发达国家的情况。我们想强调一下，发达国家虽然在20世纪80年代之后出现了实体经济发展的停滞，但是它们已经达到了很高的发展程度，有大量的资本积累，创新已经是缓慢的驱动因素了。这种时候投资机会缺乏，所以在金融自由化后出现了债务积累，出现了政府和央行的兜底，使各部门的债务每次都没有完全出清，又继续往前走，最后可能会出现不可逆的债务危机，欧元区债务危机就是最先爆发的。

对于中国的启示，中国现在实体经济远没有达到美欧等国的发展程度，20世纪80年代末期发达国家人均GDP已经2万美元了，我们现在人均GDP才8000美元，这个时候如果不能出清过剩的产能，会导致实体经济有的增长点难以真正实现大发展，会过早出现经济的金融化和债务的积累。现在房地产泡沫就是一个非常危险的前兆。这个时候，经济增长就不够了，政府要不断通过财政扩张政策来拉动经济，最后政府的债务很可能就是不可持续的，而中国就会进入"未富先老"的状态，掉入"中等收入陷阱"，这个"未富先老"不是人口结构的未富先老，而是经济结构的未富先老。

中国政府债务问题是不是第三种情况？我们对2014～2020年中国政府债务负担率做了个预测，基本的判断是中国的过剩产能是要出清的，在出清的过程中，不可能通过银行债转股、证券化方式来真正实现出清，政府最终必然是要兜底的，政府的债务肯定还会继续上升。预计到2020年，各级政府债务可能要上升到57.4%，但我们认为2020年政府债务可能会达到最高点，再之后会进入下降阶段（见图5）。总的来说，政府债务应该还是可持续的，但道路是比较曲折的，现在的情况也并不完全明朗，还是存在不确定性。

图5　2014～2020年中国各级政府和中央政府债务负担率预测

资料来源：财政部、国际货币基金组织、大公。

图书在版编目（CIP）数据

中国经济展望报告.2017：供给侧改革与经济波动/
刘伟主编. -- 北京：社会科学文献出版社，2017.3
　ISBN 978 - 7 - 5201 - 0357 - 2

　Ⅰ.①中…　Ⅱ.①刘…　Ⅲ.①中国经济 - 经济增长 -
研究报告 - 2017 ②中国经济 - 经济改革 - 研究报告 -
2017 ③中国经济 - 经济波动 - 研究报告 - 2017　Ⅳ.
①F124

　中国版本图书馆 CIP 数据核字（2017）第 029835 号

中国经济展望报告（2017）
　——供给侧改革与经济波动

主　　编／刘　伟
副主编／苏　剑

出 版 人／谢寿光
项目统筹／恽　薇
责任编辑／高　雁　恽　薇

出　　版／社会科学文献出版社·经济与管理出版分社（010）59367226
　　　　　　地址：北京市北三环中路甲29号院华龙大厦　邮编：100029
　　　　　　网址：www. ssap. com. cn
发　　行／市场营销中心（010）59367081　59367018
印　　装／北京季蜂印刷有限公司

规　　格／开本：787mm × 1092mm　1/16
　　　　　　印张：18　字数：274千字
版　　次／2017年3月第1版　2017年3月第1次印刷
书　　号／ISBN 978 - 7 - 5201 - 0357 - 2
定　　价／79.00元

本书如有印装质量问题，请与读者服务中心（010 - 59367028）联系